Crisismanagement

Voor Stella en Ingrid

The huge grey Grebulon reconnaissance ship moved silently through the black void.

The starship is operated by a computer system. Suddenly the program detects an error. Luckily the system is built in such a way that it can switch to higher level programs to take care of problems. However, after consulting every supervising program it concludes that even the central mission module itself seems to be damaged.

Replace the central mission module. There was another one, a backup, an exact duplicate of the original. It had to be physically replaced because, for safety reasons, there was no link whatsoever between the original and its backup. Once the central mission module was replaced it could itself supervise the reconstruction of the rest of the system in every detail, and all would be well.
Robots were instructed to bring the backup central mission module from the shielded strong room, where they guarded it, to the ship's logic chamber for installation. This involved the lengthy exchange of emergency codes and protocols as the robots interrogated the agents as to the authenticity of the instructions. At last the robots were satisfied that all procedures were correct. They unpacked the backup central mission module from its storage housing, carried it out of the storage chamber, fell out of the ship and went spinning off in the void.
This provided the first major clue as to what was wrong.
Further investigation quickly established what it was that happened. A meteorite had knocked a large hole in the ship. The ship had not previously detected this because the meteorite had neatly knocked out that part of the ship's processing equipment which was supposed to detect if the ship had been hit by a meteorite.

Douglas Adams in Mostly Harmless (1992)

Crisismanagement

Organisaties bij crises en calamiteiten

Arthur Zanders

Derde, herziene druk

uitgeverij coutinho | C

bussum 2016

www.coutinho.nl
Bij dit boek is docentenmateriaal verkrijgbaar. Dit materiaal bestaat uit casuïstiek, vragen en richtantwoorden. Docenten kunnen het materiaal aanvragen via de website.

Eerste druk 2008
Derde, herziene druk 2016

Uitgeverij Coutinho
Postbus 333
1400 AH Bussum
info@coutinho.nl
www.coutinho.nl

Omslag: Dien Bos, Amsterdam
Illustraties: Concreat, Utrecht
Foto's: p. 65 © Arthur Zanders; overige foto's © shutterstock.com

Noot van de uitgever
Wij hebben alle moeite gedaan om rechthebbenden van copyright te achterhalen. Personen of instanties die aanspraak maken op bepaalde rechten, wordt vriendelijk verzocht contact op te nemen met de uitgever.
De personen op de foto's komen niet in de tekst voor en hebben geen relatie met hetgeen in de tekst wordt beschreven, tenzij het anders vermeld is.

ISBN   978 90 469 0541 8
NUR   801

Voorwoord

Hoewel het vak crisisbeheersing relatief nieuw is, begint de literatuur over crises, rampen en hoe daarmee om te gaan al de omvang van een flinke bibliotheek aan te nemen. Dat maakt het voor beginners niet gemakkelijk een ingang te vinden. Nog moeilijker is het een snel, maar compleet overzicht te krijgen van de basiskennis die voor crisisbeheersing nodig is en van de vaardigheden die een goede crisismanager zou moeten bezitten.

Toch kan bijna iedere professional en iedere manager met een crisis of een ramp te maken krijgen en zichzelf in de positie bevinden aan het beheersen ervan mee te moeten helpen of leiding te geven. Een leerboek over crisis, rampspoed en de beheersing daarvan is dus een welkome aanvulling op het beschikbare materiaal.

Het boek dat voor je ligt, bestaat eigenlijk uit drie delen. Het eerste deel gaat in op het domein van crisis, rampen, calamiteiten, effecten, en organisaties; het tweede en centrale deel gaat vooral in op crisismanagement als activiteit tijdens een crisis: het gedrag, besluitvorming, managementstijlen en teamwork. Het derde deel ten slotte beschrijft een aantal activiteiten en processen, met als laatste hoofdstuk het leren managen van crises.

Het boek is geschreven door een van de meest vooraanstaande deskundigen op dit gebied. Hij heeft zijn sporen verdiend in het geven van advies over crisisbeheersing en het geven van onderwijs aan professionals in bedrijfsleven en overheid, onder andere aan de TU Delft in de postinitiële cursus Master of Public Safety, waarin de principes, de toepassingen en de vaardigheden uit dit boek worden onderwezen.

In dit boek kunnen managers, studenten en andere belangstellenden lezen welke aspecten van belang zijn bij het functioneren in een crisismanagementteam. Docenten kunnen het boek gebruiken als een gids, die aangeeft welke onderwerpen in ieder geval aan de orde zouden moeten komen wanneer men aan studenten de principes van goed crisismanagement wil overdragen.

Dit boek is een waardevolle bijdrage aan de verspreiding van kennis op dit gebied en ik beveel het boek dan ook gaarne ter lering en vermaak aan.

Prof. dr. B.J.M. Ale
Emeritus hoogleraar Veiligheid en Rampenbestrijding, TU Delft

Inhoud

Inleiding

Waar gaat crisismanagement eigenlijk over? Crisismanagement lijkt een ondubbelzinnig begrip maar niets is minder waar. Alleen al de term 'crisis' kent vele betekenissen, variërend van individuele problemen tot oorlogen of de val van een regering. In dit boek wordt het begrip 'crisis' afgebakend tot een gebeurtenis die ernstig verstorend is voor een organisatie of voor een grote groep mensen. Andere definities van crisis worden ook toegelicht.

Is het al moeilijk het begrip 'crisis' af te bakenen, dit geldt nog meer voor het begrip 'crisismanagement'. Een absolute waarheid hierin bestaat niet. Er zijn, vooral aan de randen van het domein, meerdere definities mogelijk.

De bedoeling van dit boek is de lezer een beeld te geven van de betekenis van de begrippen, maar vooral ook van de wijze waarop een crisis aangepakt kan worden. Dit betekent dat we, uitgaande van de theoretische inzichten in het domein, moeten komen tot een praktische benadering. Een crisis managen kun je niet leren uit een boekje. Daarvoor is training noodzakelijk. Maar hiervoor is wel een basis nodig. Dit boek kan gebruikt worden in het onderwijs, voor aankomende professionals of voor mensen die zijdelings met crisismanagement te maken gaan krijgen, om een algemeen beeld te vormen van het vakgebied en de wijze waarop dit wordt uitgeoefend. Voor crisismanagers zelf kan dit boek een basis vormen om competenties voor het daadwerkelijk managen van crises te verwerven of te verbeteren.

Er is in dit boek geprobeerd om een balans aan te brengen in de aandacht voor crisismanagement bij de overheid en bij bedrijven, waarbij gekeken is naar verschillen en overeenkomsten maar zeker ook naar samenwerking. De verschillende specifieke processen die bij het beheersen van een crisis aan de orde komen, zijn zo veel mogelijk beschreven; meestal echter beknopt, omdat deze processen op zichzelf een boek zouden kunnen vullen.

In de eerste hoofdstukken wordt een basis gelegd voor de inzichten over crisismanagement. In de latere hoofdstukken komen besluitvorming en het managen als activiteit expliciet aan de orde. Hierbij ligt de nadruk op de gedragskundige invalshoek.

Om het boek ook in de praktijk als naslagwerk bruikbaar te maken is een aantal praktische modellen en voorbeelden opgenomen in de bijlagen.

Ik hoop dat dit boek een bescheiden bijdrage kan leveren aan het inzicht in crisismanagement en degenen die voor de moeilijke taak komen te staan het daadwerkelijk te moeten toepassen, iets verder op weg kan helpen.

Introductie derde, herziene druk

Dit is de derde, herziene druk van het boek *Crisismanagement. Organisaties bij crises en calamiteiten.* De eerste druk verscheen in 2008 en de tweede in 2012. Hoewel crisissituaties en het managen daarvan van alle tijden zijn, veranderen organisaties en veranderen soms inzichten in de wijze van aanpak. Maar ook wet- en regelgeving zijn aan wijzigingen onderhevig. Deze uitgave is aangepast aan de laatste inzichten en regelgeving op het gebied van crisismanagement. Daarnaast is er meer aandacht voor de rol van (social) media bij crisiscommunicatie, grens- overschrijdende samenwerking bij crisismanagement en externe formaliteiten. Ook de casuïstiek, de vragen en richtantwoorden zijn geactualiseerd. Dit docen- tenmateriaal is via **www.coutinho.nl** door docenten aan te vragen. Hopelijk helpt deze uitgave bij het verwerven van inzicht en competenties die je misschien nooit maar waarschijnlijk ooit nodig zult hebben.

Crises, calamiteiten en ander onheil

Zonder fundamenten geen stevig gebouw. Dat geldt ook voor crisismanagement: zonder eerst naar de basis te kijken is een goed inzicht in crisismanagement niet mogelijk. In dit eerste hoofdstuk storten we dus het beton waarop de overige hoofdstukken gebouwd kunnen worden.

Het fundament bepaalt ook de lengte en breedte van het geheel. Een zekere afbakening is noodzakelijk, omdat het terrein anders een onoverzichtelijk groot oppervlak zou beslaan. Bij het onderwerp crisismanagement komen we een aantal begrippen tegen die helpen het domein af te bakenen, maar die soms ook – al dan niet terecht – gebruikt worden binnen dit domein. We richten ons in dit boek vooral op crisissituaties met een fysieke oorzaak of verschijning. Een economische crisis of tegenvallende verkopen bij een bedrijf vallen buiten het domein waarop we ons in dit boek richten.

Dit hoofdstuk behandelt een aantal elementaire begrippen die nodig zijn om met het onderwerp crisismanagement aan de slag te kunnen. We beginnen met een aantal basisbegrippen die een rol spelen vóórdat een crisis ontstaat. Vervolgens plaatsen we het begrip 'crisis' in context. Ten slotte zullen we het begrip 'crisismanagement' zelf verder definiëren.

1.1 Crisisbeheersing: risico, kansen, effecten, gevaren en veiligheid

Als we op vakantie zijn in een als gevaarlijk bekendstaand land, lopen we een groter risico beroofd te worden dan wanneer we op vakantie gaan naar een veiliger land. Om die reden zouden we het land kunnen mijden.

Een rit door het razende verkeer van Jakarta of Bangkok in een gemotoriseerde driewieler is een leuke ervaring om achteraf over te vertellen, maar wat zijn de risico's die we gelopen hebben?

Voordat we ons in het domein van crisisbeheersing begeven, is het raadzaam eens te kijken naar de begrippen die we rondom dit domein tegenkomen. Risico is zo'n begrip. We gebruiken dit begrip voortdurend in ons dagelijks leven en het is een belangrijk element bij besluitvorming.

Er zijn meerdere definities van risico. Een daarvan is:

> Risico is een conditie waarin de mogelijkheid bestaat van een nadelige afwijking van de gewenste uitkomst (Vaughan, 1997).

We kunnen risico globaal definiëren als het gevaar voor schade of verlies. Het wordt uitgedrukt in de bekende formule:

> *risico = kans x effect (r = k x e)*

De hoogte van risico wordt dus door twee factoren bepaald. In ons eerste voorbeeld – de mogelijkheid beroofd te worden – is de kans misschien relatief hoog, het effect daarentegen is relatief klein. Dus is ook het risico laag.

Bij een spel Russisch roulette is het risico groter als we in plaats van één, twee kogels in de revolver doen. Als we er echter zes kogels in zouden doen, is de kans 1 geworden. De vraag is of we dit nog als een risico mogen benoemen: de uitkomst is immers zeker. Over het algemeen spreken we alleen van risico bij kansen kleiner dan 1.

Bij activiteiten die we ontplooien, is het risico – dus de kans op negatieve effecten en de omvang van die effecten – een belangrijk uitgangspunt. Dit geldt op individueel niveau, maar ook voor bedrijven en organisaties. Vliegmaatschappijen, olieraffinaderijen en chemische fabrieken, om maar een paar voorbeelden te noemen, worden door de burger en de overheid – en door henzelf natuurlijk – sterk beoordeeld op het risico van hun activiteiten.

Risicobeleving

Waarom speelt risico hier zo'n belangrijke rol? Wordt er met dezelfde ogen gekeken naar het risico van treinreizen, fietsen of ramen zemen terwijl je op een ladder staat? Iemand die dagelijks door de stad fietst, loopt aanzienlijk meer risico letsel op te lopen door een ongeval dan doordat de nabijgelegen chemische fabriek ontploft. De eenvoudige formule $r = k \times e$ zegt niets over de manier waarop we risico beleven of ervaren, of waarop risico ons gedrag beïnvloedt.

In de beleving van risico speelt de eigen keuze een belangrijke rol. Iemand die een gevaarlijke sport beoefent, kiest zelf voor het risico en kan deze keuze telkens opnieuw maken. De nabijheid van een gevaarlijk bedrijf levert een risico op dat we niet kunnen beïnvloeden en waarvoor we (meestal) niet kiezen.

Daarbij komt dat de perceptie van risico ook te maken heeft met kennis van een activiteit of de relatie hiermee. Zo klinkt de chemische stof natriumchloride veel gevaarlijker dan keukenzout, terwijl het toch echt hetzelfde is. Omwonenden van een chemische fabriek kijken anders tegen het risico aan als zij hier ook als werknemer hun brood verdienen.

Het bepalen en berekenen van risico's

Bij bedrijven die gevaarlijke activiteiten ontplooien – activiteiten die kunnen leiden tot ernstig letsel of schade – wordt naar twee vormen van risico gekeken. Voor het berekenen van deze risico's wordt de QRA gebruikt. QRA staat voor *quantitative risk assessment*. Een QRA is een hulpmiddel om de kans op en de effecten van incidenten te bepalen bij het gebruiken, bewerken, vervoeren en opslaan van gevaarlijke stoffen.

Er wordt onderscheid gemaakt tussen het plaatsgebonden risico en het groepsrisico (onder meer in het Bevi: het Besluit externe veiligheid inrichtingen). Het plaatsgebonden risico is de kans dat een denkbeeldig persoon loopt om op een bepaalde plek dodelijk getroffen te worden door een ongeval. Het groepsrisico is de cumulatieve kans (per jaar) dat ten minste tien, honderd of duizend personen overlijden als rechtstreeks gevolg van een calamiteit.

Bij dit laatste begrip speelt dus niet alleen de bron van het gevaar een rol, maar ook de inrichting van de omgeving. Een gevaarlijk bedrijf in een woonwijk geeft een hoger groepsrisico dan eenzelfde bedrijf dat in een afgelegen industriegebied is gevestigd. Voor het plaatsgebonden risico maakt dit geen verschil. Met andere woorden: de kans dat er een ontploffing ontstaat is gelijk, maar als er veel mensen in de buurt zijn is bij die ontploffing de kans op veel slachtoffers natuurlijk wel groter.

Voor bedrijven waar risicovolle activiteiten plaatsvinden, bijvoorbeeld in de chemische industrie of de luchtvaart, wordt op basis van het plaatsgebonden risico een gebied berekend. Voor een object wordt dan de zogenoemde 10^{-6}-contour vastgesteld. Deze contour geeft de grens aan van het gebied rondom een object waarbinnen een persoon (mits permanent en onbeschermd aanwezig) jaarlijks een kans van een op de miljoen zou hebben te overlijden als gevolg van een ongeval bij het object. Deze contouren worden onder meer gebruikt in de ruimtelijke ordening. Bijvoorbeeld om aan te geven hoe dicht een risico-object bij een woonobject in de buurt mag liggen. Groepsrisico's zijn vaak lastiger inzichtelijk te maken.

In figuur 1.1 zien we een oud maar nog illustratief overzicht van groepsrisico's van verschillende activiteiten via de zogenoemde FN-curve. Het maakt meteen duidelijk hoe moeilijk het is risico's te interpreteren. Bekijken we het risico van een ramp met 1 tot 10 dodelijke slachtoffers, dan vormen bedrijven en luchthavens het grootste gevaar. Kijken we naar het risico van zeer grote rampen met meer dan 1.000 doden, dan zijn (in dit staatje) alleen lpg-stations en spoorwegemplacementen een gevaar. De meest voor de hand liggende verklaring is de ligging hiervan: vaak in stedelijk gebied en dicht bij bebouwing.

Een explosie of een gifwolk in een dicht bewoond gebied kan grote aantallen slachtoffers veroorzaken omdat er nu eenmaal veel mensen in de buurt zijn. Het effect is dus relatief groot en daarmee ook het risico (zelfs als de kans klein is).

Het RIVM heeft in samenwerking met TNO twee methoden uitgewerkt om in een bepaald gebied de kans op een ongeval met een groot aantal slachtoffers (het groepsrisico) inzichtelijker te maken. Uitgangspunt is een zogeheten gebiedsgerichte benadering. Het groepsrisico wordt veroorzaakt door de aanwezige gevaarlijke stoffen in een gebied, zoals bij bedrijven en tijdens het transport ervan. De nieuwe benadering maakt het groepsrisico op een kaart inzichtelijk.

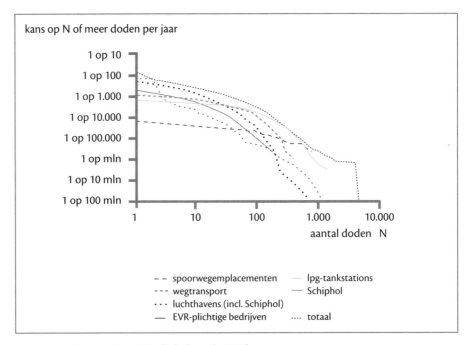

Figuur 1.1   Groepsrisico 2001 (Schols et al., 2004)

Om de burger in Nederland over risico's te informeren maakt de overheid gebruik van grafische weergaven via het internet. Op de website www.risicokaart.nl kan

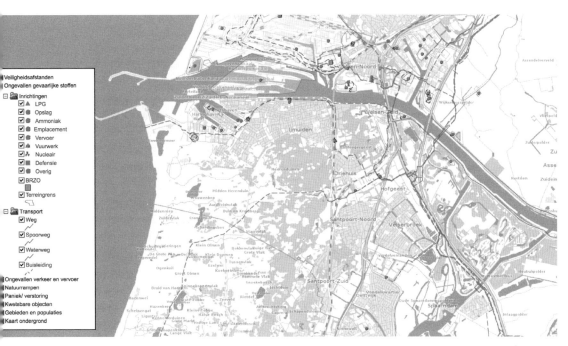

Figuur 1.2   Risicokaart

iedereen de risico's in zijn omgeving opzoeken. Hier staan bijvoorbeeld ook de 10^{-6}-contouren voor het plaatsgebonden risico van objecten aangegeven.

Helemaal veilig zijn we alleen als er geen gevaar is. Het risico is dan nul. In de praktijk is dit nooit het geval. We beschouwen een situatie als veilig als het risico acceptabel is. Dit is echter een subjectief begrip. Overheid en bedrijven rekenen in risico's om een relatief veilige situatie te kunnen bereiken en af te dwingen. Er zijn verschillende methoden om risico's te berekenen en verschillende normen waaraan moet worden voldaan.

Effectberekening

Een van de twee factoren – het effect – laat zich redelijk berekenen, al blijkt men er in de praktijk soms ver naast te zitten. Denk bijvoorbeeld aan de vuurwerkramp in Enschede, waar de effecten van het ontploffende vuurwerk veel groter waren dan verwacht. Over het algemeen wordt gebruikgemaakt van – eventueel door berekeningen ondersteunde – schattingen. We gebruiken dan vaak een maximaal effect of een verwacht effect. Industriële verzekeraars hanteren bijvoorbeeld de begrippen 'PML' (*possible maximum loss*) en 'EML' (*estimated maximum loss*). In de rampenbestrijding wordt de maatramp gebruikt, een soort *educated guess* voor de omvang van een denkbare ramp.

Kansberekening

Echt moeilijk wordt het pas als we de kansen gaan berekenen. Statistische berekeningen hebben wel een zekere voorspellende waarde, maar gaan toch vooral over het verleden. We weten hoeveel mensen in het verkeer zijn omgekomen in het afgelopen jaar. Op basis hiervan kunnen we uitrekenen wat de kans is om in het verkeer te overlijden. Wat we echter eigenlijk uitrekenen, is wat de kans was aan het begin van het afgelopen jaar (waarvan we de uitkomst kennen). Als de kans over meerdere jaren een stabiele trend vertoont, kunnen we deze kans wel extrapoleren naar het komende jaar maar in feite blijft het gissen.

Statistici zijn het ook niet altijd eens over de benaderingen in kansberekening. Vooral de vraag of kansen al dan niet onafhankelijk zijn, of dat moet worden uitgegaan van bepaalde relaties of vooronderstellingen leidt tot controverse. Denk in dit verband bijvoorbeeld aan de geruchtmakende rechtszaak die leidde tot de veroordeling van Lucia de B., die patiënten zou hebben omgebracht tijdens haar werk als verpleegkundige. Haar veroordeling was grotendeels gebaseerd op statistische onderbouwing. De kans dat juist tijdens haar dienst zoveel sterfgevallen voorkwamen, was dermate klein dat er wel van opzet sprake moest zijn. Bij het gebruik van een andere statistische rekenmethode (bijvoorbeeld het theorema van Bayes) was die kans echter helemaal niet zo klein en zou opzet helemaal niet zo voor de hand liggen.

Het probleem zit dus in het al dan niet onafhankelijk zijn van kansen. Vaak is de samenhang tussen gebeurtenissen, in tegenstelling tot wat bij de uitgangspunten werd aangenomen, helemaal niet onafhankelijk waardoor de waarschijnlijkheid van de uitkomst groter wordt.

Een ander probleem bij het berekenen van kansen is dat we aan technische installaties nog wel wat kunnen rekenen, maar dat menselijk gedrag met geen berekening te voorspellen is. Hoe zouden we de kans kunnen berekenen dat een slaperige werknemer een ernstige fout maakt, of dat iemand moedwillig problemen veroorzaakt? Bovendien zijn veel situaties zo complex, dat het aantal factoren dat de uitkomst kan beïnvloeden extreem groot wordt. Wat zou het risico zijn dat we getroffen worden door een uitbraak van een gevaarlijke griepvariant? Het is vrijwel onmogelijk dit risico goed te berekenen.

In de praktijk worden met het rekenen aan risico's allerlei aannames gedaan die vaak zeer grof zijn. Vervolgens rekenen we het resultaat dan uit tot tien cijfers achter de komma. Een uitdrukking die in dit kader weleens gebruikt wordt is: het berekenen van risico's is hard rekenen met zachte cijfers. De kansfactor is dus over het algemeen de moeilijkst te bepalen en de meest onnauwkeurige determinant van een risico.

Een belangrijke en bekende regel bij het beoordelen van risico is 'don't risk more than you can afford to lose' (Mehr & Hedges, 1974). Activiteiten kunnen consequenties hebben die we onacceptabel vinden, waardoor we die activiteiten volledig achterwege moeten laten. Hoe veilig een kerncentrale, een vliegtuig of een installatie ook is, de kans op falen kan per definitie niet nul zijn. Dat betekent dat we met deze activiteiten ook de mogelijkheid van het optreden van de effecten bij falen accepteren. Wat we hierbij accepteren, wordt mede bepaald door de opbrengst die we van de activiteit verwachten: 'don't risk a lot for a little'.

Een aparte en zeer lastige beoordeling van risico zien we bij terreurdreiging: een onderwerp dat de laatste jaren zeer actueel is (hoewel het van alle tijden is). Hier zijn kansen wellicht wel terug te dringen met allerlei veiligheidsmaatregelen, maar tegelijkertijd onmogelijk in te schatten.

Risico en crisisbeheersing

Wat is nu het belang van het begrip 'risico' voor crisisbeheersing? Het bepalen van risico's is vooral van belang voor de veiligheid. Het is uiteraard zeer de moeite waard te proberen risico's zo laag mogelijk te houden en letsel en schade zo veel mogelijk te voorkomen. Mogelijke effecten dienen op voorhand zo veel mogelijk te worden beperkt en de kans moet liefst zo laag mogelijk zijn. Er zijn veel methoden om naar risico's te kijken en deze terug te dringen. Een mooi overzicht van de concepten van risico, gevaar en kans zijn beschreven in het boek *Risk: An Introduction* (Ale, 2009).

De betekenis van risico voor de crisisbeheersing is beperkt. Immers, crisisbeheersing richt zich op problemen die zich feitelijk voordoen en waarbij de kans dus weinig relevant meer is. Als we worden geconfronteerd met een lekkende tankauto met gevaarlijke stoffen is het voor het beheersen van de effecten ervan niet erg interessant meer om te weten wat de kans is op het ontstaan van een ongeval met een lekkende tankauto.

Voor crisisbeheersing lijkt vooral de factor effect van belang. Het effect bepaalt de mate van gewenste beheersing. Hier schuilt echter ook een probleem. Om het effect van een bepaalde gebeurtenis in te schatten, moet deze gebeurtenis worden benoemd. Met andere woorden: er wordt een scenario benoemd. Het probleem zit hem niet zozeer in het inschatten van de effecten of het beschrijven van het scenario, als wel in de selectie van gebeurtenissen. Het aantal gebeurtenissen dat kan leiden tot letsel en schade is immers misschien wel oneindig groot.

Ramp in kerncentrale Fukushima

In 2011 werd de kerncentrale in Fukushima in Japan getroffen door een tsunami. Het koelsysteem van de centrale draaide op dat moment op noodstroom. De centrale had de aardbeving goed doorstaan, maar de vloedgolf bleek veel hoger dan van tevoren gecalculeerd. Het was bekend dat een vloedgolf een maximale hoogte van 5,7 meter kon bereiken, maar de tsunami was meer dan 14 meter hoog waardoor de noodaggregaten vrijwel allemaal onklaar raakten. Regel-, controle- en communicatiesystemen vielen uit en men moest in het donker zijn werk doen.

> De problemen leidden tot explosies en zelfs tot kernsmelting in drie reactoren. De centrale werd vrijwel volledig verwoest en er kwam radioactief materiaal vrij in de atmosfeer, het grondwater en de zee.

De geschiedenis leert dat de scenario's die we van tevoren hebben uitgewerkt, vaak niet de gebeurtenissen zijn die zich in de werkelijkheid voordoen. Bij een grote brand in Sandoz in Zwitserland bleek niet de brand het grootste probleem te zijn, maar het vervuilde bluswater dat in de Rijn terechtkwam. Calamiteiten als het neerstorten van een Boeing in de Bijlmer (Enquêtecommissie vliegramp Bijlmermeer, 1999) en een Hercules op het vliegveld Eindhoven geven ook dit beeld van onvoorziene omstandigheden. Vóór de Bijlmerramp werd het neerstorten van een vliegtuig op een woonwijk zelfs vaak genoemd als welhaast het toppunt van onwaarschijnlijkheid. Een muziekkorps achter in een neergestort militair vrachtvliegtuig, zoals in Eindhoven, lijkt net zo vergezocht maar het was wel de realiteit.

Soms zijn mogelijke gebeurtenissen afzonderlijk nog wel van tevoren herkend, maar worden we in de werkelijkheid verrast door de combinatie of omvang van de verschillende factoren. Een voorbeeld hiervan is de ramp met de kerncentrale Fukushima.

Uiteraard worden, nadat een ramp of crisis zich heeft voorgedaan, deze scenario's wel bekeken en beschreven. Denk in dit verband bijvoorbeeld aan de aandacht voor vuurwerkbedrijven na de ramp in Enschede, de aandacht voor penitentiaire inrichtingen na de brand in het cellencomplex op Schiphol of de focus op chemische bedrijven na de branden in Moerdijk. Met deze aanpak zijn we dus altijd op de vorige ramp voorbereid.

Een te specifiek rampenplan
In 1987 had de Belgische overheid wel een rampenplan gebaseerd op mogelijke calamiteiten met een gasopslag in Zeebrugge, maar was de mogelijkheid van een grote ramp met veel slachtoffers op zee niet voorzien. Toen de ferry Herald of Free Enterprise voor de haven van Zeebrugge kapseisde, waren er dan ook geen procedures of afspraken om deze situatie te hanteren.
(Rosenthal & Pijnenburg, 1991)

1.2 Terminologie: wat is een crisis, ramp of calamiteit?

Wat is eigenlijk een crisis? De Van Dale geeft als een betekenis van het woord 'crisis': een 'periode van ernstige stoornis'. Dit begrip is echter te breed om van praktische betekenis te zijn voor crisismanagement. Een accountant denkt bij het begrip 'crisis' waarschijnlijk aan heel iets anders dan een brandweercommandant, een generaal of een aandelenhandelaar. Het begrip moet dus nader gedefinieerd en ingekaderd worden.

Behalve het begrip 'crisis' komen we in dit domein ook termen als 'noodsituatie', 'calamiteit', 'incident', 'ramp' en 'zwaar ongeval' tegen. Verschillende organisaties gebruiken verschillende termen. Bij veel chemiebedrijven zal men bij een klein ongeval meestal spreken van een incident. Een grote brand zal men een calamiteit noemen. Maar bij een grote raffinaderij in het Rijnmondgebied gebruikt men voor die grote brand juist de term 'incident'. In beide gevallen zou dit tot een crisis kunnen leiden.

Definiëring van 'ramp'

Behalve een Babylonische verzameling begrippen komen we ook interessante definities tegen. Zo hanteert de overheid de volgende definitie voor een ramp of zwaar ongeval.

> Een ramp is: een zwaar ongeval of een andere gebeurtenis waarbij het leven en de gezondheid van veel personen, het milieu of grote materiële belangen in ernstige mate zijn geschaad of worden bedreigd en waarbij een gecoördineerde inzet van diensten of organisaties van verschillende disciplines is vereist om de dreiging weg te nemen of de schadelijke gevolgen te beperken (Art. 1. Wet veiligheidsregio's).

Begrippen als 'ernstig', 'in ernstige mate' en 'bedreigd' zijn echter subjectief en afhankelijk van de context waarin gebeurtenissen plaatsvinden. Brand in een café komt bijvoorbeeld regelmatig voor en wordt meestal niet als zeer ernstig gezien, maar vanuit welke perspectief wordt ernaar gekeken? De eigenaar beschouwt het wellicht als een ernstige crisis, terwijl het voor de overheid geen crisis of ramp is. Dit wordt anders wanneer er veertien dodelijke slachtoffers vallen, zoals bij de brand in café Het Hemeltje in Volendam in 2001. Maar waar ligt de grens? Zou het ook een ramp zijn geweest als er twee slachtoffers waren gevallen?

Het tweede deel van de definitie wordt vaak gebruikt om te kunnen beoordelen of iets als ramp moet worden benoemd. Het is een ramp als er coördinatie en multidisciplinair optreden is vereist. Deze redenering is echter een hond die in zijn eigen staart bijt. Wanneer is er immers multidisciplinair optreden nodig? Precies, als er een ramp is.

Definiëring van 'crisis'

Bij het definiëren van het begrip 'crisis' lopen we tegen dezelfde problemen aan. In de Wet veiligheidsregio's (2010) kwam een wettelijk vastgelegde definitie van 'crisis' in beeld. Een crisis wordt gedefinieerd als 'een situatie waarin een vitaal belang van de samenleving is aangetast of dreigt te worden aangetast.' Ook hier vinden we weer de nodige subjectieve begrippen. Wat zijn nu precies 'vitale belangen' en wat is 'aangetast'? Bovendien lijken onder deze definitie alleen extreem grootschalige gebeurtenissen te vallen. Bedenk dat dit een definitie is vanuit het perspectief van de overheid.

Hoewel er sinds de invoering van de Wet veiligheidsregio's dus een formele definitie is van het begrip 'crisis', wordt er lokaal soms anders tegenaan gekeken. Zo zien we dat er binnen (veiligheids)regio's afdelingen crisisbeheersing bestaan, die zich bezighouden met crises op regionale schaal. Een voorbeeld.

> Een regionale crisis is gedefinieerd als:
> • een gebeurtenis waardoor een ernstige verstoring van de openbare orde en/of de fysieke veiligheid is ontstaan binnen een veiligheidsregio; en
> • waarbij een gecoördineerde inzet van diensten en organisaties van verschillende disciplines is vereist om de dreiging weg te nemen of de schadelijke gevolgen te beperken (Veiligheidsregio Drenthe, 2014).

Voor een bedrijf ligt de definitie van 'crisis' weer heel anders. Het gaat hier namelijk in de eerste plaats over de impact op het bedrijf zelf. Het verongelukken van een vliegtuig waarin een aantal belangrijke medewerkers zitten of het uitbranden van een belangrijke productieafdeling kan voor het bedrijf enorme gevolgen hebben. Hier zou sprake kunnen zijn van een crisis: een gebeurtenis waardoor het bestaan van het bedrijf bedreigd wordt of bedreigd zou kunnen worden.

Vaak is het niet de gebeurtenis zelf die iets tot een crisis maakt, maar hangt het ook af van de getroffen voorzorgsmaatregelen. Deze maatregelen kunnen ervoor zorgen dat de brand niet ontstaat of, als deze toch ontstaat, klein blijft. Ook kunnen voorzorgsmaatregelen ervoor zorgen dat de invloed op de organisatie beperkt blijft. Bijvoorbeeld als een bedrijfsmagazijn tot de grond toe afbrandt, maar er ook op een andere locatie voorraad is opgeslagen waardoor de leveringen niet direct in gevaar komen.

> Van een crisis is sprake wanneer de normale voorzorgsmaatregelen gefaald hebben en een acuut probleem het functioneren van een organisatie grondig verstoort of in gevaar brengt (Boulogne, 2003).

Een algemene, oude, maar bruikbare definitie is de volgende:

> Een crisis is een ernstige bedreiging van de basisstructuren of van de fundamentele waarden en normen van een sociaal systeem, welke bij een geringe beslistijd en een hoge mate van onzekerheid noopt tot het nemen van kritieke beslissingen (Rosenthal, 1984).

Ook in deze definitie vinden we subjectieve begrippen, maar tevens een aantal belangrijke elementen die voor het managen van crisissituaties van groot belang zijn.

- **Bedreiging van het systeem**
  Crisis gaat over de bedreiging van een sociaal systeem. Sociaal systeem zouden we hier vrij vertaald als een organisatie of samenleving kunnen beschouwen. Een crisis is dan een ernstige gebeurtenis en de omvang is blijkbaar zodanig dat de organisatie die niet gemakkelijk zelf kan verwerken of opvangen. In principe speelt hier de verhouding tussen de consequenties van de gebeurtenis (effect) en de omvang en veerkracht van het systeem nog meer een rol dan de absolute omvang. Voor een multinational is een aantal werknemers dat zich met een sportblessure ziek meldt waarschijnlijk geen crisis, voor een klein bedrijf misschien wel. Bij een influenzapandemie zou het grote bedrijf echter net zo zwaar of misschien wel zwaarder getroffen worden.
  In het ene systeem is een verstoring ook eerder een bedreiging dan in het andere. Zo zou uitval van het computernetwerk van een gemeente misschien niet direct een ernstige bedreiging zijn voor de gemeente als systeem. Bij de luchtverkeersleiding kan dit heel anders liggen.

- **Geringe beslistijd**
  Het tijdsverloop in een crisis is zodanig dat de voor besluitvorming beschikbare tijd gelimiteerd is en dus onder druk staat. Dit zal consequenties hebben voor de manier waarop besluitvorming moet worden georganiseerd, maar ook voor de kwaliteit hiervan. Afhankelijk van het type situatie en rol in de organisatie kan de beslistijd sterk variëren: een escalerende grieppandemie heeft een andere dynamiek dan een lekkende chloortank. Tegenwoordig spreekt men bij een zich snel ontwikkelende situatie daarom ook wel van een flitsramp of een flitscrisis.

- **Hoge mate van onzekerheid**

  Een crisis is nooit een routinematig proces, dan zou het immers geen crisis zijn. Het is vaak niet duidelijk welke problemen we precies zullen tegenkomen en wat de consequenties zullen zijn. Bovendien is de informatievoorziening bij crisissituaties vaak problematisch: er is te weinig informatie of juist te veel en de betrouwbaarheid is, zeker bij het begin van de crisis, vaak moeilijk in te schatten.

- **Kritieke beslissingen**

  Er dienen kritieke beslissingen genomen te worden. Om escalatie van problemen te voorkomen zijn maatregelen nodig. Van het besluiten over en het nemen van maatregelen kan in een crisis veel afhangen. Deze beslissingen kunnen vergaande consequenties hebben en er kunnen aanzienlijke kosten mee gemoeid zijn.

De verhouding tussen begrippen

Gezien de problemen bij het definiëren van de begrippen zal het geen verwondering wekken dat ook de relatie tussen de verschillende begrippen tot de nodige problemen kan leiden. Wat is de relatie tussen een calamiteit en een crisis, of tussen een noodsituatie en een ramp? Tot op zekere hoogte zijn we vrij onze eigen betekenis aan de verschillende begrippen toe te kennen, maar dit kan leiden tot onduidelijkheid over de begrippen en over de verhouding tussen verschillende begrippen, zoals het volgende voorbeeld laat zien.

> **Het is maar hoe je het noemt**
> Bij een onderzoekje op een bedrijventerrein vonden we dat bedrijven beschikten over calamiteitenplannen, noodplannen, crisisplannen of incidentenplannen waarbij bleek dat deze plannen grotendeels op hetzelfde soort gebeurtenissen waren gericht. De bedrijven hanteerden dus voor hetzelfde soort gebeurtenissen heel verschillende termen.

Zowel in het publieke domein als bij bedrijven zullen begrippen zodanig moeten worden benoemd, dat deze voor de betrokkenen duidelijk zijn. Dit geldt voor de afzonderlijke begrippen, maar ook voor de relatie daartussen. Bij gedeelde begrippen kunnen afspraken worden gemaakt over de wijze van reageren en organiseren, als zich situaties voordoen waarin die begrippen van toepassing zijn.

In figuur 1.3 is een schematische indeling te zien die we gebruikten om de relatie tussen 'noodsituatie' en 'crisis' aan te geven bij een internationaal opererend bouwbedrijf. Ook worden deze begrippen in steekwoorden gedefinieerd. Dit is slechts een voorbeeld en voor verschillende organisaties kunnen verschillende indelingen en definities gehanteerd worden.

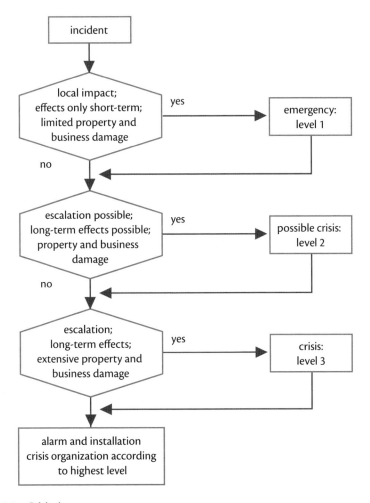

Figuur 1.3   Crisisniveau

Een definitie is een gedeelde opvatting

Een sluitende definitie van het begrip 'crisis' is waarschijnlijk niet te bedenken en dat is ook niet erg. Het doel van een definitie is het bewerkstelligen van een eensluidende perceptie en betekenis van de signalen. Geconfronteerd met een bepaalde situatie moet de doelgroep kunnen beoordelen of deze nu wel of niet onder de noemer crisis valt. Hiervoor is communicatie belangrijk. Door goed met elkaar te communiceren ontstaat een gemeenschappelijk beeld van het begrip. Met name voor de grensgevallen is dit noodzakelijk.

Een alledaags voorbeeld: de begrippen 'fruit' en 'groente'. Doordat we in ons leven met veel voorbeelden zijn geconfronteerd en hierover ook met anderen hebben gecommuniceerd, zijn we het er meestal over eens of een object valt onder de definitie 'fruit'. Komen we in aanraking met minder bekende objecten waarvan we de indeling niet zo duidelijk geleerd hebben, dan kan er discussie ontstaan. Valt een avocado of aubergine nu onder de definitie 'groente' of 'fruit'?

In de genoemde definitie van het begrip 'crisis' spelen termen als 'dreiging', 'urgentie' en 'onzekerheid' een belangrijke rol. Het is dus meer dan zomaar een afwijkende situatie en het is daarom belangrijk aandacht te besteden aan de manier waarop we hiermee omgaan. We moeten het benoemen van crisissituaties dus leren.

Crises hebben nog een ander kenmerk dat vaak buiten beschouwing blijft, maar dat wel van belang is. Crises – althans specifieke crises – hebben een lage frequentie. Op het moment dat een bepaalde situatie regelmatiger voorkomt, zal er een routinematige respons ontstaan en raakt het systeem erop ingespeeld. De crisis is dan dus eigenlijk geen ernstige verstoring of bedreiging meer en houdt op een crisis te zijn. De gebeurtenis kan binnen het systeem worden opgevangen. Het nadeel hiervan is vaak dat een gevaarlijke situatie dan als gewoon en ongevaarlijk wordt beschouwd.

> **Brand aan boord**
>
> In de scheepvaart wordt brand aan boord van een schip door de bemanning als een van de grootste bedreigingen gezien. Brand zal dus al gauw onder de definitie 'crisis' vallen.
>
> Een aantal jaren geleden vroegen we de bemanning van een wat ouder vrachtschip, waarop men regelmatig te kampen had met brandjes in de machinekamer (carterbrandjes in de hoofdmotor), naar haar mening. Zij bleek dit meer als hinderlijk dan als bedreigend te ervaren. Omdat het zo vaak voorkwam werden er niet veel woorden aan vuil gemaakt; men greep snel in, doofde het brandje en ging over tot de orde van de dag.
>
> De brandjes werden niet meer als crisissituaties beschouwd, maar als kleine verstoringen van het bedrijfsproces die met de bestaande routines konden worden opgevangen.

Een crisis is dus een bedreigende gebeurtenis die moet worden beschouwd in de context van het systeem en de eigenschappen en de relaties daarvan.

In dit boek gebruiken we de woorden 'calamiteit', 'ramp' en 'crisis' soms door elkaar, omdat de scheiding van begrippen niet hard is en voor verschillende organisaties verschillend. Dit is geen probleem, zolang de koppeling met crisismanagement maar duidelijk is. Om toch een globale generieke indeling te geven is in tabel 1.1 een aantal mogelijke definities en hun samenhang beschreven.

Crisissituaties komen relatief weinig voor. Ze worden door allerlei factoren veroorzaakt en beïnvloed die we niet in de hand hebben en die voor een deel onvoorspelbaar zijn. Dit stelt hoge eisen aan de voorbereiding. Helaas leiden deze kenmerken vaak ook juist tot een omgekeerd effect: in veel organisaties bereidt

Tabel 1.1 Definities

Ernst		Omschrijving	Impact
1	Verstoring	Een gebeurtenis met negatieve consequenties die afwijkt van het normale proces, maar geen ernstig letsel of schade veroorzaakt.	De situatie kan binnen het reguliere proces en met het bestaande systeem worden opgevangen.
2	Incident	Een gebeurtenis met negatieve consequenties die afwijkt van het normale proces, mogelijk ernstig letsel of schade veroorzaakt, maar op beperkte schaal en zonder te escaleren.	De situatie vraagt speciale maatregelen en verstoort het reguliere proces voor korte duur.
3	Calamiteit of ramp	Een gebeurtenis met negatieve consequenties die afwijkt van het normale proces, mogelijk ernstig letsel of schade op grotere schaal veroorzaakt, mogelijk escaleert en mogelijk bedreigend is voor het proces of systeem.	De situatie vraagt om het toepassen van een specifiek proces of systeem en ontregelt het bestaande proces aanzienlijk.
4	Crisis	Een calamiteit met daaruit voortkomende bedreigingen voor het proces of systeem.	De situatie vraagt om het toepassen van een specifiek proces of systeem en ontregelt het bestaande proces aanzienlijk voor langere tijd.

men zich niet goed voor, met als argument dat het toch bijna nooit voorkomt. Men berust bij voorbaat al in onmacht.

1.3 Wat is crisismanagement en waarom is het nodig?

We zagen in de eerste paragrafen dat het niet eenvoudig is een sluitende definitie van de term 'crisis' aan te geven. Dat maakt dus ook het definiëren van crisismanagement bijzonder lastig. De term 'crisismanagement' werd voorheen vooral gebruikt om de managementstijl aan te duiden die gebruikt werd om bedrijven in financiële moeilijkheden weer gezond te krijgen. Het algemene begrip 'management' is van origine een term uit het bedrijfsleven, die ook bij de overheid in zwang is geraakt. Een klassieke definitie van management is de volgende:

> Management is het proces van plannen, organiseren, leiden en beheersen van de inspanningen van mensen in een organisatie en het gebruik van andere bronnen in de organisatie om vastgestelde organisatiedoelen te bereiken (Stoner, 1978).

Deze definitie bevat elementen die we ook terugvinden in de veelgebruikte PDCA-cyclus of Deming-cirkel die Edward Deming (1982) al in de jaren vijftig van de vorige eeuw introduceerde in het kwaliteitsdenken.

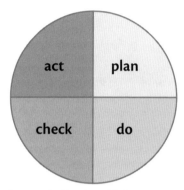

Figuur 1.4   Deming-cirkel

Volgens deze benaderingen moet management gezien worden als een proces, en niet als een op zichzelf staande activiteit, gericht op het bereiken van een doel. Als we hieraan het element 'crisis' zouden toevoegen, komen we tot een aardige definitie:

> Crisismanagement is het proces van plannen, organiseren, leiden en beheersen van de inspanningen van mensen in een organisatie en het gebruik van andere bronnen in de organisatie dat erop gericht is effecten van een crisis zo veel mogelijk te beperken.

Crisismanagement kan zich richten op een crisis binnen de eigen organisatie, maar ook op een crisis daarbuiten. Bij een bedrijf dat door een crisis getroffen wordt, is crisismanagement vaak gericht op problemen die zich voor een groot deel binnen de organisatie afspelen of effecten hebben op de eigen organisatie – wat niet betekent dat problemen en activiteiten niet extern gericht kunnen zijn. Crisismanagement bij de overheid richt zich vaak op een organisatie die wordt ingezet voor een crisis bij een andere partij.

Behalve over crisismanagement wordt vaak gesproken over crisisbeheersing. In de Wet veiligheidsregio's wordt deze laatste term als volgt gebruikt:

> Crisisbeheersing is het geheel van maatregelen en voorzieningen, met inbegrip van de voorbereiding daarop et cetera (Art. 1 Wet veiligheidsregio's).

Crisisbeheersing is in het algemeen dus iets anders dan crisismanagement. Management is vooral een uitvoerende menselijke activiteit, terwijl crisisbeheersing het hele stelsel van maatregelen en voorzieningen omvat.

Waarom is crisismanagement nodig?

Het feit dat we crisismanagement als aparte vorm van management benoemen is uiteraard niet zonder reden. Blijkbaar zijn er toch een aantal specifieke aspecten die een rol spelen.

In de definitie van crisis in paragraaf 1.2 kwamen die specifieke kenmerken al naar voren: de noodzaak tot het nemen van kritieke beslissingen onder tijdsdruk in onzekere situaties. Dit heeft uiteraard de nodige consequenties voor de manier waarop crisismanagement moet worden georganiseerd: het gaat dan om de structuur, de besluitvorming en de veiligheden in het managementproces. Omdat crisismanagement afwijkt van datgene waarmee managers in hun dagelijkse werkzaamheden te maken hebben, waar zij ervaring mee hebben en waarvoor zij zijn opgeleid, kan het als een aparte of aanvullende discipline bekeken worden.

In de vorige paragraaf is gekeken naar het onderscheid tussen verschillende soorten noodsituaties. Dit is belangrijk om helder te kunnen communiceren over gebeurtenissen en om de respons daarop af te kunnen stemmen. Dit komt nog uitgebreid terug in hoofdstuk 10. Wat het managen van dergelijke situaties betreft, zien we echter dat de principes en kenmerken van crisismanagement zich niet beperken tot het begrip 'crisis'. Crisismanagement komt evengoed voor bij incidenten, calamiteiten en rampen. In dit boek wordt de term 'crisismanagement' dan ook gebruikt voor de managementactiviteiten die bij deze verschillende situaties voorkomen.

Crisismanagement en de veiligheidsketen

Vooral binnen overheidsorganisaties wordt het begrip 'veiligheidsketen' veel gebruikt. Als we ons in het domein van crisismanagement begeven zullen we dit ook veelvuldig tegenkomen. De veiligheidsketen is een model waarin de verschillende terreinen van maatregelen en procedures kunnen worden ingedeeld. Het is een schematische voorstelling van de activiteiten die gericht zijn op het bevorderen van de veiligheid. De veiligheidsketen bestaat uit vijf onderdelen of stappen waarin activiteiten geclusterd worden.

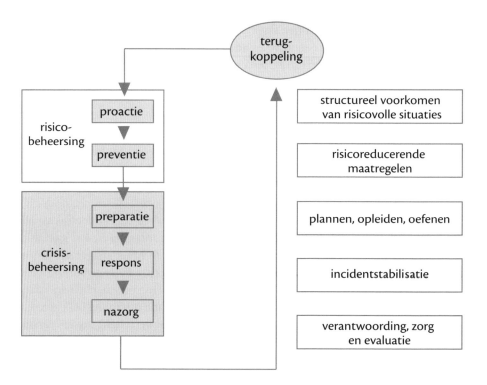

Figuur 1.5   Veiligheidsketen

- **Proactie**
  Dit heeft betrekking op het wegnemen van oorzaken van crises. Door bepaalde activiteiten te vermijden of de omgeving anders in te richten kunnen risico's worden vermeden. Proactieve maatregelen komen we veel tegen in de ruimtelijke ordening en infrastructuur.

- **Preventie**
  Richt zich op het minimaliseren van risico's en vooral het beperken van de mogelijke effecten. Onder preventie kunnen organisatorische maatregelen vallen zoals voorschriften bij evenementen, maar ook bouwkundige voorzieningen zoals brandscheidingen en vluchtwegen, of installatietechnische voorzieningen zoals sprinkler- of brandmeldinstallaties.

- **Preparatie**
  Niet alle risico's kunnen worden uitgesloten. Preparatie is de voorbereiding op situaties waarbij het toch misgaat. Hieronder valt bijvoorbeeld het plannen voor rampen en crises, maar ook het trainen daarvoor.

- **Respons**
  Dit is het daadwerkelijke optreden bij incidenten, calamiteiten, rampen en crises. Hierbij komen de hulpdiensten daadwerkelijk in actie om deze situaties te bestrijden.

- **Nazorg**
  Deze fase heeft betrekking op de terugkeer naar de normale situatie. Activiteiten zijn bijvoorbeeld het begeleiden van mensen die als gevolg van een crisissituatie psychosociale of fysieke schade hebben opgelopen, de juridische afhandeling, schadeafhandeling en onderzoek en evaluatie.

Niet alle stappen in de veiligheidsketen hebben betrekking op crisismanagement. Voor crisismanagement zijn de derde en de vierde stap – preparatie en respons – het meest relevant. Crisismanagement heeft vooral betrekking op het omgaan met crises. Het voorkomen van crises zou veiligheidsmanagement genoemd kunnen worden.

Er bestaan meerdere veiligheidsketens. We moeten ons dus realiseren dat, alhoewel de veiligheidsketen als model vooral voor overheidsbeleid geschikt is, er meerdere indelingen mogelijk zijn. Een algemene veiligheidsketen, die aansluit bij de in veel industriële bedrijven gebruikelijke werkwijze, bestaat bijvoorbeeld uit de indeling zoals die in figuur 1.6 is weergegeven.

1.4 Crisisbeheersing en de wettelijke context

Crisisbeheersing is geen vrijblijvende activiteit. Het lijkt vanzelfsprekend om crisisbeheersing goed te regelen, zowel voor de overheid als voor bedrijven, want het voortbestaan van het 'sociaal systeem' kan ervan afhangen. Om crisisbeheersing te regelen en te kunnen borgen zijn veel aspecten ervan bij wet geregeld. Wat er precies allemaal is geregeld is nog niet zo eenvoudig aan te geven, omdat in veel wetten en regelingen aspecten van crisisbeheersing een rol spelen.

In deze paragraaf worden globaal enkele belangrijke wetten en regelingen benoemd. Indien van toepassing op een specifiek onderwerp in andere hoofdstukken wordt het wettelijk kader daar verder toegelicht. Voor meer details kunnen de wetteksten via www.wetten.nl op internet geraadpleegd worden.

In de wetgeving voor crisisbeheersing kunnen twee soorten kolommen worden onderscheiden: de algemene kolom en de functionele kolommen. Voorbeelden van wetgeving in de algemene kolom zijn de Algemene wet bestuursrecht, de Gemeentewet en de Wet veiligheidsregio's. Deze hebben vooral betrekking op de algemeen-bestuurlijke kolom. Een functionele kolom heeft betrekking op een bepaald beleidsterrein waarvoor dan ook een vakminister verantwoordelijk is.

Figuur 1.6   Een voorbeeld van een veiligheidsketen in bedrijven

Voorbeelden van wetgeving zijn de Vervoersnoodwet, de Wet milieubeheer of de Waterwet.

Wet veiligheidsrisico's

Voor crisisbeheersing gericht op bevolkingszorg is een van de belangrijkste wetten de Wet veiligheidsregio's. Deze wet is in werking getreden in 2010 en had als doel een efficiënte en kwalitatief hoogwaardige organisatie van de brandweerzorg, de geneeskundige hulpverlening en de rampenbestrijding en crisisbeheersing onder één regionale bestuurlijke regie te realiseren. De Brandweerwet 1985, de Wet geneeskundige hulpverlening bij ongevallen en rampen (Wghor) en de

Wet rampen en zware ongevallen (Wrzo) werden in deze wet geïntegreerd en kwamen dus te vervallen.

Met de Wet veiligheidsregio's zijn er ook twee besluiten ingevoerd: het Besluit veiligheidsregio's (Bvr) en het Besluit personeel (Bp). Het eerste stelt kwaliteitseisen aan de organisaties in de veiligheidsregio's. Er wordt een basisniveau vastgesteld waaraan de organisatie van rampenbestrijding en crisisbeheersing moet voldoen. In het Besluit personeel wordt de kwaliteit van het personeel genormeerd. Op basis van dit besluit worden basiseisen vastgesteld waaraan het personeel moet voldoen. Deze basiseisen vormen dan weer de uitgangspunten voor het opleiden, examineren, bijscholen en oefenen van het personeel.

Met de Wet veiligheidsregio's zijn taken en verantwoordelijkheden verschoven van gemeenten naar veiligheidsregio's. Er zijn 25 van deze veiligheidsregio's in Nederland die elk een zelfstandig openbaar lichaam vormen. Binnen zo'n regio vallen dus een aantal gemeenten. Bij het verschijnen van dit boek waren er 25 veiligheidsregio's, maar het is niet uit te sluiten dat er op enig moment samenvoegingen zullen plaatsvinden en het aantal veiligheidsregio's dus verandert.

Nu is veiligheid in de kern een lokale verantwoordelijkheid. Daarom is de veiligheidsregio een vorm van verlengd lokaal bestuur, gebaseerd op de Wet gemeenschappelijke regelingen (Wgr). Dit betekent dat de gemeenten het beleid van de veiligheidsregio bepalen en een financiële bijdrage leveren. Het bepalen van het beleid gebeurt door deelname in het bestuur. Het bestuur van een veiligheidsregio wordt gevormd door de burgemeesters van de gemeenten in de regio. Een van de burgemeesters is tevens de voorzitter van het bestuur van de veiligheidsregio. Andere partners zijn ook betrokken bij het bestuur van de veiligheidsregio. Zo hebben de hoofdofficier van justitie en de voorzitter van het waterschap een vaste zetel in het bestuur, maar zonder stemrecht.

Een belangrijke stap die is gemaakt in de wet is dat er nu sprake is van eenhoofdige leiding bij rampen en crises. Deze eenhoofdige leiding op regionaal niveau is belegd bij de voorzitter van de veiligheidsregio, van wie de bevoegdheid die van de andere burgemeesters dan overstijgt.

In de Wet veiligheidsregio's is ook bijstand geregeld. De voorzitter van de veiligheidsregio kan bij een ramp of crisis rechtstreeks, mits hierover afspraken zijn gemaakt, bijstand vragen aan een andere veiligheidsregio. Ook militaire bijstand kan worden aangevraagd. De voorzitter van de veiligheidsregio moet dan een verzoek aan de minister richten.

Politiewet

Een belangrijke partner in de crisisbeheersing is de politie. De algemene taken en het gezag over de politie zijn vastgelegd in de Politiewet 2012. Op basis van deze wet kunnen de Koninklijke Marechaussee en andere krijgsmachtonderdelen ook bijstand leveren aan het handhaven van de rechtsorde. Was voorheen de politie nog regionaal georganiseerd, in de Politiewet die op 1 januari 2013 in werking is getreden, is een nieuwe organisatie en beheer van de politie geregeld die bestaat uit een nationaal politiekorps met tien regionale eenheden en een landelijke eenheid.

De indeling van de politieregio's was vroeger congruent aan de veiligheidsregio's maar is dus nu afwijkend. Een politieregio werkt nu samen met meerdere veiligheidsregio's.

Wet publieke gezondheid

Bij gezondheidskundige crisissituaties speelt de Wet publieke gezondheid, waarvan de eerste tranche in 2008 in werking is getreden, een belangrijke rol. Hierin zijn onder meer bepalingen opgenomen over de verantwoordelijkheid bij de voorbereiding op en aanpak van grootschalige infectieziekte-uitbraken. Op basis van deze wet zijn de GGD-regio's vrijwel volledig congruent aan de veiligheidsregio's ingericht en is ook vastgelegd dat taken, verantwoordelijkheden en bevoegdheden in bepaalde omstandigheden worden overgeheveld naar de voorzitter van de veiligheidsregio. De directie van de organisatie voor geneeskundige hulpverlening bij ongevallen en rampen is opgenomen in de directie van de GGD. De naam van Geneeskundige Hulpverlening bij ongevallen en rampen (GHOR) is gewijzigd: Geneeskundige Hulpverleningsorganisatie in de regio.

In crisissituaties kan het nodig zijn af te wijken van de normale bevoegdheden. Dit kan op basis van het staatsnoodrecht als er sprake is van 'buitengewone omstandigheden'. Soms kunnen noodbevoegdheden vrij gemakkelijk direct worden toegepast (vormvrij), maar voor andere gevallen gelden vormvereisten waarbij een Koninklijk Besluit 'geslagen' moet worden.

Noodbevoegdheden kunnen bijvoorbeeld betrekking hebben op drinkwater, vervoersverboden of het vorderen van vervoersmiddelen, maar ook op evacuatie. Daarbij kan bijvoorbeeld een hoofdingenieur-directeur van Rijkswaterstaat of een havenmeester worden verzocht op te treden namens de minister. Dit zijn de zogenoemde rijksheren (Langendijk, 2011).

Een aantal jaren geleden liet het ministerie van BZK een onderzoek uitvoeren naar de relevante regelgeving bij crises (Brainich von Brainich Felth, 2004). Dit ministerie heeft in 2008 ook een brochure uitgebracht waarin schematisch verschillende wet- en regelgeving in relatie tot nood- en crisissituaties is weergegeven.

Voor crisisbeheersing binnen bedrijven geldt specifieke wet- en regelgeving. In elk geval geldt voor elk bedrijf de Arbowet. Hierin zijn bepalingen opgenomen over veiligheid maar ook over het omgaan met noodsituaties en calamiteiten. Zo moeten er plannen worden opgesteld voor noodsituaties, maar moet ook bedrijfshulpverlening worden georganiseerd.

Bedrijven die gevaarlijke stoffen opslaan of verwerken, kunnen vallen onder het Besluit risico's zware ongevallen (Brzo-2015). Dit besluit is de Nederlandse invulling van de Europese SEVESO III-richtlijn en stelt onder meer eisen aan veiligheid, veiligheidsmanagement en het omgaan met noodsituaties. Bovendien wordt in de veiligheidsregio voor zo'n bedrijf een rampenbestrijdingsplan opgesteld.

Op basis van de Wet veiligheidsregio's kunnen bedrijven worden verplicht tot het hebben van een bedrijfsbrandweer.

Ook voor andere categorieën bedrijven is specifieke wet- en regelgeving van toepassing. Denk hierbij aan bijvoorbeeld luchthavens, spoorvervoerders, scheepvaart en nucleaire installaties.

Voor de nasleep van een crisissituatie is verschillende wetgeving van belang. Bij een crisis is er meestal sprake van schade maar ook van overtredingen. Dit betekent dat straf- en civielrechtelijke aspecten vrijwel altijd een rol spelen. Voor onderzoek bestaat specifieke regelgeving. Zo is er bijvoorbeeld een speciale Rijkswet Onderzoeksraad voor veiligheid.

1.5 Samenvatting

Een crisis ontstaat als een risico daadwerkelijk tot een effect leidt, waardoor het systeem of proces waarbinnen dit gebeurt bedreigd wordt.

Risico is moeilijk in een waarde uit te drukken en de beleving ervan is subjectief.
Overwegingen over risico spelen vooral een rol bij de voorbereiding op een crisis; tijdens de crisis zijn het de effecten die beheerst moeten worden.

Er zijn verschillende definities van crisis mogelijk. Of iets een crisis is, hangt vooral af van de ernst van de verstoring en is daarmee afhankelijk van perspectief en context. We zouden een crisis kunnen beschouwen als een calamiteit met daaruit volgende bedreigingen en verstoringen voor het systeem.

Crisismanagement is het proces van plannen, organiseren, leiden en beheersen van de inspanningen van mensen in een organisatie, en het gebruik van andere bronnen in de organisatie, om een crisissituatie te beheersen en de effecten van een crisis zo veel mogelijk te beperken.

Crisismanagement is nodig omdat bij een crisis andere activiteiten en vormen van organisatie, besluitvorming en controle nodig zijn dan in een normale situatie waarin meer tijd en minder druk is.

Op crisisbeheersing is een grote hoeveelheid wet- en regelgeving van toepassing, waarvan de Wet veiligheidsregio's de meest in het oog springende is. In deze wet wordt een belangrijk deel van de crisisbeheersing door de overheid, gericht op de publiekszorg, geregeld. Daarnaast spelen in zowel de algemene kolom als de functionele kolommen vele andere wetten en regelingen een rol. Ten slotte is er ook regelgeving op grond waarvan aan bedrijven bijzondere verplichtingen worden opgelegd voor calamiteiten- of crisisbeheersing.

Effecten van calamiteiten en crises 2

Bij crises en calamiteiten is het effect misschien wel het belangrijkste aspect. Niet alleen is het effect van de crisis of calamiteit datgene wat we willen gaan beheersen en bestrijden, het bepaalt zelfs of er van een crisis of calamiteit sprake is. In het eerste hoofdstuk kwam dit al aan de orde.

In dit hoofdstuk wordt beschreven wat de verschillende soorten effecten zoal kunnen zijn. Dit is minder eenvoudig dan het op het eerste gezicht lijkt. Het zijn niet alleen materiële en fysieke effecten die een rol spelen, maar ook de beleving van de effecten. Daarnaast zijn er vooral over de te verwachten gevolgen nogal wat misvattingen, die soms tot onderschatting maar soms ook zeker tot overschatting kunnen leiden.

Als we naar de effecten van een crisis of calamiteit kijken, moeten we gaan afbakenen. Zowel in tijd als in spreiding kunnen de gevolgen namelijk vrijwel oneindig zijn. De effecten van de Watersnoodramp van meer dan zestig jaar geleden zijn bijvoorbeeld nu nog duidelijk merkbaar in het landschap, in ons denken en in regelgeving. Ook in de herinnering van mensen kan een ongeluk of ramp, waarbij bijvoorbeeld een overgrootvader betrokken was, nog steeds voortleven.

2.1 Bepaling van effecten

Wat is het effect van een calamiteit of crisis? We zouden kunnen zeggen dat dit de directe gevolgen zijn van een gebeurtenis. Toch is het niet altijd zo eenvoudig. Immers, de gevolgen – de directe negatieve effecten – bepalen of iets een calamiteit of crisis is, maar niet elke gebeurtenis met ernstige consequenties of effecten is een crisis.

Effecten zouden ook nog op verschillende niveaus kunnen worden beschouwd. Neem het volgende voorbeeld: een explosie in een tank heeft tot gevolg dat deze tank openscheurt, een drukgolf veroorzaakt en het gebouw waarin deze stond opblaast waardoor brokstukken in het rond vliegen. Hierdoor raken mensen gewond, anderen slaan in paniek op de vlucht, huizen en auto's raken beschadigd. In dit scenario is er dus een fysieke gebeurtenis die een duidelijk waarneembare keten van effecten veroorzaakt met uiteindelijk letsel en schade als gevolg.

Effecten van een calamiteit kunnen dus zeer direct zijn, zoals in dit voorbeeld, maar ook minder direct. In 1999 werden op de bloemenflora in Bovenkarspel met legionellabacteriën besmette waterdeeltjes verneveld in een drukke tentoonstellingshal. Hierdoor raakte een groot aantal mensen besmet met deze bacterie. Tweehonderd mensen werden ziek en 32 mensen overleden hier later zelfs aan. Het overlijden van bezoekers vond pas enige tijd later plaats en werd mede beïnvloed door hun algemene gezondheidstoestand. Hun dood bleek echter wel degelijk door het besmette water veroorzaakt te zijn.

Menselijk leed en letsel zijn zonder twijfel de belangrijkste effecten van een calamiteit of crisis. In de begrippen 'plaatsgebonden risico' en 'groepsrisico', die in hoofdstuk 1 werden behandeld, is dit effect zelfs allesbepalend.

In de rampenbestrijding wordt wel een categorie-indeling gebruikt bij het vaststellen van de (potentiële) omvang van een ramp. Deze indeling is vooral operationeel ondersteunend bedoeld en wordt gebruikt om bij het bestrijden van een ramp een overzicht te krijgen van de omvang van de directe gevolgen. Tegenwoordig wordt overigens behalve naar effecten ook meer naar kansen gekeken. Daarvoor gebruikt men bijvoorbeeld de *Handreiking Regionaal Risicoprofiel*, een richtlijn om veiligheidsregio's te helpen bij het opstellen van hun eigen risicoprofiel.

Tabel 2.1   Slachtofferindeling (Ingenieurs/Adviesbureau SAVE & Adviesbureau Van Dijke, 2000)

Slachtoffercategorie	Omvang
0	0 - 5 slachtoffers
1	6 - 15
2	16 - 80
3	81 - 150
4	151 - 1.000
5	> 1.000

Moeilijker wordt het om effecten op de langere termijn te bepalen. Nog een voorbeeld: bij een brand in een gebouw worden de mensen in het gebouw snel geëvacueerd. Gelukkig zijn er geen doden of gewonden. Maar als mensen wel rook hebben binnengekregen, zijn effecten dan uit te sluiten?

Jaren na de aanslagen op het World Trade Center in New York kregen mensen die erbij waren geweest allerlei gezondheidsklachten. Een significant aantal betrokkenen zou kanker hebben gekregen als gevolg van ingeademde stofdeeltjes. Op kleinere schaal waren er ook gezondheidsproblemen bij mensen die betrokken waren bij de Bijlmerramp.

Directe effecten bij deze rampen waren het vallend en rondvliegend puin en het vrijkomen van gevaarlijke stoffen. Hierdoor werden mensen direct gewond of gedood, maar ook later vielen er nog slachtoffers.

Vaak is het niet zo eenvoudig om vast te stellen of bepaalde verschijnselen tot de effecten van een bepaalde calamiteit gerekend kunnen worden. Problemen met gezondheid kunnen talloze oorzaken hebben, die losstaan van de ramp. Voor slachtoffers kan dit leiden tot tragische situaties. Zij hebben zelf het idee slachtoffer te zijn van een ramp, terwijl anderen dit vaak ontkennen. Soms wordt pas na vele jaren op basis van statistieken duidelijk dat bepaalde verschijnselen wel degelijk het effect van de ramp zijn. Overigens kunnen deze verschijnselen op zichzelf ook een crisis vormen, zelfs als er geen verband met een eerdere concrete calamiteit is vast te stellen.

Psychische effecten

Nog lastiger is het om de psychische effecten en schade van crises te bepalen. Nog niet zo lang geleden speelde dit onderwerp nauwelijks een rol in crismanagement of rampenbestrijding. Het is vooral de Bijlmerramp geweest die hierin een ommekeer heeft veroorzaakt. De overheersende opvatting is dat men hier in de nazorg veel steken heeft laten vallen. Het positieve is dat hieruit wel lering is getrokken. Bij de vuurwerkramp in Enschede was er wel veel aandacht voor psychische effecten bij de slachtoffers van de ramp.

Overigens zijn we in de ogen van sommigen tegenwoordig wel wat doorgeschoten. Onderzoek naar de effecten van nazorg is in ieder geval minstens zo interessant als onderzoek naar het ontbreken ervan in andere situaties. De meest toegepaste vroegtijdige interventiemethode voor traumaslachtoffers is bijvoorbeeld psychologische *debriefing*, waarin de nadruk ligt op het ventileren van emoties en psycho-educatie. Uit veel onderzoek (onder anderen door Sijbrandij, 2007) blijkt dat nazorg in de vorm van debriefing (een veel toegepaste methode) niet alleen vaak niet werkt, maar dat het zelfs averechts kan werken.

Opmerkelijk is ook de vanzelfsprekendheid waarmee nazorg nu als noodzakelijk wordt beschouwd in crisissituaties. In andere situaties krijgt dit nauwelijks aandacht. Iemand die een partner of kind verliest bij een ramp moet nazorg krijgen, maar als ditzelfde door ziekte gebeurt is er niets beschikbaar en mogen nabestaanden het vaak verder zelf uitzoeken.

Een ander probleem bij nazorg zou kunnen zijn dat deze steeds meer professionaliseert, maar dat andere mechanismen om psychische schade te beperken worden verwaarloosd. Denk bijvoorbeeld aan vormen van *social support* die in bepaalde structuren ontbreken.

Een voorbeeld hiervan zien we bij vredesmissies, waarin veel tijdelijke krachten (kortverbandvrijwilligers: kvv'ers) voor Defensie in zeer moeilijke situaties hebben gewerkt. Na terugkeer en na afloop van het dienstverband komen deze mensen in een omgeving terecht waarin vaak geen begrip is voor wat ze hebben meegemaakt. In de burgermaatschappij krijgen ze niet de erkenning, waardering en het begrip waarop bijvoorbeeld Amerikaanse of Canadese militairen uit de Tweede Wereldoorlog wel konden rekenen bij hun terugkeer. De ondersteuning van het sociale netwerk van collega's met dezelfde ervaringen ontbreekt, doordat ze niet meer in deze structuur werkzaam zijn. Huidige collega's, vrienden en kennissen zijn de verhalen al gauw moe en begrijpen er ook weinig van. Het is maar de vraag of het aanbieden van professionele nazorg aan deze mensen voldoende compensatie biedt voor deze problemen.

Psychologische aspecten tijdens en na een ramp of crisis hebben enorme invloed en kunnen zich vaak heel anders manifesteren dan gedacht. Een voorbeeld hiervan is *mass psychogenic illness*: de verspreiding van ziekteverschijnselen en symptomen in een groep mensen zonder dat hiervoor een organische oorzaak is. Stress, onduidelijkheden en geruchten kunnen een dergelijk verschijnsel genereren. Mogelijk heeft dit na de Bijlmerramp gespeeld, waar onduidelijkheid over de lading van het neergestorte vliegtuig bestond. Er werd zeer geheimzinnig over gedaan en er ontstonden allerlei geruchten die bijdroegen aan de ongerustheid. Een ander voorbeeld is het dumpen van gif uit het schip de Probo Koala in Abidjan in 2006. De gedumpte stof geeft een weerzinwekkende geur af, maar blootstelling aan het gif zou hooguit wat griepachtige verschijnselen van voorbijgaande aard opleveren. Toch wordt er gesproken over tien tot zeventien doden en zeer veel zieken. Juist de berichtgeving – waarin consequent over een 'gifschip' en 'gifschandaal' werd gesproken – kan hebben bijgedragen aan ziekteverschijnselen (Vink, 2011).

Materiële effecten

In vergelijking met het menselijk leed dat het gevolg kan zijn van een crisis, lijkt materiële schade misschien minder belangrijk. Materiële schade lijkt betrekkelijk eenvoudig te compenseren, maar dit is lang niet altijd het geval. Materiële zaken hebben wel degelijk ook emotionele componenten. Als je huis door een overstroming of explosie is verwoest of als persoonlijke eigendommen verloren zijn gegaan, kan dit mensen zwaar treffen. Mensen kunnen jaren later nog financiële problemen ondervinden als gevolg van de eerder geleden schade.

Voor bedrijven kan schade vergaande consequenties hebben. Soms kan het bedrijf ten onder gaan aan de kosten van de directe schade aan eigendommen, maar soms zijn de bijkomende kosten nog veel hoger. Zo kan het bedrijf aangesproken worden op de kosten voor schade aan derden en de omgeving. Een voorbeeld is de brand bij het bedrijf Chemie-Pack in januari 2011. De omgeving raakte sterk vervuild door het bluswater en de kosten voor onder meer het schoonmaken en opruimen van de resten van het bedrijf, de sloten in de omgeving en de vervuilde grond bedroegen vele tientallen miljoenen (Inspectie Openbare Orde en Veiligheid, 2011).

Goederen en gebouwen zijn meestal wel verzekerd, maar schade kan ook betekenen dat het bedrijf een tijd uit de roulatie is. We noemen dit bedrijfsonderbreking of *business interruption*. Hierdoor loopt het bedrijf niet alleen inkomsten mis, maar mogelijk ook klanten. De klant zal zijn producten ergens anders kopen en het is nog maar de vraag of deze klant weer terugkomt als het bedrijf weer draait. Veel bedrijven gaan na een grote brand na verloop van tijd failliet. Dat was bij Chemie-Pack ook het geval.

> De cijfers over faillissementen na een grote brand verschillen nogal. Verzekeraar Achmea noemt een percentage van ruim 40 procent, ABN AMRO noemt in haar brochures zelfs 80 procent. Hoe dan ook, de conclusie dat een groot deel van de bedrijven een grote brand niet overleeft, lijkt gerechtvaardigd.

Meestal is dit voor een groot deel te wijten aan de bedrijfsonderbreking. Voor bedrijven is het dan ook zeer belangrijk hier in hun risicomanagement rekening mee te houden. Minstens zo belangrijk als inbraak- en brandbeveiliging zijn dan bijvoorbeeld het spreiden van voorraden of het bijhouden van back-upbestanden voor allerlei gegevens op een andere locatie. Zo ging bij een grote brand in Hemel Hempstead bij Londen in 2006 niet alleen een grote olieopslagfaciliteit verloren, maar ook de bijbehorende administratie.

> **Business interruption**
> Stel, een bedrijf dat anticonceptiepillen produceert raakt door een brand buiten bedrijf en kan daardoor niet voldoende leveren. Vanwege strenge kwaliteits- en registratie-eisen is een alternatief niet zomaar voorhanden.
> Na acht maanden heeft het bedrijf haar productiefaciliteit weer hersteld en kan weer leveren. Maar vrouwen die de pil van dit bedrijf slikten, zijn inmiddels op een ander merk overgestapt. Een groot deel van hen zal waarschijnlijk niet meer terugkeren naar het oude merk, aangezien zij tevreden zijn met het alternatief. Het bedrijf heeft dus een groot deel van haar klanten verloren en zou hierdoor in aanzienlijke problemen kunnen komen.

Directe effecten van een gebeurtenis kunnen dus leiden tot lichamelijk en geestelijk letsel, directe schade en gevolgschade. Dit zijn consequenties die we min of meer passief ondervinden. Mensen kunnen echter ook actief reageren op directe signalen en effecten en vervolgens zelf weer effecten bewerkstelligen.

2.2 De rol van mensen bij calamiteiten of crises

Mensen reageren op calamiteiten of crises: ze kunnen alarmeren, ingrijpen, helpen, op de vlucht slaan of volledig in paniek raken. Dit zijn slechts enkele voorbeelden van gedragingen. Voor crisismanagement is de vraag wat mensen nu precies zullen gaan doen interessant. Het kunnen voorspellen en sturen van gedrag is een belangrijk aspect van crisismanagement.

Over het gedrag van mensen in noodsituaties bestaan veel misverstanden. Zo blijkt het idee dat mensen in paniek raken bij plotselinge heftige gebeurtenissen sterk te leven. Aan de andere kant zien we in plannen juist vaak het uitgangspunt dat mensen uiterst kalm en gehoorzaam volgens de hen opgelegde instructies zullen handelen. We kennen allemaal de instructies in openbare gebouwen of hotels, waarin als eerste staat: raak niet in paniek. De auteur van een dergelijke instructie heeft blijkbaar een optimistische opvatting over de mogelijkheden om gedrag bij calamiteiten te sturen.

Daarnaast geeft de reactie van mensen in groepsverband weer een heel andere dimensie aan crisisbeheersing. Als we kijken naar het gedrag van groepen mensen in een crisissituatie, zou er grofweg onderscheid gemaakt kunnen worden tussen 'natuurkundige' effecten en psychologische effecten. Veel van de effecten die bijvoorbeeld in menigten optreden, zijn te wijten aan fysische oorzaken. Als een mensenmassa gaat bewegen, maar de beweging wordt geremd door bijvoorbeeld een smalle uitgang, zal deze mensenmassa zich net zo gedragen als een stromende vloeistof: bij vernauwingen ontstaat drukverhoging. Dit kan betekenen dat mensen onder de voet gelopen of platgedrukt worden. Een inmiddels klassiek geworden voorbeeld hiervan is het popfestival in Roskilde waar mensen vooraan op het veld platgedrukt werden door de druk van de menigte achter hen. Maar ook bij de Love Parade in 2010 in Duisburg waar 21 mensen omkwamen was de belangrijkste oorzaak de druk in de mensenmassa.

Een menigte mensen met een dichtheid van zo'n vijf personen per vierkante meter begint zich al als zo'n soort vloeistof te gedragen. Dit betekent ook dat de beheersingsmaatregelen op deze karakteristieken gericht moeten zijn. Dus geen massapsychologie maar fysieke maatregelen zoals dranghekken, barrières, voldoende uitstroommogelijkheden (uitgangen) en dergelijke, waarmee we een grote massa opsplitsen in kleinere eenheden en drukverhoging bij vernauwingen voorkomen.

Natuurlijk spelen ook psychologische aspecten een rol bij de reactie van mensen op noodsituaties. De omschreven fysieke effecten treden alleen op bij een grote hoeveelheid mensen in een vaak beperkte ruimte. Maar mensen laten zich ook beïnvloeden door het gedrag dat zij bij anderen waarnemen of door stimuli uit de omgeving. Het ontstaan van voetbalrellen wordt bijvoorbeeld vooral door psychologische aspecten veroorzaakt.

Bij crisissituaties hebben we dus te maken met individuele psychologische aspecten en groepsdynamische aspecten. In hoofdstuk 7 wordt dieper ingegaan op deze psychologische aspecten. We kunnen hiermee niet alleen gedrag verklaren van mensen die een noodsituatie ondervinden, maar ook van hen die de situatie moeten gaan beheersen. Vooruitlopend daarop kan – kijkend naar effecten – wel worden aangegeven dat over het algemeen mensen niet irrationeel zullen handelen in noodsituaties. Zij zullen in groepen vaak neigen naar passiviteit en zich laten leiden door autoriteit. Individueel gedrag wordt, enigszins afhankelijk van iemands kennis van de situatie, meer basaal naarmate de druk hoger is. Stress leidt tot meer basale gedragspatronen, minder flexibiliteit en minder complexiteit.

Om passiviteit te doorbreken is een juiste aansturing van gedrag van groot belang. Te veel wordt er gedacht dat als procedures worden opgeschreven (en soms zelfs gelezen), deze tot het gedrag leiden waartoe in de procedure wordt opgeroepen. Vaak is het aanzetten tot gedrag eenvoudig genoeg. Zo is bijvoorbeeld allang bekend dat de respons van mensen op een via een omroepinstallatie uitgesproken ontruimingsinstructie veel beter is dan de reactie op een sirene of ander akoestisch signaal, zelfs wanneer het omgeroepen bericht alleen maar een afgespeelde standaardtekst betreft (Canter, 1990). Toch worden nog steeds overal ontruimingsinstallaties met alleen een akoestisch signaal aangelegd.

Verwarring

Een aantal jaren geleden ging in een schouwburg in Oss het brandalarm af tijdens een voorstelling. Voor iedereen op het toneel en in de zaal was dit duidelijk hoorbaar. De toeschouwers, toch al in een passieve rol, bleven echter allemaal zitten. Acteurs op het toneel raakten enigszins in verwarring, staakten toen het alarm aanhield even hun spel, maar hervatten dit weer toen het alarm ophield. Niemand van het schouwburgpersoneel gaf aanwijzingen of een toelichting.

In dit geval bleek het alarm door een gesprongen lamp te zijn veroorzaakt. Een rampzalige situatie was echter denkbaar geweest, ondanks de snelle signalering van brand.

2.3 Imagoschade

Een belangrijk effect van een calamiteit of een crisis is het optreden van imagoschade. In de afgelopen jaren is de aandacht hiervoor zeer sterk toegenomen. Dit komt mede door de veranderde rol van media. De wereld is een *global village* geworden. Het aantal nieuwszenders en het bereik van deze zenders zijn sterk toegenomen. CNN en BBC World kunnen overal ontvangen worden. Er wordt weleens gezegd dat iets pas een crisis is als CNN het een crisis noemt.

Bij het medialandschap in Nederland zien we in de recente geschiedenis een explosieve groei in de aandacht voor nieuws op televisie. Nog niet zo heel lang geleden hadden we alleen het achtuurjournaal, terwijl er nu talloze programma's zijn die in meer of mindere mate nieuws brengen. De drempel voor nieuwswaarde is hiermee ook drastisch gedaald. Een vechtpartij, een paar auto-inbraken of een uitgebrand magazijn zijn onderwerpen die tegenwoordig het televisienieuws halen. Als het een dag sneeuwt in Nederland, wordt er een weeralarm afgegeven en besteden alle nieuwszenders uitgebreid aandacht aan dit fenomeen, zelfs als er verder niets bijzonders gebeurt.

Berichtgeving in de media kan veel betekenen voor een organisatie. Bij de overheid is er vooral het risico van een dalend vertrouwen. Zo werd op 30 januari 2007 in de media veel aandacht besteed aan de brand op een vissersschip in Velsen. De brand gaf veel overlast en de brandweer slaagde er niet in de brand onder controle te krijgen. Heel Nederland keek mee hoe er blijkbaar niets anders opzat dan het schip uit te laten branden. In actualiteitenprogramma's werd aandacht besteed aan het onvermogen van de brandweer en het gebrek aan voorbereiding op dergelijke calamiteiten. Deskundigen die het allemaal beter hadden geweten, kwamen uitgebreid aan het woord. Of het nu terecht is of niet: dergelijke aandacht levert een behoorlijke deuk op voor het imago van – in dit geval – de brandweer.

Voor bedrijven kan imagoschade nog veel vervelender gevolgen hebben. In paragraaf 2.1 kwam het verlies van klanten door bedrijfsonderbreking al aan de orde. Ook bij imagoschade kan het bedrijf ernstig bedreigd worden. In de jaren zeventig viel een dode als gevolg van een met koelmiddel vergiftigde diepvriesmaaltijd. Hoewel dit incident niets met de maaltijden zelf te maken had, werd het bedrijf hier jarenlang mee geassocieerd.

De oorzaak van de crisis kan volledig buiten het bedrijf liggen, of op het eerste gezicht futiel zijn. Heineken haalde in Nederland het biermerk Buckler van de markt nadat dit merk, vooral door een oudejaarsconference van cabaretier Youp van 't Hek, een slecht imago had gekregen. Hier was geen sprake van crisis, maar was de schade vooral het gevolg van de imagoproblemen.

Bedrijven investeren miljoenen in reclame en het opbouwen van imago. Een enkele crisis kan het effect daarvan bijna geheel tenietdoen. In het communicatieveld wordt crisiscommunicatie dan ook nogal eens als een synoniem van crisismanagement gezien. Dat is enigszins overdreven, maar het is wel degelijk een belangrijk aspect in het beheersen en beperken van imagoschade.

Crisis bij BP

In 2010 explodeerde in de Golf van Mexico het boorplatform Deepwater Horizon waarbij elf doden vielen. Het platform werkte voor BP. Door het ongeval raakte de afdichting naar het olieveld op de zeebodem beschadigd wat resulteerde in de grootste lekkage in de geschiedenis van de olie-industrie. Behalve het menselijk leed en de enorme materiële schade leed BP ook enorm veel imagoschade. Onhandig mediaoptreden door de topman maar ook ongelukkige tv-spotjes, waarin BP schoonmaakacties toonde op mooie witte stranden, maakte de zaak alleen maar erger.

Het bedrijf verloor in zeven weken tijd meer dan zestig miljard aan beurswaarde, ongeveer een halvering. Dit was te wijten aan de hoge kosten die het gevolg waren van de ramp maar voor een groot deel ook aan imagoschade.

Internetberichten over een bedrijf kunnen zo niet alleen onderdeel zijn van de crisis, maar deze ook razendsnel veroorzaken. Bij de 'klassieke media' is het vaak nog mogelijk te sturen en een dialoog aan te gaan. Bij de communicatie via internet en allerlei open media is dit vrijwel onmogelijk.

Brent Spar

In 1995 wilde Shell het olieplatform Brent Spar in zee laten afzinken, wat tot grote commotie en protestacties van Greenpeace leidde. Of er nu wel of geen milieuschade optrad, deed eigenlijk al snel niet meer ter zake. Het had voor het bedrijf een zodanig negatief effect op het imago, dat actievoerders in Duitsland de slangen bij de benzinepompen doorsneden uit protest tegen het bedrijf dat als milieuvervuiler werd afgeschilderd.

Interessant was dat uiteindelijk ook Greenpeace, die de protesten was gestart, in een vorm van crisis terechtkwam. Hun berichten over de hoeveelheid schadelijke stoffen in de Brent Spar bleken onjuist, wat hun geloofwaardigheid ernstig aantastte.

Overigens is Shell ook achteraf altijd van mening geweest dat afzinken minder schadelijk zou zijn geweest voor het milieu dan slopen, zoals uiteindelijk onder publieke druk gebeurd is.

Hoewel de huidige intensiteit van nieuwsgaring inmiddels wel is doorgedrongen tot de meeste organisaties, zien we dat op nieuwe vormen van communicatie nog betrekkelijk weinig geanticipeerd wordt. Een met een mobiele telefoon gemaakt filmpje staat binnen vijf minuten op het internet.

2.4 Effecten in fasen

Professionals op het gebied van veiligheid zijn gewend de relaties tussen gebeurtenissen en onderwerpen als een keten te bekijken. Het is zelden één enkel aspect dat een ongeval of calamiteit veroorzaakt, maar veeleer een aaneenschakeling en combinatie van gebeurtenissen die uiteindelijk tot de noodsituatie leidt. Hetzelfde geldt voor de effecten. Ook hier zien we een keten van effecten. Dit is goed zichtbaar in het vlinderdasmodel.

Het vlinderdas- of bowtie-model wordt tegenwoordig in de veiligheids- en crisisbeheersing alom gebruikt. Het model dankt zijn naam aan de vorm van de figuur en is oorspronkelijk afkomstig uit de procesindustrie (ICI, 1979). Het vlinderdasmodel geeft aan dat een veelheid van oorzaken en het falen van verschillende veiligheidsvoorzieningen (zogenoemde *lines of defence*) uiteindelijk leiden tot een ongeval of calamiteit. Vervolgens leidt dit dan weer tot een uitwaaierend veld van effecten.

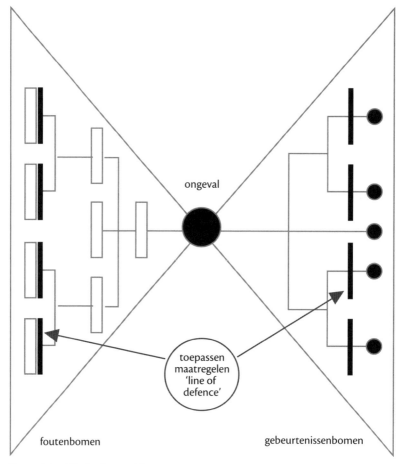

Figuur 2.1   Vlinderdasmodel

Het vlinderdasmodel in een voorbeeld

Meneer Pietersen is laat voor een afspraak. Hij stapt in zijn auto en rijdt vervolgens met flinke snelheid weg. In de haast heeft hij zijn veiligheidsgordel niet omgedaan. Het heeft gevroren en het wegdek is hier en daar glad. Bij werkzaamheden in een bocht is tijdelijk de vangrail verwijderd. De wegwerkers hebben hier bij het schoon-maken van het wegdek water gemorst. Pietersen rijdt met hoge snelheid de bocht in. De auto slipt op het bevroren stuk wegdek, schiet door de ontbrekende vangrail van de weg een helling af en komt daar tegen een boom tot stilstand. Pietersen slaat met zijn hoofd tegen het stuur waardoor hij ernstig gewond raakt en ter plekke overlijdt. De vraag is nu wat de oorzaak is van zijn dood. Pietersen is uiteindelijk overleden door hoofdletsel. Maar als hij eerder was vertrokken, had hij misschien langzamer gereden of zijn veiligheidsgordel gedragen. Als de wegwerkers geen water hadden gemorst of de vangrail niet hadden verwijderd, was de auto niet van de weg geraakt. Zelfs de aankoopbeslissing van de auto speelt een rol: in een auto met een airbag had hij het misschien wel overleefd. Een hele keten van gebeurtenissen (en falen van veiligheids-voorzieningen) heeft uiteindelijk dus tot de dood van deze automobilist geleid.

Na zijn dood ontstaat ook een hele reeks van gebeurtenissen die allemaal zijn terug te leiden tot dit fatale ongeval. Er komt een begrafenis, een onderzoek, de levens van familie en vrienden veranderen, er zijn consequenties voor de wegwerkers, voor het bedrijf waar Pietersen werkte, enzovoort.

Het vlinderdasmodel is goed bruikbaar voor het bekijken van directe relaties, maar de werkelijkheid is vaak gecompliceerder. Het is niet altijd even gemakkelijk om de lijntjes tussen de gebeurtenissen te tekenen. Voor het onderzoeken van oorzaken en het voorkomen van vergelijkbare situaties in de toekomst is dit wel van belang, maar voor crisismanagement geldt dit minder. In het domein van crisismanagement zijn de effecten het meest relevant. Het zijn immers deze effecten die we proberen te temperen. De rechterkant van de vlinderdas dus.

We zouden in dit verband de effecten van de crisis of calamiteit kunnen zien als de cirkels in het water die ontstaan nadat daarin een steen gegooid is. Deze gebeurtenis leidt tot effecten die uitwaaieren in alle richtingen en die in hevigheid afnemen, naarmate de tijd verstrijkt en zij verder van de gebeurtenis verwijderd zijn. Een aantal cirkels rekenen we tot de crisis, maar uiteindelijk zijn de golven zo laag dat ze binnen het reguliere systeem vallen en niet meer tot de crisis worden gerekend. Dat betekent dus niet dat er geen effecten meer zijn.

Figuur 2.2   Effecten in cirkels

2.5 Samenvatting

Een calamiteit leidt tot bepaalde effecten. Deze effecten bepalen mede of iets een crisis is en zijn ook onderdeel van de crisis. Effecten van een noodsituatie kunnen zeer ernstig zijn en vele jaren voortduren.

Effecten van een calamiteit of crisis kunnen mensen en organisaties veel schade berokkenen en betekenen voor veel organisaties zelfs vaak het einde van hun bestaan. Directe materiële schade kan goed verzekerd worden, maar bedrijfsonderbreking of imagoschade niet.

Mensen ondervinden de effecten van crisis, maar hun reacties kunnen ook iets tot een crisis maken. Door de reactie van mensen in een bepaalde situatie – bijvoorbeeld agressie in menigten of vluchtgedrag – kan een crisissituatie ontstaan of verergeren.

Net als oorzaken zijn ook effecten te beschouwen als een hele keten. Deze keten is bijvoorbeeld zichtbaar in het vlinderdasmodel. In dit model wordt aan de ene zijde de samenhang tussen gebeurtenissen die leiden tot een ongeval of calamiteit weergegeven en aan de andere zijde de effecten die hiervan het gevolg zijn.

Effecten kunnen globaal worden ingedeeld in een aantal belangrijke categorieën:
• directe effecten voor mensen en omgeving;
• langetermijneffecten voor mensen;
• bedrijfsschade, bedrijfsonderbreking en imagoschade.

Na verloop van tijd worden de effecten van een crisis steeds minder, totdat ze zo gering zijn dat we niet meer van een crisis spreken.

Organisaties in nood 3

Noodsituaties en calamiteiten kunnen schade toebrengen aan mensen, maar ook aan organisaties. De kwetsbaarheid van organisaties is zeer verschillend. Consequenties of effecten van noodsituaties kunnen afhangen van de aard van de situatie, de aard van de organisatie en het domein waarin deze organisatie opereert.

Door een noodsituatie of crisis gaat een organisatie anders functioneren. Een bedreiging voor de basisstructuren van een systeem (zie de definitie in hoofdstuk 1) kan ook leiden tot veranderingen daarin. In dit hoofdstuk komt de reactie van organisaties op crises aan de orde.

Daarnaast wordt in dit hoofdstuk gekeken naar organisaties en crises vanuit een iets ander perspectief. Er zijn organisaties die een crisis ondergaan, maar er zijn ook organisaties waarvoor optreden bij crises het bestaansrecht vormt. Zij kunnen echter zelf ook onderdeel van een crisis worden.

3.1 Kwetsbare organisaties

Omdat het soort en het type noodsituatie en crisis vele gedaanten kunnen aannemen, is ook de invloed daarvan op organisaties zeer verschillend. Als bij een calamiteit personen gewond raken of zelfs overlijden, zijn het de gewonden of partners, kinderen en andere betrokkenen die de ernstigste consequenties ondervinden. Maar als iemand deel uitmaakt van een organisatie, zal ook deze organisatie de effecten merken. Enerzijds door de menselijke betrokkenheid bij de slachtoffers, anderzijds om puur zakelijke redenen: het uitvallen van een persoon in de organisatie.

Veel organisaties lijken zich nauwelijks bewust te zijn van deze kwetsbaarheid. Sommige bedrijven laten hun directieleden niet allemaal in hetzelfde vliegtuig reizen, om te voorkomen dat bij een ongeval de hele directie in een keer zou kunnen wegvallen. Het is echter maar de vraag of de directie het belangrijkste onderdeel is van de organisatie. Maar weinig bedrijven maken een inventarisatie van hun belangrijkste kennisdragers, om risico's op uitval van deze personen actief te sturen.

Vooral innovatieve of creatieve organisaties zijn erg kwetsbaar voor uitval van sleutelfiguren. De meest extreme variant zien we bij artiesten, waar soms een bedrijf omheen is gebouwd van meer dan honderd mensen die allemaal afhankelijk zijn van de beschikbaarheid van deze ene artiest. Een voorbeeld hiervan is het orkest van André Rieu.

Kwetsbaarheid en weerbaarheid

Kwetsbaarheid is gerelateerd aan weerbaarheid. Hoe weerbaar een organisatie is, is afhankelijk van het type organisatie maar ook van het type crisis.

Operationeel ingestelde organisaties zijn vaak lang bestand tegen verstoringen en zijn goed in staat deze binnen de normale structuren op te vangen. We zien dit bijvoorbeeld bij bedrijven in de luchtvaart en andere transportsectoren. Wel kunnen hier de gevolgen enorm zijn, als de verstoring zodanig groot wordt dat deze niet meer in de normale organisatie opgevangen kan worden. In een operationele organisatie kan dan een soort domino-effect optreden, waardoor de hele organisatie uit balans raakt.

Minder operationele organisaties – zoals meer administratief gerichte bedrijven of zelfstandige bedrijfseenheden – kunnen vaak ook in kleinere onderdelen blijven functioneren, soms zelfs vanaf alternatieve locaties. De huidige ICT-voorzieningen bieden daartoe goede mogelijkheden.

Organisaties verschillen dus in de wijze waarop zij bestand zijn tegen fouten en verstoringen. Charles Perrow (1999) onderscheidt twee belangrijke dimensies in organisaties: koppelingen en interacties.

- Interacties kunnen lineair of complex zijn. Lineaire interacties kunnen wel ingewikkeld zijn, maar zijn altijd min of meer overzichtelijk en zichtbaar. Complexe interacties kunnen onverwacht of zelfs onbegrijpelijk zijn. Idealiter zouden we systemen zo veel mogelijk lineair maken, maar dit is lang niet altijd mogelijk. Systemen met complexe interacties zijn overigens niet per se gevaarlijker, maar wel minder voorspelbaar.
- Sommige organisaties of systemen zijn strak georganiseerd volgens vaste procedures en met een sterke onderlinge afhankelijkheid. Dit noemt Perrow *tightly coupled systems*. In andere organisaties of systemen is meer ruimte voor improvisatie en alternatieven. Dit zijn meer *loosely coupled systems*. In het eerste type organisaties moet de opvang van fouten en verstoringen zijn ingebouwd, om-

dat er minder ruimte voor improvisatie is. Bij systemen met losse koppelingen is dit veel minder het geval.

Het tightly coupled-systeem zal dus vooral geschikt zijn om voorspelbare verstoringen in een lineair systeem op te vangen, maar is per definitie niet geschikt voor problemen in systemen met complexe interacties.

Een indeling van een aantal soorten organisaties op deze twee dimensies vinden we in figuur 3.1.

Transitie bij crisis

Het lastige bij crisissituaties is dat de organisatie dan verandert op de dimensies van Perrow. De al eerder aangehaalde crisis in de kerncentrale van Fukushima is daarvan een goed voorbeeld. In figuur 3.1 kunnen we zien dat een kerncentrale in het kwadrant rechtsboven valt. Het is een systeem met complexe interacties met strakke koppelingen. In kerncentrales zijn creativiteit en improvisatie nu niet bepaald leidend in de werkprocessen. Maar tijdens de crisis in Fukushima was dat wel het geval en werden onorthodoxe methoden bedacht om de effecten terug te dringen. Bijvoorbeeld het inzetten van blushelikopters, waarmee werd geprobeerd water door het gat in het dak op de reactor te krijgen. Dit is bepaald geen standaardprocedure in de nucleaire industrie.

Het lastige in crisismanagement is vaak dat deze omschakeling niet past bij de cultuur en de competenties van de mensen in de organisatie, waarover meer in paragraaf 3.2.

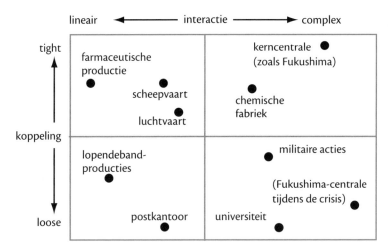

Figuur 3.1   Interactie versus koppeling

Duitse leger weerbaarder dan Amerikaanse leger in Tweede Wereldoorlog

In hun boek *Krijgskunde en ondernemingsstrategie* (2004) leggen Robert Ogilvie en Jaap Jan Brouwer uit hoe de Duitsers al in het begin van de negentiende eeuw – nadat ze door de Fransen waren verslagen – tot de conclusie waren gekomen dat de generaals achter het front onvoldoende overzicht hadden. De oplossing was om bij de lagere niveaus meer ruimte voor initiatief en beslissingsbevoegdheid te leggen. Dit werd de *Auftragstaktik* genoemd.

In de Tweede Wereldoorlog leden de geallieerden gemiddeld 50 procent meer verliezen bij gevechten dan de Duitsers. Duitse troepen hadden een heel andere cultuur. Zo werden soldaten uit dezelfde stad of streek in dezelfde onderdelen geplaatst, waardoor een hechtere samenhang ontstond. Officieren waren goed opgeleid, kenden de missie en waren getraind om initiatieven te nemen. Dit maakte dat de Duitsers een zeer weerbare organisatie hadden, die flexibel kon inspelen op onverwachte omstandigheden.

Vooral het Amerikaanse leger was veel bureaucratischer en rigide georganiseerd, en maakte gebruik van gedetailleerde draaiboeken. Het raakte veel sneller in de problemen als de situatie anders was of werd dan voorzien. Overwinningen van de geallieerden waren dan ook vooral het gevolg van een overmacht aan mensen en materieel.

De parallellen met crisismanagement zijn evident. Crisisteams hebben vaak een beperkt overzicht over de situatie, en complexe en onvoorspelbare situaties vragen om flexibiliteit en initiatief op het uitvoerende niveau.

Intensiteit van effecten

Kwetsbaarheid heeft niet alleen te maken met de wijze waarop de organisatie verstoringen kan opvangen, maar kan ook nogal variëren in de intensiteit van de effecten voor verschillende organisaties.

In het vorige hoofdstuk kwam het probleem van imagoschade al aan de orde. Vaak zijn bedrijven die gevoelige consumentenproducten leveren erg kwetsbaar. Denk bijvoorbeeld aan voeding en geneesmiddelen, maar ook aan auto's. Als er zelfs maar één ongeluk ontstaat met een auto omdat de remmen of het gaspedaal niet goed blijken te functioneren, of één baby ziek wordt door verontreinigde babyvoeding, kan dit een merk of bedrijf al aan de rand van de afgrond brengen. Volkswagen moest in 2015 toegeven dat er in auto's speciale software werd toegepast, waardoor bij milieutesten de uitstoot van schadelijke stoffen veel lager uitviel dan bij normaal gebruik. Het probleem werd 'ontdekt' in de VS, maar bracht het bedrijf wereldwijd in problemen. Het kost het bedrijf vele miljarden aan boetes en schadevergoedingen. Na publicatie van het Amerikaanse rapport leverde het aandeel Volkswagen binnen enkele dagen 36 procent in op de beurs in Frankfurt – dit kwam overeen met een waardedaling van 27 miljard euro.

Hoewel bedrijven die voor in de keten zitten, bijvoorbeeld grondstoffenleveranciers, minder kwetsbaar zijn voor imagoschade, kunnen zij daarin wel worden meegesleurd.

Ook de voetbalclub Vfl Wolfsburg werd meegetrokken in deze crisis. Volkswagen reduceerde de sponsorbijdrage aan de club met tientallen miljoenen euro's vanwege de eigen moeilijke financiële situatie.

De crisis kan zo ver gaan dat een hele sector in het bedrijfsleven of zelfs een heel land hierin betrokken raakt. Speelgoedfabrikant Mattel is hiervan een goed voorbeeld. Producten die in China gemaakt waren moesten worden teruggeroepen, wat schade voor het bedrijf opleverde maar ook voor China als productieland.

Opnieuw terughaalactie Mattel-speelgoed
De Amerikaanse speelgoedproducent Mattel haalt wereldwijd voor de tweede keer in twee weken een grote hoeveelheid speelgoed terug uit de winkels, waaronder 180.000 stuks in Nederland. Net als bij de eerdere recall van Fisher Price-speelgoed was dat gemaakt in China.

Deze keer gaat het om speelgoed met magneten uit de serie van Polly Pocket en Batman en miniatuurjeeps van de populaire televisieserie CARS. In de verf van deze autootjes zit te veel lood. Volgens de speelgoedfabrikant zijn er in Nederland 180.000 exemplaren van dit speelgoed in omloop. Mattel roept de kopers op om met het speelgoed terug te gaan naar de winkel. De Chinese fabrikant van de eerder deze maand teruggeroepen partij Fisher Price-speelgoed heeft afgelopen weekend zelfmoord gepleegd.
(Hell, 2007)

NRC Handelsblad berichtte bij de eerste terugroepactie al:
Het incident is het laatste in een lange reeks problemen met Chinese exportproducten die de laatste maanden boven water zijn gekomen. In Midden-Amerika zijn daarbij mensen om het leven gekomen door giftige medicijnen. In de VS zijn huisdieren gestorven door giftig diervoer. De helft van alle consumentenproducten (uitgezonderd voedsel) die in de EU worden geweerd of van de markt gehaald, zijn afkomstig uit China.
(Laeven & Van der Poel, 27 augustus 2007)

Ook de afhankelijkheid van voorzieningen kan voor organisaties zeer verschillend zijn, met name die van de vitale infrastructuur. Bij stroomuitval zal de schade voor een bouwbedrijf of een warenhuis in de regel leiden tot een beperkt verlies aan arbeidsuren of omzet. Voor een ziekenhuis zou het mensenlevens kunnen kosten. Overigens zijn bij dit soort organisaties om deze reden vrijwel altijd noodstroomvoorzieningen getroffen. Bedrijven in de chemische en petrochemische industrie echter kunnen vaak alleen veiligheidsvoorzieningen draaiend houden op noodstroom, terwijl de productie wel volledig kan stilvallen. Het weer opstarten van zo'n bedrijf kan soms weken duren. De financiële schade is dan enorm.

Of een incident of noodsituatie uiteindelijk escaleert tot een crisis heeft veel met de kenmerken en cultuur van de organisatie te maken. Voor de meeste crises geldt het volgende.

Well in advance of their occurrence, crises send out a trail of early warning signals (Mitroff & Anagnos, 2001).

Ook Pieter van Vollenhoven, voormalig voorzitter van de Onderzoeksraad voor Veiligheid, geeft aan dat problemen vaak al bekend zijn voor ze tot een ramp leiden, maar dat degenen die ze signaleren vaak tegen onwil en onbegrip aanlopen. 'Ik heb nog nooit meegemaakt dat hetgeen geschiedde onbekend was in de maatschappij', aldus Van Vollenhoven in een vraaggesprek met Paul Rosenmöller in 2007.

Of een incident ontstaat of tot een crisis leidt, wordt dus vaak bepaald door de wijze waarop signalen in de organisatie worden verwerkt.

De Challenger

In 1986 explodeerde de spaceshuttle Challenger als gevolg van het bezwijken van een O-ring. Alle bemanningsleden kwamen hierbij om.

Op basis van eerdere problemen met O-ringen was bij technici het vermoeden ontstaan dat dit gerelateerd was aan lage temperaturen. Toen zij hoorden dat de Challenger in koud weer gelanceerd zou worden, wezen zij op dit probleem. De verantwoordelijke managers vroegen een overzicht te maken van de temperaturen waarbij de problemen met O-ringen waren opgetreden bij eerdere vluchten. In een overzicht werden alle lanceringen geplot waarbij incidenten met deze ringen waren opgetreden. In het overzicht kon worden afgelezen hoeveel incidenten er bij elke lancering voorkwamen.

Een asterisk in de tabel representeert een spaceshuttlelancering.

		50	55	60	65	70	75	80
	3		*					
aantal	2						*	
incidenten	1			* *	*	**		
	0							

Temp. in °F

Op basis van deze figuur besloot het management van NASA in overleg met de leverancier dat het verband tussen temperatuur en het falen van de O-ringen niet overtuigend was. Men besloot de lancering door te laten gaan.

Bij onderzoek achteraf maakte men eenzelfde soort overzicht, alleen werden nu ook de lanceringen opgenomen waarbij geen problemen waren geweest.

		50	55	60	65	70	75	80	
aantal	3		*						
	2						*		
incidenten	1			* *	*	**			
	0					******	****	******	**

Temp. in °F

Uit dit overzicht kwam belangrijke informatie naar voren die eerder genegeerd werd, namelijk: alle lanceringen zonder problemen vonden bij hogere temperaturen plaats. Betere feedback zou op zijn minst een sterk vermoeden hebben gegeven dat lagere temperaturen de kans op het optreden van incidenten met de O-ring sterk vergrootten. Het ligt voor de hand te veronderstellen dat de lancering dan uitgesteld zou zijn tot een moment met betere weersomstandigheden.

(Reason, 1990)

3.2 De veranderde organisatie

Verschillende organisaties reageren verschillend op verstoringen, dat is een van de conclusies die uit de vorige paragraaf getrokken kan worden. Hoe weerbaarder de organisatie, hoe kleiner de benodigde aanpassing om een verstoring te kunnen verwerken. Wordt een verstoring zodanig groot dat deze niet meer binnen het normale proces kan worden opgevangen, dan is er dus sprake van een noodsituatie die in een crisis zou kunnen uitmonden. De organisatie zal hierdoor veranderen. Er kan en zal sprake zijn van formele, maar zeker ook informele veranderingen.

Informele veranderingen

Informele veranderingen hebben vaak te maken met de rollen van mensen in de organisatie. In een organisatie zijn doorgaans formele en informele leiders aanwezig. Het is lang niet altijd zo dat leiderschap binnen de organisatiestructuur precies aansluit bij de leiderschapskwaliteiten van de mensen in de organisatie. Bovendien zijn leiderschapskwaliteiten misschien wel minder eenduidig dan vaak wordt aangenomen. Er bestaan immers verschillende leiderschapsstijlen.

De leiderschapsstijl die nodig is voor het dagelijks aansturen van de boekhoudafdeling kan weleens verschillen van de stijl die gewenst is wanneer het gebouw waarin deze afdeling gevestigd is in brand staat. In die situatie kan het heel goed zo zijn dat een andere persoon op de afdeling het leiderschap claimt.

Een noodsituatie gaat over het algemeen gepaard met urgentie. De daarmee samenhangende activiteiten krijgen dan ook meestal de hoogste prioriteit. Veelal betreft dit activiteiten die met operationele afhandeling te maken hebben. Het komt nogal eens voor dat een organisatie min of meer desintegreert tijdens een noodsituatie of crisis. Formele leiders voelen zich geroepen daadkrachtig op te treden, maar missen vaak de hiervoor benodigde competenties. En informele leiders die deze competenties soms wel hebben, doorkruisen met initiatieven alle structuren. In de praktijk komen situaties voor waarin tientallen managers tijdens een crisis met een telefoon aan het oor lopen en druk doende zijn van alles te coördineren, maar waarin ondertussen niemand meer overzicht heeft over wat er nu precies gecoördineerd wordt.

In feite verandert dan – om in de termen van Perrow te spreken – een systeem met lineaire interacties in een systeem met complexe interacties. De organisatie probeert daarop te reageren.

Ook in andere opzichten verandert een organisatie. Tijdens een noodsituatie zien we dat daadkracht een leidend thema wordt. Iedereen heeft het idee dat er meteen gehandeld moet worden, wat maar zeer ten dele het geval is. Voor een aantal zaken geldt dit zeer zeker, maar veel aspecten hebben juist betrekking op de iets langere termijn.

Een crisis ontregelt het bedrijfsproces voor langere tijd. Hierdoor ontstaat ook een nieuwe status quo in de organisatie. In een situatie waarin slachtoffers zijn gevallen, zullen collega's hiermee moeten omgaan.

Ook de cultuur in een organisatie kan in en door een crisis veranderen. Het gevoel van veiligheid of het vertrouwen in het management kan verminderd zijn. Stel dat een staking onderdeel was van de crisis. Hoe is het dan na afloop gesteld met de samenwerking tussen stakers en werkwilligen?

Een crisis kan ook de financiële toekomst of het bestaansrecht van de organisatie ondermijnen. Dit kan er dan misschien weer toe leiden dat juist het beste personeel vertrekt naar de concurrent.

Gebrekkig crisismanagement kan ertoe leiden dat de crisis een *self propelling* fenomeen wordt waardoor de organisatie in een neerwaartse spiraal terechtkomt.

3.3 Organisaties voor crisisbeheersing

De twee fundamentele en tegenstrijdige aspecten bij het structureren van organisaties zijn enerzijds de verdeling van werk in verschillende taken en verantwoordelijkheden over verschillende afdelingen, groepen en personen, en anderzijds het coördineren van deze taken (Mintzberg, 1979). Het verdelen en delegeren van werk staat vaak op gespannen voet met de coördinatie ervan, zeker in moeilijke en onvoorspelbare omstandigheden.

Het ontwerp van de organisatie is afgestemd op het doel van de organisatie en de fase waarin de organisatie verkeert. Een van de problemen waar crisismanagement tegenaan loopt, is het feit dat de organisatie is ingericht voor iets heel anders dan crisisbeheersing. Een crisis is immers per definitie een bedreiging of ontwrichting van het systeem.

Een ogenschijnlijke uitzondering daarop zijn organisaties die specifiek op crises gericht zijn: de hulpverleningsorganisaties. De brandweer, de politie, de geneeskundige hulpverleningsorganisaties, maar ook organisaties als Artsen zonder Grenzen of het Rode Kruis zijn juist gericht op het werken in crisissituaties. Hun organisaties zijn dus ook voor crises ontworpen. Of toch niet? Hulpverleningsorganisaties zijn gericht op het optreden in een crisis bij anderen. Een ernstig ongeval op een bedrijventerrein of een ramp in een derdewereldland vormen voor hun eigen organisatie geen crisis. Maar als zijzelf door een crisis worden getroffen, dan blijkt ook hier dat de organisatie vaak moeite heeft met het managen van de crisis. Zij ondervinden dan dezelfde problemen als alle andere organisaties.

> **De ontvoering van Arjan Erkel**
> Een voorbeeld van een crisis voor een hulpverleningsorganisatie is de ontvoering van Arjan Erkel van Artsen zonder Grenzen. Erkel was als hulpverlener actief in Tsjetsjenië, toen hij op 12 augustus 2002 ontvoerd werd. Het bleek dat de organisatie hier maar moeilijk mee kon omgaan.
> Uiteindelijk werd Erkel in april 2004 vrijgelaten, nadat een aanzienlijk bedrag aan losgeld was betaald. Dit losgeld werd voor het merendeel voorgeschoten door het Nederlandse ministerie van Buitenlandse Zaken. Artsen zonder Grenzen zag dit anders en weigerde terug te betalen, wat leidde tot het aftreden van een directeur van Artsen zonder Grenzen en slepende rechtszaken.

Bij grote crises of rampen zijn hulpverleners en crisismanagers zelf soms ook deels slachtoffer, met alle gevolgen van dien. Zo kwamen bij de orkaan Katrina in de VS in 2005 veel hulpverleners niet of niet op tijd opdagen, omdat zij vaak eerst hun eigen familie wilden helpen. Bij de aardbeving in Haïti bleken de meeste voorzieningen voor crisisbeheersing, zoals communicatienetwerken en commandocentra, ook getroffen en buiten gebruik geraakt. Het Nederlandse USAR-team kon daar wel hulp verlenen, doordat het volledig zelfvoorzienend is. Op kleinere schaal zagen we dat bij een grote brand in Roermond in 2015 asbest terecht kwam in de binnenstad, waardoor ook een brandweerkazerne en brandweerpersoneel – en dus hun inzet – getroffen werden.

Het verloop van een crisis is ingewikkeld en niet of moeilijk voorspelbaar. Het is dus per definitie een domein met complexe interacties. Het ligt daarom voor de hand om een andere organisatievorm te gaan gebruiken als de organisatie met een crisis wordt geconfronteerd. Veel organisaties hebben dan ook een speciale nood- of crisisorganisatie bedacht die geactiveerd kan worden op het moment dat dit nodig is.

Ook bij de overheid bestaat een dergelijke organisatie voor rampenbestrijding en crisisbeheersing. Taken en bevoegdheden van allerlei functionarissen en bestuurders zijn daarin vastgelegd. Deze taken kunnen heel anders zijn dan de taken van diezelfde functionarissen en bestuurders in de reguliere organisatie. Een mooi voorbeeld daarvan is de rol van de burgemeester. Waar in het reguliere bestuur de gemeenteraad het hoogste orgaan is in een gemeente, krijgt bij een ramp de burgemeester het opperbevel met veel verdergaande bevoegdheden.

Bedrijven in nood

Ook bedrijven hebben vaak een speciale organisatie vastgelegd voor crisissituaties. Opmerkelijk is wel dat terwijl bedrijven veel aandacht besteden aan hun normale organisatie, de crisisorganisatie vaak een ondergeschoven kindje is waarover nauwelijks is nagedacht. Bij bedrijven met veel lineaire interacties en een organisatie met strakke koppelingen wordt meestal ook de crisisorganisatie vanuit deze invalshoek opgezet, terwijl juist de transformatie naar complexe interacties de reden was voor een specifieke crisisorganisatie.

Het komt nogal eens voor dat er nauwelijks kennis over crisismanagement of crisisbeheersing voorhanden is in een organisatie, hoewel men zelf denkt van wel. Elke organisatie heeft ervaring met verstoringen – ten onrechte wordt dit vaak voor ervaring met crisismanagement aangezien. Het min of meer succesvol afhandelen van kleinere incidenten wordt gezien als bewijs dat men voldoende competenties heeft op het gebied van crisismanagement en dat de structuur van de organisatie effectief is. Worden deze gebeurtenissen geanalyseerd, dan blijkt vaak dat ze helemaal niet zo goed zijn afgehandeld, of dat ze min of meer toevallig goed verlopen zijn of dat ze zo klein waren dat er helemaal geen noodzaak was voor crisismanagement. Sterker nog: het komt nogal eens voor dat de afhandeling van incidenten goed verloopt ondanks, in plaats van dankzij, het management.

Anticipatie of veerkracht?

Bij de voorbereiding op het omgaan met crises is het belangrijk een goede benadering te kiezen. Een crisis vraagt om een veerkrachtige benadering. Wildavsky (1988) beschrijft de anticipatie- versus de veerkrachtbenadering.

Anticipatie is gericht op de reactie op voorspelbare gebeurtenissen. Als we de toekomstige crisis kunnen bedenken, dan kunnen we ook de beheersing van deze crisis op voorhand organiseren. In hoofdstuk 1 werd al aangegeven hoe onvoorspelbaar of op zijn minst verrassend rampen en crisissituaties kunnen zijn. Deze anticipatieaanpak is in veel bedrijven gangbaar en geeft vaak een gevoel van controle en beheersing (voor veel managers erg belangrijk) – in werkelijkheid is dat vaak een illusie.

Het is aantrekkelijker om te streven naar een aanpak gericht op weerbaarheid. Deze aanpak zal leiden tot een effectievere respons in onverwachte situaties.

Weerbaarheid betekent flexibel kunnen reageren op onverwachte omstandigheden. Dat betekent dat er wel een heldere structuur is, maar dat er op alle niveaus voldoende ruimte moet zijn om inschattingen te maken en besluiten te nemen. Ook houdt het in dat niet alles in gedetailleerde regeltjes en checklists wordt vastgelegd, maar vooral dat er voldoende geïnvesteerd is in de competenties van de mensen in de organisatie.

3.4 Samenvatting

Sommige organisaties zijn kwetsbaarder dan andere. Dat hangt niet alleen van de organisatie zelf af, maar ook van de manier waarop de omgeving tegen de organisatie aankijkt. Sommige bedrijven worden kritischer dan andere gevolgd door het publiek of ze hebben producten die bij problemen een grote emotionele impact hebben.

Veel organisaties kunnen verstoringen goed opvangen, maar raken in onbalans als de verstoring te groot is. Dit heeft te maken met de wijze van organiseren. Vaak zijn dit bedrijven met veel lineaire interacties waar veiligheden zijn ingebouwd in hun systemen. Kleine problemen kunnen dan snel en efficiënt worden opgelost. Organisaties die zich kunnen aanpassen aan complexe en onvoorspelbare situaties raken minder snel uit balans. Ruimte voor verschillende oplossingen en improvisatie zijn een voorwaarde hiervoor. Dit betekent dus dat de reactie op problemen minder strak geregeld is en daardoor ook per definitie minder voorspelbaar of efficiënt, maar vaak wel effectief is.

Veel crisissituaties kondigen zich aan. Vaak escaleert een incident tot een crisis, omdat signalen in de organisatie niet goed worden geïnterpreteerd. Regelmatig blijkt dat bij verschillende mensen in de organisatie het probleem al bekend was en dat zij het soms zelf al voorspeld hadden.

Organisaties moeten zich aanpassen aan veranderde omstandigheden bij en na een crisis. Dit geldt ook voor organisaties die zich richten op crisisbeheersing. Treft de crisis henzelf, dan blijken zij aan dezelfde problemen te worden blootgesteld als andere organisaties.

Een focus op weerbaarheid, in plaats van proberen te anticiperen op verwachte situaties, leidt over het algemeen tot een betere respons bij een crisis. De crisis die zich voordoet, is altijd anders dan die waarop men zich had voorbereid.

Noodorganisaties 4

In het vorige hoofdstuk is gekeken naar de relatie tussen een organisatie en een crisis. Om te kunnen reageren op een crisis, worden organisaties aangepast en wordt een noodorganisatie ingericht. In dit hoofdstuk wordt beschreven waarom dit nodig is. Ook komen vormen en eigenschappen van deze noodorganisaties aan de orde, zowel bij de overheid als bij bedrijven of instellingen. De termen 'rampenbestrijdingsorganisatie', 'noodorganisatie' en 'crisisorganisatie' worden gebruikt omdat hiertussen geen duidelijke afbakening bestaat.

Voor wat betreft de overheid wordt hierbij vooral gekeken naar de inrichting van de rampenbestrijdingsorganisatie, omdat dit toch de crisisorganisatie bij uitstek is. Bij bedrijven en instellingen zal de interne organisatie worden bekeken.

De rol en betekenis van verschillende operationele hulpverleningsorganisaties bij de overheid en van de bedrijfshulpverlening worden kort toegelicht.

Omdat een crisis zich niet houdt aan bedrijfsgrenzen of afbakeningen komt ook de interactie tussen de verschillende organisaties aan de orde.

4.1 Noodorganisaties: nut en nadelen

In een crisis zijn daadkrachtige leiders nodig, zo lijkt de algemene consensus. We zien dat in vrijwel alle noodorganisaties die bij crises worden ingericht het leiderschap geconcentreerd wordt, en dat vaak slechts een enkele persoon vergaande bevoegdheden krijgt toebedeeld. Voorbeelden hiervan zijn – het werd al eerder genoemd – de rol van de burgemeester die het opperbevel heeft bij een ramp in zijn gemeente of de voorzitter van de veiligheidsregio.

Een basale vorm van de noodorganisatie is in figuur 4.1 weergegeven. In deze figuur vinden we drie niveaus, met elk hun eigen wijze van besluitvorming en aansturing. Het hoogste niveau wordt wel het strategisch niveau genoemd. Hier worden de lijnen uitgezet, prioriteiten gesteld en wordt bepaald welke doelen moeten worden nagestreefd. In de laag daaronder, op het tactisch niveau, wordt deze strategie vertaald naar een concreet plan van aanpak, dat op het derde of operationeel niveau wordt uitgevoerd.

In werkelijkheid kunnen de in deze structuur aangeven niveaus ook weer zijn opgedeeld of uitgebreid. Zo worden voor specifieke taakgebieden vaak taakgroepen geformeerd die aan een van de onderdelen in de hiërarchische structuur rapporteren.

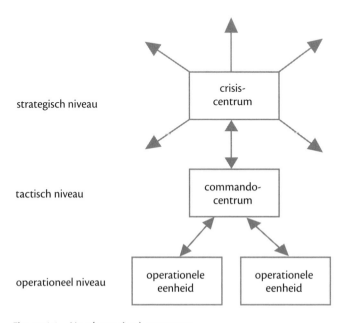

Figuur 4.1   Noodorganisatiestructuur

Balans tussen slagvaardigheid en zorgvuldigheid

De verschuiving naar een meer geconcentreerde verantwoordelijkheid of macht wordt de centralisatiethese genoemd ('t Hart, Rosenthal & Kouzmin, 1993). We spreken ook wel over de organisatorische reflex bij crises.

De gedachte achter deze wijze van leidinggeven komt voort uit de kenmerken van een crisis. We zagen bij de definities in hoofdstuk 1 dat onder meer de noodzaak tot snelle besluitvorming een belangrijke rol speelt. Een tijdrovend bureaucratisch besluitvormingsproces is dus niet geschikt voor crisismanagement.

Hoewel bureaucratie vaak vooral een negatieve connotatie heeft, is dit niet terecht. Max Weber, Duits filosoof en bedenker van een van de eerste managementtheorieën, omschreef begin twintigste eeuw bureaucratie als een ideaal systeem. Volgens Weber is bureaucratie het beste in staat om op een technisch efficiënte wijze de gestelde doelen van een organisatie te bereiken. Bureaucratie voorkomt willekeur en machtsmisbruik en bevordert zorgvuldigheid. Maar inderdaad: het is ook vaak traag en weinig flexibel.

De normale organisatie is vaak in meer of mindere mate bureaucratisch, en niet voor niets. Organisaties zijn vaak over een lange periode ontwikkeld en geëvolueerd. Allerlei regels en systemen zijn in de loop der tijd juist ingevoerd omdat er anders zaken fout zouden lopen. Er is veel literatuur over de verschillende fasen van bedrijfsorganisaties waarin deze zich moeten aanpassen aan veranderende omstandigheden. Zo zijn de organisatiekenmerken van een bedrijf in de startfase heel anders dan in de integratiefase, waarin het bedrijf langer bestaat en doorgegroeid is (Lievegoed, 1993).

De bureaucratie wordt in de noodorganisatie dus losgelaten, met alle risico's van dien. Er wordt een slagvaardige organisatie gecreëerd waarin snel grote besluiten kunnen worden genomen, maar waarin weinig controle- en correctiemogelijkheden bestaan.

Bovendien is een nood- of crisisorganisatie in het dagelijks leven een slapende organisatie waarvan vaak maar weinig bekend is, en waar weinig ervaring mee is. Er wordt echter wel verwacht dat deze organisatievorm, juist in moeilijke omstandigheden, onmiddellijk feilloos functioneert. Dat betekent dat veel afhangt van de competenties van enkele individuen in die organisatie. Het is als koorddansen zonder net.

Sommige crisisorganisaties of onderdelen daarvan zouden best wat bureaucratischer mogen zijn om de zorgvuldigheid van besluitvorming te verbeteren. Er moet een balans worden gevonden tussen enerzijds snelheid en slagvaardigheid en anderzijds zorgvuldigheid.

Toepassing van militair-organisatorische inzichten

Er speelt nog een ander probleem bij het functioneren van noodorganisaties in crisissituaties. Vrijwel altijd wordt een organisatie opgebouwd vanuit een duidelijk beeld van de doelen of activiteiten van die organisatie. Bij een crisis is dit vaak niet het geval. We weten immers niet wat er gaat gebeuren en er wat er gedaan moet worden.

Veel uitgangspunten in crisismanagement zijn afkomstig van militaire inzichten. Krijgskunde bestaat al heel lang en er is op dat terrein veel ervaring met het handelen in crisissituaties. Nog los van de vraag of dit ook altijd tot bevredigende resultaten leidt – denk in dit verband alleen al aan de militaire acties in Vietnam, Irak of Afghanistan – kun je je afvragen of militaire principes goed toepasbaar zijn bij calamiteiten of rampen. In elk geval springen twee belangrijke verschillen in het oog.

In de eerste plaats vinden we andere mensen in de organisatie. Militaire organisaties hebben vaak een ruimere bezetting dan civiele noodorganisaties en besteden veel geld en tijd aan training en hulpmiddelen. In de burgermaatschappij zijn mensen in noodorganisaties voor een groot deel amateurs. Zij zijn vaak bestuurders, managers of professionals in hun vakgebied, maar crisismanagement is voor hen meestal een neventaak.

Een tweede belangrijk verschil tussen militaire en andere crisisorganisaties is de volgorde en tijd van implementatie. Militaire acties worden over het algemeen goed voorbereid, waarbij ook de organisatie eerst zorgvuldig wordt opgebouwd. Met andere woorden: de soldaten gaan pas het veld in nadat de generaals hun plannen gemaakt hebben. Bij rampen, calamiteiten of crises gebeurt het precies andersom: er doet zich meestal plotseling een situatie voor waarop gereageerd moet worden. De uitvoerende operationele laag komt het eerst in actie. De bovenliggende lagen moeten dan nog worden ingericht en zijn zelfs vaak pas beschikbaar als de fysieke calamiteit al geheel of gedeeltelijk onder controle is. Dit heeft belangrijke gevolgen voor de wijze van aansturing, het werkproces en de autonomie van de verschillende onderdelen.

4.2 Operationele hulpverleningsorganisaties

Crisisbeheersing of crisismanagement gaat maar voor een heel klein deel over operationele hulpverlening. Toch krijgt dit onderdeel vaak de meeste aandacht. In de meeste bedrijven gaat het noodplan vooral over brandbestrijding en eerste hulp. Ook in het publieke domein vormen de operationele diensten het meest zichtbare deel van de rampenbestrijding of crisisbeheersing. Wat zijn nu deze operationele diensten en welke plaats hebben zij in het domein van crisisbeheersing?

Brandweer

De meest bekende en ook wel de meest centrale organisatie in de crisisbeheersing is de brandweer, ook wel de rode kolom genoemd. De brandweer is de organisatie die operationeel verantwoordelijk is voor hulpverlening bij brand en ongevallen. Dit betekent in de eerste plaats het redden van mens en dier en het beschermen van de omgeving tegen de directe gevolgen van een calamiteit. De brandweer treedt bij vrijwel alle soorten en typen fysieke calamiteiten op. Dit zijn uiteraard branden, maar ook verkeersongevallen, ongevallen met gevaarlijke stoffen, instortingen, overstromingen en allerlei andere situaties. Daarnaast speelt de brandweer een rol bij de andere elementen van de veiligheidsketen zoals proactie, preventie en preparatie.

Brandweerpersoneel kan beroeps of vrijwillig zijn. In Nederland bestaat het operationele deel van de brandweer voor zo'n 80 procent uit vrijwilligers, ongeveer 20.000 personen (CBS, 2015). Overigens is 'vrijwilliger' feitelijk geen juiste term meer. Binnen de brandweer zijn vrijwilligers eigenlijk parttimers. Ze voeren het brandweerwerk als neventaak uit en krijgen hiervoor gewoon betaald. Ook voldoen deze 'vrijwilligers' ook aan precies dezelfde eisen als beroepsbrandweermensen en hebben ze, door hun rooster (waarin ze vaak meer diensten draaien), soms zelfs meer ervaring.

De brandweer was in het verleden meestal een gemeentelijke dienst, maar in de afgelopen jaren zijn alle brandweerkorpsen regionaal georganiseerd: per veiligheidsregio één regionaal brandweerkorps met één regionaal commandant. De brandweerkorpsen in de verschillende gemeenten zijn zo onderdeel geworden van het regionale korps. Overigens vond er al langer ondersteuning van de gemeentelijke organisaties plaats vanuit regionale en rijksorganisaties op het gebied van onder andere rampenbestrijding, opleidingen en advies.

De brandweer heeft een centrale rol in de rampenbestrijding. Nu de nadruk steeds meer op integratie, maar ook meer op crisisbeheersing komt te liggen, is het nog maar de vraag of dit zo blijft. Er zijn immers veel soorten crisissituaties denkbaar waar heel andere aspecten spelen dan die waar de brandweer expertise in heeft.

In het leidinggeven bij crises zien we dan ook steeds meer 'ontkleurde' functionarissen in plaats van 'rode' functionarissen. Dit wil zeggen dat er niet meer vanuit één bepaalde dienst of discipline wordt gewerkt maar meer interdisciplinair.

Politie

In de crisisbeheersing wordt de politie de blauwe kolom genoemd. In paragraaf 1.4 zagen we dat de politie van een regionaal ingerichte organisatie naar een nationale politie is gereorganiseerd. De politie voert veel verschillende taken uit, waaronder ook het optreden bij ongevallen en rampen. De taak van de politie is dan vooral regulerend. Verkeersstromen moet worden aangepast en mensen moeten worden begeleid. Maar ook onderzoek kan een belangrijke rol spelen.

Het komt nogal eens voor dat een 'plaats incident' al snel als een 'plaats delict' beschouwd moet worden. Daarnaast valt het optreden bij problemen rond de openbare orde uiteraard onder de taken van de politie.

Medische hulpverlening

De derde belangrijke pijler van de operationele hulpverlening is de ambulancedienst (witte kolom). De organisatie hiervan was voorheen erg complex en verdeeld over allerlei verschillende partijen. In de Wet ambulancezorg (2012) is een deel van de rol van gemeentelijke en provinciale overheden naar de zorgverzekeraars overgeheveld en wordt ook de ambulancezorg op regionaal niveau georganiseerd. De Regionale Ambulance Voorzieningen (RAV) is verantwoordelijk voor het leveren van ambulancezorg. Binnen deze organisatie werken ambulancediensten en de MKA (Meldkamer Ambulancezorg) samen. RAV's kunnen zowel publiek als privaat georganiseerd zijn.

Bijzonder bij de ambulancezorg is dat de organisatie vooral op kleine ongevallen en medische spoedsituaties is gericht. Voor grootschalig optreden bestaat de GHOR-organisatie: geneeskundige hulpverlening bij ongevallen en rampen. Met de komst van de Wet veiligheidsregio's is de betekenis van GHOR veranderd in Geneeskundige Hulpverleningsorganisatie in de regio en heeft er een integratie plaatsgevonden van de GGD.

De GHOR coördineert de hele organisatie voor medische hulpverlening bij rampen en crises. Dat betekent niet alleen de ambulancezorg, maar ook afspraken met ziekenhuizen, apotheken, huisartsen en dergelijke. Geneeskundige zorg kan vanaf januari 2016 bij grotere ongevallen en rampen worden uitgebreid met grootschalige geneeskundige bijstand (GGB). Deze regeling biedt mogelijkheden om snel extra capaciteit en middelen te organiseren. Een voorbeeld hiervan zijn specifieke noodhulpteams, waarbij ook het Rode Kruis wordt ingezet. Verder stemt de GHOR bijvoorbeeld met de ziekenhuizen de opvangcapaciteit af bij het aanbod van grote aantallen slachtoffers. Een ziekenhuis stelt daartoe een Ziekenhuis Rampen Opvang Plan (ZiROP) op. In dit plan is geregeld hoe er snel extra capaciteit moet worden georganiseerd in het ziekenhuis.

Bevolkingszorg

Hoewel met het ontstaan van de veiligheidsregio's de organisatie van een aantal zaken zijn verschoven van gemeenten naar de veiligheidsregio, leveren gemeenten nog steeds een grote inhoudelijke bijdrage aan de crisisbeheersing. Zij zijn vooral uitvoerend betrokken bij het onderwerp bevolkingszorg. Bevolkingszorg (ook wel de oranje kolom) bestaat uit:
• het geven van voorlichting aan de bevolking (crisiscommunicatie);
• het voorzien in opvang en verzorging van de bevolking (bevolkingszorg);

- het leveren van nazorg voor de bevolking en het registreren van slachtoffers en schadegevallen (herstelzorg).

Met name de laatste fase kan lange tijd veel vragen van gemeenten.

Groot deel Roermond afgezet vanwege asbest na grote brand

Het gebied in het centrum van Roermond, waar asbest is neergekomen, wordt steeds groter. Dinsdagavond kwam er in Roermond veel asbest vrij bij een grote brand in twee botenloodsen.

Dat heeft de veiligheidsregio laten weten.

Waar woensdagochtend nog werd uitgegaan van een gebied ter grootte van 300 bij 1.000 meter, is dat woensdagmiddag bijgesteld naar 700 bij 1.500 meter.

De uitbreiding van het vervuilde gebied is vooral richting het noorden van de stad, en een klein deel richting het zuiden.

De nieuwe cijfers zijn bekendgemaakt na onderzoek door een gespecialiseerd bedrijf. Dat is inmiddels begonnen met het opruimen van asbest, met name in en rond de binnenstad. Hoe lang dat gaat duren, is nog steeds niet bekend. Om 15.45 uur houdt de gemeente Roermond een persconferentie.

Burgemeester Peter Cammaert van Roermond kondigde woensdagochtend vroeg al een noodverordening af.

(www.nu.nl)

Andere diensten

Er bestaat ook een groene kolom. Deze term wordt gebruikt voor de krijgsmacht in haar positie als partner in de civiele crisisbeheersing. De militaire organisatie heeft een grote kennis en ervaring – maar ook een grote capaciteit – die van onschatbare waarde kan zijn in crisisbeheersing. Bekend zijn de ondersteunende activiteiten van militairen bij hoogwater, waarbij dijken worden verhoogd en verstevigd en boten en helikopters worden ingezet. Bij industriële branden worden bijvoorbeeld soms 'crashtenders' van de Koninklijke Luchtmacht gebruikt.

Inmiddels bestaat er een complete catalogus waarin de mensen en middelen zijn opgenomen die, op aanvraag van de burgemeester, voor civiele crisisbeheersing kunnen worden ingezet.

Behalve deze organisaties of kolommen zijn er nog veel meer die een rol spelen in de crisisbeheersing. Zo hebben de waterschappen en het Openbaar Ministerie een vaste plaats in de veiligheidsregio's. Ook een dienst als Rijkswaterstaat is een belangrijke partner in de crisisbeheersing. Zij hebben nogal wat operationele taken die al snel een belangrijke rol spelen bij een crisis, zoals het beheer van de rijkswegen en de hoofdvaarwegen. Daarnaast kunnen zij soms vergaande bevoegdheden hebben die in een crisis belangrijk kunnen zijn.

Veel partijen zijn ook als adviseur bij crisis betrokken. Zo kunnen bij specifieke situaties bijvoorbeeld expertteams worden gevormd die bestaan uit deskundigen van verschillende kennisinstituten, zoals het RIVM of het Nationaal Vergiftigingen Informatie Centrum (NVIC) en dergelijke. Een voorbeeld van zo'n expertteam is het CETmd, het Crisis Expert Team milieu en drinkwater en het EPAn, de Eenheid Planning en Advies nucleair waarbinnen ook het Crisis Expert Team straling (CETs) valt.

Niet alleen overheidsdiensten spelen een rol bij crisisbeheersing, ook private en semiprivate partijen zullen een belangrijke rol spelen. Voorbeelden van organisaties in deze categorie zijn: de netwerkbeheerders voor elektriciteit, elektriciteitsleveranciers, vervoerders op weg en spoor, luchthavens, havenbedrijven maar ook de Koninklijke Reddingmaatschappij (KNRM). Vaak hebben deze partijen hun eigen diensten voor hulpverlening, calamiteitenbestrijding en crisismanagement.

Kortom: het aantal partijen is te groot om op te noemen, maar niet voor niets wordt vaak de uitdrukking *crisismanagement is netwerkmanagement* gebruikt.

Samenwerking

De verschillende organisaties in de (operationele) hulpverlening zijn vaak ook heel verschillend van aard. Alleen al de omvang: er zijn ongeveer 61.000 politiemensen in Nederland (Wikipedia, 2016), ongeveer 29.000 brandweermensen (CBS) en 5.600 mensen bij de ambulancediensten (Ambulancezorg Nederland) (gegevens 2014). Opvallend is ook de totaal verschillende wijze waarop de diensten zijn georganiseerd. Hierin is wel verbetering gekomen met de invoering van de Wet veiligheidsregio's en de invoering van de Wet ambulancezorg (2012). Echter, de reorganisatie van de politie in 2012 maakt de verschillen juist weer groter.

Geschiedenis van de rampenbestrijding

Het samenwerken van de operationele diensten bij rampenbestrijding is lang niet altijd zo vanzelfsprekend geweest. Het is vooral voortgekomen uit ervaringen in de Tweede Wereldoorlog. Rampenbestrijding was aanvankelijk dan ook gericht op het beschermen van de bevolking tegen oorlogsgeweld en tegen natuurrampen.

De rampenbestrijding in Nederland was geregeld in de Wet bescherming bevolking die in 1952 in werking trad. Op grond van deze wet was er een organisatie Bescherming Bevolking (BB) die pas na mobilisatie operationeel kon worden. Voor de zogenoemde vredesrampenbestrijding was dit veel te traag.

In de jaren zeventig kwam er op vrijwillige basis regionale samenwerking tot stand en ontstonden er regionale brandweerkorpsen. In de jaren tachtig werd de BB opgeheven en werden de nieuwe Brandweerwet en Rampenwet ingevoerd. De politie werd in de periode erna al regionaal georganiseerd. In deze tijd werden gemeenten ook verplicht rampenplannen op te stellen. Deze verplichting (samen met de rampbestrijdingsplannen) werd opgenomen in de Wet rampenplannen. Deze bepalingen zijn later in de Rampenwet (1985) – later de Wet rampen en zware ongevallen – opgenomen.

Nu is er dus de Wet veiligheidsregio's, waarbij een verdergaande integratie en samenwerking tot stand is gekomen en waarbij we niet meer alleen over rampenbestrijding maar ook over crisisbeheersing spreken.

4.3 Bedrijfshulpverlening

Bedrijven hebben hun eigen operationele diensten voor hulpverlening. Deze kunnen zeer verschillend georganiseerd zijn. Alle bedrijven (of eigenlijk: alle werkgevers) in Nederland moeten een bedrijfshulpverleningsorganisatie hebben. Dit is vastgelegd in de Arbowet. De Arbowet gaat over de bescherming van werknemers, en dat is ook terug te zien in het taakgebied van de bedrijfshulpverlener.

Bedrijfshulpverlening is vooral gericht op het ontruimen van bedrijfsgebouwen (bijvoorbeeld bij brand), het verlenen van elementaire eerste hulp en het blussen van kleine brandjes. Vervolgens fungeren bedrijfshulpverleners als gids voor de externe hulpverleners.

Bedrijfsbrandweer

Voor risicovolle bedrijven kunnen meer uitgebreide verplichtingen gelden. Dit is in de Wet veiligheidsregio's geregeld. Bedrijven kunnen door het bevoegd gezag worden 'aangewezen' tot het hebben van een brandweer en het opstellen van een brandweerrapport waarin scenario's en operationele aspecten zijn uitgewerkt. Voor de bedrijfsbrandweer gelden aanzienlijk zwaardere eisen dan in de Arbowet voor de bedrijfshulpverlening. In de praktijk vinden we bij bedrijven enorm veel varianten in hulpverlening, omdat de hulpverleningsorganisaties meestal zijn toegespitst op de risico's binnen het bedrijf. Voorbeelden van grote professionele brandweerorganisaties in bedrijven zien we bijvoorbeeld bij chemiebedrijven of op vliegvelden.

Voor luchthavens geldt op dit gebied nog extra regelgeving, waarbij de brandweerzorg is gekoppeld aan de grootte van de vliegtuigen die de luchthaven kan en mag afhandelen. Het is zelfs zo dat als de luchthavenbrandweer niet inzetbaar is, doordat deze bijvoorbeeld al is ingezet bij een brand, er niet geland mag worden op het vliegveld. Vliegvelden voor de burgerluchtvaart worden onderverdeeld in brandrisicoklassen. Deze staan beschreven in de Luchtvaartwet, de Regeling veilig gebruik luchthavens en andere terreinen en ze volgen de richtlijnen van de International Civil Aviation Organisation (ICAO).

Eigen hulpverleners, meer controle

Hoewel hulpverleningsorganisaties in bedrijven vaak zijn gebaseerd op wettelijke verplichtingen, zien we dat veel bedrijven aanzienlijk verder gaan dan wat van hen geëist wordt (Zanders, 2016b). Een hulpverleningsorganisatie kan voor een bedrijf ook een belangrijk instrument zijn om schade te beperken. Een eigen organisatie is meestal sneller en meer ter zake kundig in de specifieke bedrijfssituatie. Bovendien heeft het bedrijf zelf de zeggenschap over deze organisatie en kan het dus ook zelf prioriteiten stellen. Zeker bij een grootschalige calamiteit, waar externe hulpverleners schaarste moeten verdelen, kan dit een belangrijk voordeel zijn. Denk bijvoorbeeld aan wateroverlast of overstromingen waarbij op veel verschillende plaatsen water weggepompt moet worden en er maar een beperkte hoeveelheid mensen en middelen voorhanden is. Het kan zeer wel zo zijn dat door de inzet van de eigen hulpverleners de schade zoveel lager uitpakt, dat de eigen organisatie zichzelf ruimschoots terugverdient.

Ook op het gebied van persoonlijke veiligheid liggen voordelen. Bij brand of een ongeval met gevaarlijke stoffen waarbij personen betrokken zijn, kunnen de eigen hulpverleners vaak snel een redding uitvoeren waardoor de kansen van de slachtoffers aanzienlijk beter zijn. De tijdwinst van een eigen brandweer ten opzichte van een externe brandweer kan gemakkelijk vijftien minuten bedragen als we alleen al de snellere opkomst en inzet meewegen.

Om die reden bestaan er dus ook bedrijven met een eigen brandweer en uitgebreide medische hulpverleningsvoorzieningen, terwijl dit niet wettelijk verplicht is. Het spreekt dan wel voor zich dat ook aan deze eigen organisaties hoge eisen moeten worden gesteld qua uitrusting en opleiding. Als gevolg van economische druk en de bij veel bedrijven steeds grotere focus op kortetermijnresultaten zien we dit soort uitgebreide voorzieningen wel steeds meer afnemen en lijkt er een tendens te ontstaan waarbij het wettelijke minimum ook meteen als het maximum wordt gezien.

Gezamenlijke brandweer

Een bijzondere organisatievorm die niet onvermeld mag blijven, is de gezamenlijke brandweer. Op verschillende industrieterreinen hebben bedrijven gezamenlijk een brandweerorganisatie. Het bekendste en meest uitgebreide voorbeeld hiervan zien we in het Rijnmondgebied. Hier is de gezamenlijke brandweer een samenwerking van bedrijven en overheid. De meeste grote bedrijven in dit gebied zijn aangesloten bij de gezamenlijke brandweer. Ze betalen daarvoor een bijdrage, maar hoeven dan niet ieder afzonderlijk een bedrijfsbrandweer te hebben. Dit is in principe goedkoper. Daarnaast kan deze gezamenlijke brandweer over meer en beter materieel en personeel beschikken dan een individuele brandweer.

Toch klinken er hier en daar wel wat kritische geluiden. De kostenreductie valt soms tegen, mede omdat bedrijven toch eigen bedrijfshulpverleners moeten hebben (Arbowet). Ook is de gezamenlijke organisatie soms minder kostenefficiënt dan een eigen brandweer, omdat hierin taken gecombineerd konden worden (bijvoorbeeld brandweer en storingsdienst).

Tegenwoordig bestaan industrielocaties vaak uit meerdere bedrijven. In één fabriek zijn er verschillende installaties met verschillende eigenaren die dan soms zelfs bediend en onderhouden worden door weer andere partijen. Het ligt voor de hand dat een gezamenlijke brandweer hier veel voordelen biedt in plaats van een sterk versnipperde organisatie.

Andere diensten

Behalve de hulpverleners in bedrijven zijn andere onderdelen in het bedrijf ook inzetbaar – en vaak onmisbaar – bij operationele activiteiten bij calamiteiten. Denk hierbij aan de beveiligingsdienst, de technische dienst, de schoonmaakdienst, enzovoort. Meestal worden deze diensten helemaal niet gezien als partijen in crisisbeheersingsorganisatie. Voor bedrijven zijn ze echter minstens zo belangrijk omdat ze, behalve een ondersteunende rol tijdens calamiteiten, zeker ook na de directe calamiteit een belangrijke rol kunnen spelen in het beperken van de effecten.

4.4 De organisatie bij rampen en crises

Bij een ramp of crisis moet de overheid snel kunnen reageren en ingrijpen. Nu staan overheidsorganisaties niet altijd bekend om hun snelle werkwijze. Een van de oorzaken is de noodzakelijke zorgvuldigheid en de complexe formele kenmerken van processen. Bij crises moet het dus sneller.

Een aantal operationeel uitvoerende diensten van de overheid is altijd al uitgerust om snel handelend te kunnen optreden. Voor de brandweer, politie en ambulancedienst is dit een kerntaak. Bij kleinere incidenten functioneren deze diensten min of meer autonoom. Er wordt wel samengewerkt, maar vooral op een betrekkelijk laag uitvoerend niveau. Denk bijvoorbeeld aan een verkeersongeval waarbij een inzittende uit een auto bevrijd moet worden. In deze situatie zullen brandweer, politie en ambulancedienst samenwerken, meestal zonder een overkoepelende organisatie. Afstemming vindt plaats op straat en wordt ook wel 'motorkapoverleg' genoemd. We spreken in zo'n situatie nog niet van een crisis, althans niet vanuit het perspectief van de overheid.

Hoe groter de crisis, hoe groter de organisatie

Voor grotere calamiteiten of crises is een uitgebreidere organisatie nodig. Het aantal activiteiten neemt toe en wordt complexer; daardoor is er ook een grotere vraag naar coördinatie. Verschillende functionarissen, die in normale omstandigheden slechts op afstand bij de operationele diensten betrokken zijn, krijgen in de noodorganisatie dan ineens een actieve rol.

De omvang van de organisatie is afhankelijk van de ernst van de situatie. Er wordt opgeschaald naar behoefte. Over dit opschalen volgt later meer. De organisatie zelf ziet eruit zoals in figuur 4.2 en figuur 4.3. Figuur 4.2 geeft de structuur op regionaal niveau weer. Op dit niveau kunnen er nog weleens wat verschillen bestaan vanwege lokale inzichten en behoeften. Waar geen verschil in kan bestaan, is de leiding. In de Wet veiligheidsregio's is de eenhoofdige leiding binnen de regio vastgelegd en toebedeeld aan de voorzitter van de veiligheidsregio. Deze zal dat in de praktijk uitvoeren vanuit een regionaal beleidsteam (RBT) waarin ook andere betrokken burgemeesters uit de veiligheidsregio deelnemen.

In Den Haag vinden we als knooppunt het Nationaal CrisisCentrum (NCC) dat een centrale rol speelt in het faciliteren van crisismanagement op rijksniveau en ook een belangrijke rol kan vervullen in de crisiscommunicatie. Voor de coördinatie van mensen, middelen en expertise is er het Landelijk Operationeel Coördinatiecentrum (LOCC) in Driebergen.

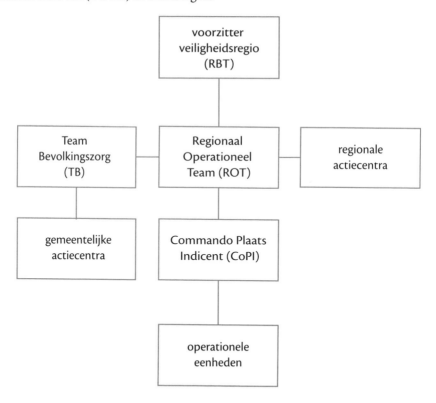

Figuur 4.2   Organisatie op regionaal niveau (Regionaal Crisisplan Haaglanden, 1 februari 2012)

Omdat een crisis meestal binnen een bepaald beleidsveld valt en betrokkenheid vereist van een of meerdere departementen heeft ook elk ministerie een zogenoemd Departementaal Coördinatiecentrum Crisisbeheersing (DCC). Zij vormen een informatieknooppunt en organiseren advies.

Op de werking van de organisatie in de praktijk zal in hoofdstuk 6 verder worden ingegaan.

In figuur 4.3 is de landelijke hoofdstructuur weergegeven, dus vanaf de veiligheidsregio tot aan de minister.

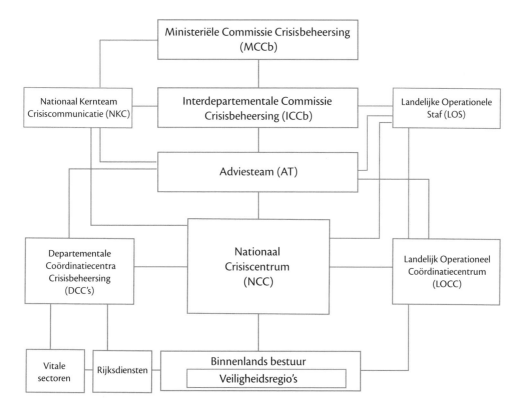

Figuur 4.3   Crisisbeheersingsstelsel op hoofdlijnen (Ministerie van Veiligheid & Justitie, 2013)

Vastgelegde rollen

De wet regelt dat de organisatie van de rampenbestrijding en crisisbeheersing eenhoofdig wordt aangestuurd: de burgemeester heeft het opperbevel over de bestrijding van rampen en crises in zijn gemeente. Bij hem berust de bestuurlijke leiding. Bij een gemeentegrensoverschrijdende ramp of crisis heeft de voorzitter van de veiligheidsregio het opperbevel.

De commissaris van de Koning ziet toe op de samenwerking in een regionaal beleidsteam. Hij kan bij frictie aanwijzingen geven over de samenwerking maar kan bij regiogrensoverschrijdende rampen ook de voorzitters van verschillende veiligheidsregio's aanwijzingen geven. Op het hoogste niveau kan de minister een zogenoemde aanwijzing geven aan de commissaris van de Koning. Hiermee is er sprake van coördinatie op landelijk niveau. In de praktijk hebben minister en commissaris van de Koning meestal geen directe bemoeienis met de ramp, maar vaak wel bij een crisis in bredere zin.

De operationele leiding over een ramp of crisis ligt bij de zogenoemde operationeel leider (OL) die door de voorzitter van de veiligheidsregio wordt aangewezen. De operatie wordt bij rampen op hoofdlijnen veelal vanuit een regionaal operationeel team (ROT) gecoördineerd. In het veld wordt een Commando Plaats Incident (CoPI) ingericht. Figuur 4.2 geeft een algemeen beeld van de organisatie; in de praktijk kan de organisatie anders ingericht zijn. Dit is mede afhankelijk van de aard en de ernst van de situatie. In hoofdstuk 6 wordt hierop nader ingegaan.

Een ander voorbeeld van organisatie bij crises is de vorm die gebruikt wordt in het Incident Command System (ICS) in de Verenigde Staten (zie figuur 6.6). Dit is de standaard voor *emergency operations* en is daarmee dus vooral bedoeld voor fysieke, locatiegebonden calamiteiten. Hier is de organisatie niet ingedeeld aan de hand van de verschillende organisatiedisciplines of kolommen, maar op basis van globale functionele domeinen.

4.5 Bedrijfsnood- of crisisorganisaties

Bedrijfsnoodorganisaties zijn, net als de publieke rampenbestrijdingsorganisaties, meestal volgens hetzelfde algemene model ingericht zoals beschreven in paragraaf 4.1. Hoewel de publieke en bedrijfsorganisaties daardoor in de basis wel op elkaar lijken, zijn er aanzienlijke verschillen in invulling en vooral in terminologie.

In de meeste bedrijven is een crisisteam het hoogste orgaan in de nood- of crisisorganisatie. Het crisisteam fungeert bij crises als directie en bestaat dus meestal ook uit directieleden en leden van het managementteam. Het tactisch niveau wordt vaak ingevuld door het hoofd bedrijfshulpverlening of de commandant bedrijfsbrandweer, al dan niet aangevuld met andere leidinggevenden, zoals een productie- of wachtchef, manager beveiliging en dergelijke. Disciplines als mediacommunicatie en personeelszaken zijn vaak in taakgroepen ingedeeld. Op operationeel niveau vinden we de bedrijfshulpverleners, beveiligers en andere uitvoerenden.

Figuur 4.4 geeft een voorbeeld van een bedrijfsnoodorganisatie voor één locatie.

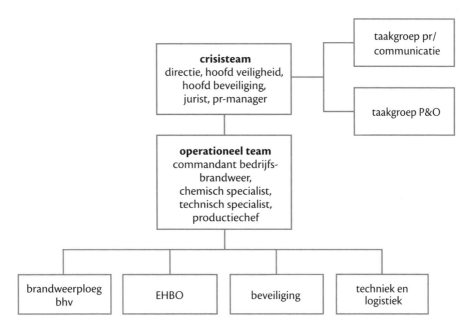

Figuur 4.4   Voorbeeld van een bedrijfsnoodorganisatie

In bedrijven met meerdere vestigingen zien we meestal dat er bij wat kleinere calamiteiten op lokaal niveau een crisisteam wordt ingericht, maar dat bij grote crises wordt opgeschaald naar *corporate level*. Bij grote multinationals zijn er soms nog meer lagen betrokken. Er wordt dan soms opgeschaald naar landelijk niveau en pas daarboven naar corporate of businessunitniveau en dan naar het hoofdkantoor. Over het algemeen zullen dan ook een aantal taken naar boven opschuiven. Meestal is dat in elk geval de mediacommunicatie. Het spreekt voor zich dat er goede afspraken over de coördinatie moeten worden gemaakt, omdat deze met elke laag complexer wordt.

Samenwerking is geen keuze

Als in een bedrijf een calamiteit van enige omvang plaatsvindt, zullen er ook altijd externe partijen bij betrokken raken. Dat betekent dus dat er moet worden samengewerkt. Dit is alleen maar mogelijk als hiermee bij de organisatiestructuur rekening is gehouden. De bedrijfsnoodorganisatie moet dus kunnen aansluiten op de noodorganisatie van anderen en zeker op die van de overheid.

Het komt nog steeds voor dat men in bedrijven onvoldoende op de hoogte is van de noodzaak tot samenwerking, of de wijze waarop dit zou moeten. Soms denkt men dat de overheid alles overneemt en dat het bedrijf kan afwachten tot de calamiteit is opgelost. Of er wordt gedacht dat het bedrijf de eigen problemen wel kan oplossen en dat de overheid buitenspel kan blijven. Geen van deze opties is reëel. Overheid en bedrijven hebben verschillende verantwoordelijkheden en taken bij een calamiteit of crisis, maar op een aantal terreinen zal moeten worden samengewerkt en zullen dus ook de organisaties op elkaar moeten aansluiten. In hoofdstuk 6 wordt nader ingegaan op de taken en verantwoordelijkheden van de verschillende partijen.

Het is sterk aan te bevelen de onderdelen in de bedrijfsnoodorganisatie zodanig te benoemen dat voor een buitenstaander – en met name voor de externe hulpverleningsdiensten – duidelijk is wat hun functie is, en dat er op zijn minst geen onnodige verwarring ontstaat.

Voor een bedrijf is het belangrijk dat een noodorganisatie zó wordt ingericht dat deze gebruikt kan worden voor uiteenlopende omstandigheden en typen crisis en dat er een goede verdeling van verantwoordelijkheden, maar vooral ook van bevoegdheden is.

Over grenzen heen

Grote bedrijven hebben meerdere vestigingen en multinationals kunnen over heel de wereld actief zijn. Dit betekent dat het domein van crisissituaties waarmee men geconfronteerd kan worden veel groter is dan waar de rampenbestrijding in Nederland op gericht is. Zo zijn in sommige werelddelen tsunami's, vulkaanuitbarstingen of oorlogsgeweld voor de hand liggende dreigingen. De crisisorganisatie voor zo'n groot bedrijf zal geschikt moeten zijn om crisissituaties van uiteenlopende aard en op zeer verschillende soorten plaatsen aan te sturen.

Veel bedrijven hebben crisisbeheersing alleen lokaal in noodorganisaties geregeld, maar hebben deze onvoldoende met elkaar verbonden en de lijnen niet naar boven doorgetrokken. Op het gebied van crisiscommunicatie is er vaak nog wel enige structuur, maar bij andere processen nauwelijks.

Als de vestiging in China van een Nederlands bedrijf in de problemen raakt, zal duidelijk moeten zijn wie waar welke aspecten van de crisis gaat aansturen. Verschillende Nederlandse bedrijven werden bijvoorbeeld getroffen door de opstand in Libië en hebben personeel uit het land moeten evacueren. Natuurlijk is het altijd al van belang dat crisisorganisaties 24 uur per dag, 365 dagen per jaar geactiveerd kunnen worden – bij multinationals kunnen verschillende crisisteams in verschillende tijd- of zelfs datumzones werken.

Babylonische spraakverwarring

Er zijn bedrijven waarbij het crisisteam bestaat uit een team bedrijfshulpverleners. De buitenwereld verwacht echter dat dit crisisteam uit directeuren en managers bestaat. Eén bedrijf noemt zijn crisisteam 'beleidsteam'. Omdat in de rampenorganisatie de burgemeester ook een beleidsteam formeert, kan dit gemakkelijk tot verwarring leiden. Andere bedrijven gebruiken bijvoorbeeld termen als continuity team of commissie van overleg.

Een bedrijf gebruikte voor de groep die zich met beredding moest bezighouden de term *Stay Behind Team* (omdat zij op de bedrijfslocatie moesten achterblijven). Hoe-

wel voor het bedrijf misschien duidelijk, zegt de aanduiding niets over de taak van dit team en is dit voor buitenstaanders onduidelijk.
Veel bedrijven verzinnen dus zelf allerlei namen zonder zich te realiseren hoe partners in crisisbeheersing hier tegenaan kijken. Dit maakt het zoeken van samenwerking lastig.

4.6   Samenvatting

Voor de aanpak van een crisis of calamiteit wordt de reguliere organisatie meestal niet geschikt geacht. Er wordt daarom een nood- of crisisorganisatie ingericht die minder bureaucratisch is en met andere bevoegdheden. Hoewel dit de slagvaardigheid verbetert, kan dit ten koste gaan van de zorgvuldigheid. Een goede balans hierin is belangrijk, maar moeilijk te bepalen en afhankelijk van het type crisis.

Deze nood- of crisisorganisaties zijn globaal in te delen in een strategisch, tactisch en operationeel niveau.

Centraal in de operationele crisisbeheersing bij de overheid staan brandweer, politie, GHOR en gemeenten. Andere overheidsorganisaties en bedrijven zijn hier vaak intensief bij betrokken en hebben soms eigen hulpverleningsorganisaties en zelfs ook een eigen brandweer.

De organisatie van crisisbeheersing is bij de overheid geregeld in een structuur, waarbij interdisciplinair wordt samengewerkt en waarbij op verschillende niveaus gecoördineerd wordt. De burgemeester speelt een centrale rol. De burgemeester van de getroffen gemeente of de burgemeester van de centrumgemeente, die voorzitter is van de veiligheidsregio, voert het opperbevel.

Bij bedrijven wordt veelal op een analoge, vaak iets eenvoudiger manier gewerkt. Hier zal vaak een managementteam als crisisteam werken. Voor de operationele beheersing van een calamiteit worden eigen diensten en afdelingen ingeschakeld.

Belangrijk bij de afhandeling van een crisis is de mogelijkheid tot samenwerking. Organisaties moeten op elkaar kunnen aansluiten. Bedrijven zullen zich hierin naar de overheid moeten voegen, maar hun organisatie strekt zich soms uit over meerdere plaatsen en zelfs over meerdere landen. We hebben het dan dus niet alleen over de Nederlandse overheid. Bij de bestrijding van de directe effecten van een calamiteit neemt de overheid, zeker in Nederland, de leiding. Dit geldt zeker niet voor alle effecten.

Crisis(management)-plannen 5

Dat er plannen nodig zijn om je voor te bereiden op crisissituaties, zal iedereen duidelijk zijn. Hoe die plannen er dan uit zouden moeten zien en welke benadering daarvoor moet worden gekozen, daarover bestaan verschillende ideeën.

Welke benadering levert een effectief plan op? Voor wie zijn deze plannen eigenlijk bedoeld? En waarvoor dient een crisis(management)plan eigenlijk?

Er bestaan veel verschillen in crisisplannen en het ontbreekt soms aan goede uitgangspunten. Veel plannen zijn rigide, hebben een te beperkt bereik of zijn te kwetsbaar. In dit hoofdstuk komen verschillende benaderingen en varianten aan de orde, en ook wordt in dit hoofdstuk weer onderscheid gemaakt tussen het publieke domein en bedrijven en private instellingen. De term 'crisisplan' wordt gebruikt als overkoepelende benaming. In de praktijk komen we noodplannen, rampenplannen, rampbestrijdingsplannen, ontruimingsplannen, bedrijfshulp-verleningsplannen en nog veel meer tegen.

5.1 Opzet en uitgangspunten

Bij de opzet van plannen is het belangrijk een duidelijk beeld te hebben van wat een plan eigenlijk is en welk doel ermee wordt nagestreefd. De Van Dale om-schrijft een plan als: 'een ontworpen stelsel volgens hetwelk men iets wil doen'. Aangenomen mag worden dat dit ook het doel van een crisisplan is. Het is een leidraad voor het beheersen van crisissituaties.

Nu is het soms al niet eenvoudig om te bedenken hoe men iets wil doen in een bekende situatie, maar voor crisissituaties is het nog veel moeilijker. Hoe kan er nu een plan gemaakt worden voor een situatie die nog helemaal niet bekend is?

De manier waarop we tegen crisisbeheersing aankijken, bepaalt ook de wijze waarop plannen ontworpen gaan worden. In hoofdstuk 1 werd besproken dat het voorspellen van crises aan de hand van kansen feitelijk onmogelijk is. Er ontstaat dus een buitengewoon onzekere situatie en daar voelen mensen zich vaak ongemakkelijk bij.

Voorspelbare of onvoorspelbare crises?

De drang om onze omgeving te beheersen is enorm. Organisaties zijn erop gericht hun activiteiten zo veel mogelijk voorspelbaar en gecontroleerd te laten verlopen. In de normale bedrijfsvoering is dit tot op zekere hoogte ook haalbaar. We zien daarom in crisisbeheersing vaak dezelfde aanpak. Allerlei instrumenten en redeneringen worden gebruikt om calamiteiten en crises te identificeren. Op het moment dat deze situaties zijn benoemd, kunnen we ook een duidelijk plan maken om de problemen aan te pakken.

Dit is op het eerste gezicht een zeer aantrekkelijke benadering. Je kunt immers van tevoren uitvoerig nadenken over de situatie en de daarbij behorende activiteiten, en daar bovendien allerlei deskundigen bij inschakelen. We zouden dit de scenariobenadering kunnen noemen. Het scenario van de mogelijke crisis is hierbij het uitgangspunt. Op basis van vastgestelde scenario's kunnen draaiboeken worden opgesteld, waarin precies staat wat er dan moet gebeuren. Het voordeel hiervan is evident: op het moment dat het crisisscenario zich voordoet, kan eenvoudig het juiste draaiboek tevoorschijn gehaald worden en hoeft dit slechts gevolgd te worden.

Deze aanpak is voor degenen die verantwoordelijk zijn voor de preparatie zeer geruststellend en ook voor degenen die het bij een calamiteit of crisis moeten uitvoeren. Niet alleen uitvoerend is het gemakkelijk, ook levert het een duidelijk toetsbaar geheel op. We zien dat ook de wetgever dit aantrekkelijk vindt. Het Besluit risico's zware ongevallen (Brzo) – dat van toepassing is op bedrijven die met veel gevaarlijke stoffen werken – dwingt deze bedrijven bijvoorbeeld om hun risico's te identificeren, op basis daarvan de crisisscenario's te beschrijven en hiervoor plannen op te stellen.

De geschiedenis leert echter dat een daadwerkelijke crisis nooit het scenario volgt. Dit betekent dus ook dat de draaiboeken dan niet werken. Deze draaiboeken kunnen zelfs averechts werken, omdat zij vaak toch gevolgd gaan worden en daardoor het bedenken van creatieve ad-hocoplossingen kunnen belemmeren. De voorstanders van deze benadering gaan echter na een crisis onmiddellijk aan de slag om ook dit scenario op te nemen in de plannen. In hoofdstuk 1 werd het al gezegd: zo zijn we dan telkens op de vorige crisis voorbereid.

Het andere uiterste is, uitgaande van het standpunt dat een crisis onvoorspelbaar is, om niets voor te bereiden en ad hoc te reageren op situaties die zich voordoen. Dat is ook niet echt een aantrekkelijke optie. Er kan dan immers ook geen voorbereiding plaatsvinden, waardoor er geen competenties en middelen voorhanden zijn als zich iets voordoet.

De ideale oplossing voor dit dilemma bestaat niet. Er zal een balans gevonden moeten worden tussen mogelijke voorspelbaarheid die voorbereiding mogelijk maakt, en een volledige ad-hocbenadering die weliswaar flexibiliteit en creativiteit mogelijk maakt, maar een snelle en adequate respons verhindert.

Slecht beleid oorzaak rampen

Volgens emeritus hoogleraar Veiligheid en Rampenbestrijding Ben Ale draagt het steeds weer vernieuwen van het beleid na een ramp bij tot een volgende ramp. Volgens hem wordt er direct na een ramp een nieuw beleid gemaakt zonder dat het oude ordentelijk is uitgevoerd. 'Zo blijf je achter de feiten aanlopen en wordt er nooit een goed plan op de juiste manier uitgewerkt. Het gevaar is dat er fouten op fouten worden gestapeld.'

(*Delfts Nieuwsblad*, september 2003)

5.2 Een procesmodel voor crisisplannen

Dit dilemma tussen voorspelbaarheid en onvoorspelbaarheid lijkt tot een impasse te leiden. Toch is het goed mogelijk om tot een werkbaar compromis te komen. In paragraaf 3.3 werd de anticipatie-versus-veerkrachtbenadering van Wildavsky (1988) al aangehaald. Net zoals dit principe voor de organisatie geldt, is dit ook van toepassing op de plannen. Crisisplannen moeten veerkrachtig of weerbaar zijn.

Om de scope van crisisbeheersing te bepalen kunnen deze in categorieën worden ingedeeld. Zo zouden 'brand', 'ongeval' of 'ordeverstoring' als categorieën benoemd kunnen worden, maar ook bijvoorbeeld een probleem met een product of een productiefaciliteit.

In veel categorieën en situaties zijn overeenkomstige activiteiten ter beheersing van de crisis noodzakelijk. In feite kijken we naar effecten die we als ernstig beschouwen. Effecten die we willen beperken, koppelen we aan beheersingsactiviteiten. Waarom of hoe deze effecten ontstaan, zijn vragen die voor de crisisbeheersing vaak nauwelijks van belang zijn: tijdens een crisis zijn deze effecten er nu eenmaal.

Crisisplannen als matrix

Activiteiten kunnen worden geclusterd. Deze clustering wordt bepaald door de logische samenhang tussen de activiteiten, maar ook door de organisatorische eenheid die beschikbaar is voor uitvoering. Een activiteitengebied is bijvoorbeeld mediacommunicatie. In de meeste crisissituaties is dit van belang. Vaak hebben organisaties een afdeling communicatie. Het is dus logisch dit apart te benoemen in een plan. Op deze manier zijn crisisplannen te beschrijven aan de hand van een aantal processen. Deze processen kunnen dan worden geactiveerd als de situatie daartoe aanleiding geeft.

De processen zelf zullen zodanig moeten zijn opgezet dat deze robuust en flexibel zijn. Op deze manier ontstaat een plan dat niet alle activiteiten voor elke crisis beschrijft, maar waarin wel voor elke situatie een aantal processen is voorbereid.

Nu zijn niet alle processen in alle situaties van toepassing. Bij ordeverstoringen hoeft er misschien geen brandbestrijding plaats te vinden, en bij een ongeval is ontruiming waarschijnlijk niet nodig. Voor elke categorie crisis (en een crisis kan ook best in meerdere categorieën tegelijk vallen) kunnen de van toepassing zijnde processen worden geselecteerd.

Tabel 5.1   Categorieën en processen

	Categorie 1	Categorie 2	Categorie 3	Categorie 4
Proces A	x	x	x	x
Proces B		x		x
Proces C	x	x	x	
Proces D		x	x	

In feite ontstaat dan tijdens de crisis het actuele plan. In dit actuele plan zouden dan de belangrijkste processen moeten zijn geregeld (zie het kader 'De 80/20-regel voor crisisplannen').

De 80/20-regel voor crisisplannen

Het Pareto- of 80/20-principe houdt in dat slechts een klein deel van de inspanningen het merendeel van de resultaten oplevert. Dit zou bij een goed crisisplan ook zo moeten zijn.

In een goed plan zou 80 procent (of het grootste deel) van de effecten die ons bij een crisis kunnen treffen, voorbereid moeten zijn. Een kleiner gedeelte blijft dan altijd onvoorzien.

Bij het managen van de crisis zouden we dan het principe ook moeten kunnen toepassen: met 20 procent van onze inspanningen zouden we 80 procent van de beheersingsactiviteiten moeten kunnen aansturen, 80 procent van onze inspanningen kunnen we dan richten op de 20 procent onvoorziene effecten.

Plannen zijn dus nooit 100 procent. Dat kan niet en hoeft ook niet. Een goed plan geeft echter wel de ruimte om onvoorziene effecten te kunnen opvangen.

Procesgeoriënteerde plannen zijn flexibel en flexibiliteit vraagt om losse koppelingen (paragraaf 3.1).

Loosely coupled systems, whether for good or ill, can incorporate shocks and failures and pressures for change without destabilization. Tightly coupled systems will respond more quickly to these perturbations, but the response may be disastrous (Perrow, 1999).

Waarom zijn niet alle plannen procesgericht?

Procesgeoriënteerde plannen lijken voor crisisbeheersing de enige adequate werkwijze. Waarom worden er dan nog steeds scenariodraaiboeken gebruikt?

Een flexibel procesgeoriënteerd plan stelt hoge eisen aan de competenties van de gebruikers. Een draaiboek daarentegen kan eenvoudigweg gevolgd worden: alles ligt vast. Draaiboeken geven ons ook een beter gevoel. Ze wekken de illusie dat we alles hebben voorbereid en dat we ons dus geen zorgen meer hoeven maken. Het is de 'lekker slapen-aanpak'.

Hebben scenario's dan geen enkele functie meer? Toch wel. Om een inschatting te kunnen maken van wat we nodig hebben aan mensen en middelen, zal toch een soort verwachting van de situatie moeten worden gecreëerd. Bovendien zijn scenario's nodig voor opleiding en training. Belangrijk is vooral hoe scenario's worden gebruikt. Ze zijn nodig als voorbeelden van mogelijke situaties, en als zodanig geschikt voor de mate en de aard van de voorbereiding. Ze mogen echter niet worden gezien als situaties die zich ook daadwerkelijk zo zullen voordoen.

Routeplanner of kaartlezen?

Het verschil tussen een op een scenario gebaseerd draaiboek en een op activiteiten of processen georiënteerd model zouden we kunnen vergelijken met het verschil tussen het gebruik van een routeplanner en een kaart als we ergens naartoe moeten rijden. Bij een routeplanner gaan we uit van een van tevoren bekend en vaststaand doel. We kunnen bepalen welke wegen naar dit doel leiden en vervolgens de kortste of snelste route bepalen. De uitkomst is een beschrijving of draaiboek dat we eenvoudig kunnen volgen. Het is efficiënt, effectief en eenvoudig in het gebruik.

Als echter halverwege de bestemming verandert, als een weg is afgesloten of als een file een alternatief gunstiger zou maken, hebben we niets meer aan ons draaiboek. We staan dan dus met lege handen.

Zouden we daarentegen de weg zoeken met behulp van een kaart en een stratenboek, dan zouden we wellicht niet altijd de kortste route volgen en misschien ook nog weleens verkeerd rijden, maar we kunnen dan altijd corrigeren. Afwijkingen en verstoringen kunnen goed worden opgevangen en we kunnen alternatieven voor verschillende doelen onderweg nog bepalen.

Deze aanpak is dus wellicht minder efficiënt, maar veel veerkrachtiger en weerbaarder. Vergelijk dit maar eens met het citaat van Perrow over loosely en tightly coupled systems. Een consequentie van het werken met een kaart is echter wel dat een veel groter beroep wordt gedaan op de competenties van de uitvoerder. We weten allemaal dat kaartlezen niet iedereen gegeven is.

5.3   Rampen- en crisisplannen van de overheid

Bij de overheid zijn talloze rampen- en crisisplannen in gebruik. Er kan onderscheid worden gemaakt tussen plannen die voor het publieke domein zijn bedoeld, en plannen die gericht zijn op crises binnen de eigen diensten of andere onderdelen. De laatste categorie plannen kan als een soort bedrijfscrisisplannen worden beschouwd en komt in de volgende paragraaf aan de orde. De plannen voor het publieke domein zijn de plannen die gericht zijn op het beschermen en helpen van de burgers in dit land.

In de afgelopen jaren is bij de overheid de nadruk komen te liggen op procesgeoriënteerde plannen. De clustering van activiteiten is gekoppeld aan de organisatorische eenheden. Bepaalde activiteiten liggen traditioneel bijvoorbeeld bij politie of brandweer, waardoor ook de processen een bepaalde vorm krijgen.

In principe is deze clustering dus enigszins arbitrair en we zien soms ook interessante discussies op de grensgebieden. Zo zijn er bij de komst van de AED-defibrillator heftige discussies gevoerd of deze, behalve in ambulances, ook in politie- en brandweervoertuigen thuishoren. Het gebruik hiervan hoort niet tot het traditionele taakgebied van politie of brandweer, maar zou wel mensen kunnen redden doordat dan soms sneller kan worden ingegrepen.

Vroeger stelde elke gemeente in Nederland een rampenplan op. Hiervoor was wel een soort voorbeeld, een rampenplanmodel beschikbaar, maar elke gemeente was zelf verantwoordelijk voor de invulling. Met de komst van de veiligheidsregio's is dit veranderd. Veiligheidsregio's moeten een aantal plannen opstellen waaronder een risicoprofiel, een beleidsplan en een crisisplan.

Het risicoprofiel bevat een overzicht van risicovolle situaties binnen de veiligheidsregio, een overzicht van soorten branden, rampen en crises die zich kunnen voordoen en een analyse van de gevolgen daarvan.

In het beleidsplan wordt vastgelegd wat de beoogde operationele prestaties zijn van de diensten voor rampenbestrijding en crisisbeheersing. Het bevat ook een oefenbeleidsplan.

Het Regionaal Crisisplan is min of meer de vervanger van de losse, gemeentelijke rampenplannen. In dit plan worden organisatie, taken en bevoegdheden in het kader van rampenbestrijding en crisisbeheersing vastgelegd, net als de afspraken over afstemming met buurregio's.

Schematisch ziet de verhouding tussen de plannen eruit als in figuur 5.1.

De activiteiten van de verschillende diensten zijn, net als vroeger in de rampenplannen, vastgelegd in verschillende processen. Naast de inhoudelijke processen per discipline worden er ook vier algemene processen vastgelegd, die als het ware het cement van het systeem vormen:

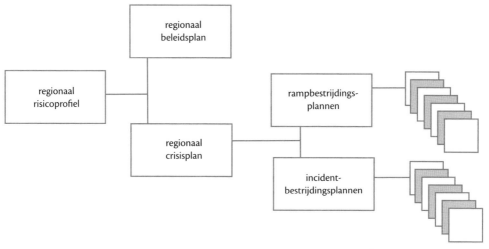

Figuur 5.1   Plannen in de veiligheidsregio (www.regionaalcrisisplan.nl)

- melding en alarmering
- op- en afschaling
- leiding en coördinatie
- informatiemanagement

De inhoudelijke processen zijn weergegeven in tabel 5.2.

Elke veiligheidsregio stelt haar eigen plannen op. Om de regio's daarbij te onder-steunen zijn modellen opgesteld. Zo is er de *Handreiking Regionaal Risicoprofiel* en het *Referentiekader Regionaal Crisisplan*. Op deze wijze zouden de plannen zo veel mogelijk eenvormig moeten zijn.

Crisisplan of rampbestrijdingsplan?

In crisisplannen worden de organisatiestructuur en de processen vastgelegd die zijn voorbereid om het grootste deel van de verwachte effecten te kunnen beper-ken en beheersen. Alle ingrediënten voor een veerkrachtige aanpak lijken dus aanwezig in de opzet van de crisisbeheersing.

Toch is het anticiperen op voorspelbare situaties onweerstaanbaar. Het beden-ken van niet een maatscenario, maar een daadwerkelijk scenario, en het beden-ken van de reactie daarop, komt ook in de crisisbeheersing aan de orde.

In Nederland worden binnen veiligheidsregio's de grotere risico's geïdentifi-ceerd en als 'voorzienbaar' beschouwd. Dit zijn bijvoorbeeld risicovolle bedrij-ven (bedrijven die vallen onder het Besluit risico's zware ongevallen), nucleaire bedrijven en luchthavens. Voor deze risico's wordt dan een rampbestrijdingsplan geschreven. Feitelijk is een rampbestrijdingsplan de beschrijving van het gebruik van het crisisplan in een specifieke situatie. Over de vraag of dit zinvol is kun-

Tabel 5.2   Voorbeeld crisisbeheersingsprocessen (Veiligheidsregio Amsterdam-Amstelland, 2011)

Hoofdproces	Deelproces
Bevolkingszorg	• Evacueren • Voorziening in primaire levensbehoefte • Opvang en verzorging • Uitvaartzorg • Registreren van slachtoffers • Schadeafhandeling
Milieu	• Milieu • Inzamelen van besmette waren
Communicatie	• Voorlichting/communicatie
Gemeentesecretaris	• Nazorg
Brandweerzorg	• Bron- en effectbestrijding • Waarschuwen van de bevolking • Ontsmetten van voertuigen en infrastructuur • Ontsmetten van mensen en dieren • Redding • Waarnemen/meten • Toegankelijk maken
Geneeskundige zorg	• Acute zorg • Preventieve zorg
Politiezorg	• Mobiliteit • Bewaken en beveiligen • Ordehandhaving • Handhaving netwerken • Opsporing • Opsporingsexpertise • Interventie • Informatie • Ondersteuning
Waterbeheer en scheepvaartzorg	• Search en rescue • Nautisch verkeersmanagement • Beheer waterkwaliteit • Beheer waterkwantiteit en waterkeringen

nen de meningen uiteenlopen. Het probleem blijft altijd dat het aantal scenario's oneindig groot kan zijn, dat deze plannen vaak weinig flexibel zijn en dat er weer een plan wordt toegevoegd, nadat de voorzienbare ramp die we niet voorzien hadden zich heeft voorgedaan. Op de gemoedsrust van burgers en bestuurders heeft het ongetwijfeld een positief effect.

Bij de overheid zijn nog veel meer crisisplannen en richtlijnen in gebruik. Zo is er een *Nationaal Handboek Crisisbesluitvorming* (Ministerie van Veiligheid en

Justitie, 2013) en hebben sommige ministeries ook een eigen *Handboek Crisisbesluitvorming* (Ministerie van Economische zaken, 2014). Hierin wordt bijvoorbeeld aandacht besteed aan dier- en plantenziekten, elektriciteitsuitval en ICT-storingen maar zo zijn er uiteraard binnen Rijkswaterstaat, onderdeel van het ministerie van Infrastructuur en Milieu, ook veel eigen plannen en regelingen.

Behalve plannen spelen ook andere documenten een rol in de crisisbeheersing. Op veel plaatsen zien we werkkaarten of checklists die gebruikt kunnen worden om crisismanagement te ondersteunen. Een goed voorbeeld daarvan zijn de bestuurlijke netwerkkaarten crisisbeheersing, die door het Instituut Fysieke Veiligheid worden beheerd. De netwerkkaarten maken inzichtelijk welke partijen in een bepaald type crisis met elkaar te maken hebben. Het document bestaat uit 24 bestuurlijke netwerkkaarten waarin verschillende ketens en onderwerpen worden behandeld, variërend van afvalstoffen tot voedselveiligheid, zeescheepvaart, dierziektebestrijding en cultureel erfgoed. Deze kaarten zijn via internet voor iedereen toegankelijk.

5.4 Crisisplannen van bedrijven

Veel inzichten in management en organisatie ontstaan in het bedrijfsleven. Dit is ook niet vreemd, want hier is een effectieve en efficiënte bedrijfsvoering van belang om te kunnen overleven tussen concurrenten. Crisismanagement is echter een activiteit die over het algemeen niet tot de kernactiviteiten van bedrijven behoort. Het krijgt daardoor veel minder aandacht in onderzoek en literatuur, en binnen bedrijven is er vaak weinig over bekend.

Dit zien we terug in de crisisplannen. Vergelijken we plannen bij de overheid met plannen van bedrijven, dan lijkt het niveau bij de overheid vaak hoger te zijn. Bij de overheid is een grote groep professionals met het onderwerp bezig, terwijl crisismanagement bij veel bedrijven op amateurniveau ligt, of te specifiek op bepaalde onderdelen is gericht. Het probleem is bovendien dat de professionaliteit die bij de overheid wel beschikbaar is, niet zomaar in het bedrijfsleven toepasbaar is. De verschillen in organisaties maar vooral ook doelstellingen zijn hiervoor te groot.

Het belang van crisisbeheersing voor bedrijven

Voor bedrijven is crisisbeheersing vaak belangrijker dan men zich realiseert. Het voortbestaan van het bedrijf kan ervan afhangen. In hoofdstuk 4 werd aandacht besteed aan bedrijfsnoodorganisaties. We zagen dat zeker bij grote bedrijven een organisatie zich kan uitstrekken over verschillende locaties en meerdere landen. Dit maakt ook het opstellen van plannen complex.

Een crisisplan voor een bedrijf zou vanuit een bepaalde visie en systematiek opgezet moeten worden. Ook hier gelden in principe de algemene uitgangspunten. Dus ook in bedrijven is een procesmatige aanpak in het algemeen te verkiezen boven een sterk scenariogerichte aanpak. Waar in de rampenbestrijding bij de overheid het werken met crisis- of ramptypen en processen echter al gemeengoed is, komen we dit in bedrijven vaak nog niet tegen.

In het kader hieronder zien we een voorbeeld van een ongeval bij een bedrijf. Een dergelijke gebeurtenis was onvoorzien, en dus als scenario niet beschreven. Hoewel tragisch, betrof het een relatief klein ongeval met één slachtoffer. In termen van crisismanagement is zo'n situatie voor dit bedrijf echter niet eenvoudig. Naast de operationele aspecten zijn ook de begeleiding van relaties van het slachtoffer en de nazorg belangrijke onderwerpen. Bovendien kreeg deze gebeurtenis bijzonder veel media-aandacht.

Onderzoeken naar toedracht ongeval bedrijf Beek

BEEK – Reddingswerkers hebben zaterdagavond rond 21.00 uur het stoffelijk overschot geborgen van de 41-jarige heftruckchauffeur uit Hoensbroek die vrijdag werd bedolven onder tonnen puin. Dat gebeurde toen een stellage instortte in een loods van het bedrijf DSV in Beek. Er komen onderzoeken naar de precieze toedracht van het ongeval en de doodsoorzaak van het slachtoffer.

De man uit Hoensbroek werd door het instorten van de stellage bedolven onder 1500 ton puin. Dat bestond uit de stalen constructie van de stellage, houten pallets en tegels die op de pallets stonden. Volgens de politie staat wel vast dat er op het moment van de instorting geen andere werknemers in het magazijn waren.

Sinds vrijdagavond is een team van Duitse en Nederlandse specialisten met speciale apparatuur bezig geweest om het puin te verwijderen. Dat moet uiterst voorzichtig gebeuren vanwege gevaar voor verdere instorting van de stellages en de loods. Er zijn ook speurhonden ingezet. Die hebben het lichaam van de man gelokaliseerd. De oorzaak van het drama wordt de komende dagen onderzocht. Politie en Arbeidsinspectie gaan uitzoeken wat er in de loods is gebeurd.

(*Dagblad De Limburger*, 31 augustus 2007)

Regels of visie?

Bedrijven laten zich bij crisisbeheersing vaak voornamelijk leiden door regelgeving. De overheid stelt eisen en het bedrijf laat zien dat daaraan wordt voldaan. In plaats van dat het crisisplan een leidraad is voor het beheersen en managen van crisissituaties, ontstaan documenten waarin beschreven is wat er geregeld is. Omdat er bovendien bij het stellen van de eisen verschillende partijen zijn met verschillende invalshoeken, ontstaan vaak wonderlijke combinaties.

Zo zijn er bedrijven die een bedrijfshulpverleningsplan, een ontruimingsplan, een bedrijfsnoodplan en een crisisplan hebben. Deze plannen overlappen elkaar niet alleen gedeeltelijk, maar maken een eenduidige crisisbeheersingssystematiek moeilijk, zo niet onmogelijk.

In een bedrijf is het logisch dat hulpverlening, ontruiming en dergelijke gewoon een onderdeel vormen van het crisisplan, net zo goed als daar alarmering, communicatie of opvang in thuishoren. Het is dus onnodig ingewikkeld en verwarrend dit over allerlei verschillende plannen te verdelen. Het zijn allemaal processen binnen de crisisbeheersing. Crisisplannen in bedrijven zouden volgens een duidelijk systeem moeten worden opgezet, waarbij de lokale regelgeving als randvoorwaarde en niet als uitgangspunt geldt. Het feit dat in Nederland op commerciële basis normen worden ontwikkeld (hoe meer normen, hoe meer er wordt verdiend), draagt ook bepaald niet bij aan een effectieve integrale aanpak.

Plannen die gebaseerd zijn op regelgeving leiden bij multinationals al helemaal tot grote diversiteit in opzet en aanpak. De regelgeving is immers in elk land verschillend. Daarnaast kunnen, net als in de reguliere organisatiekunde, verschillende keuzes worden gemaakt. Plannen kunnen worden opgezet op basis van een landenstructuur, een businessstructuur, of per locatie – als de structuur maar klopt.

Een crisisplan is een multidisciplinair systeem

Een ander probleem dat vaak ontstaat door het ontbreken van een goed fundament, is ongelijke aandacht voor verschillende disciplines. Plannen die monodisciplinair zijn opgesteld, vaak vanuit de communicatiediscipline, bevatten in veel gevallen detailinstructies op dit gebied, terwijl andere onderwerpen genegeerd worden of in twee regels worden afgedaan.

Vanuit een hoofdkantoor worden goedbedoelde plannen bedacht door mensen die vaak nauwelijks gevoel hebben voor de complexiteit van processen op een bedrijfslocatie. Plannen komen dan vol te staan met dooddoeners als: 'De situatie moet zo snel mogelijk veilig worden gesteld' of 'Imagoschade moet zo veel mogelijk voorkomen worden'. Vervolgens worden dan wat telefoonnummers opgenomen van managers die het probleem moeten gaan oplossen.

In disciplines als arbozorg, milieuzorg en kwaliteitszorg is het voordeel van het werken met systemen allang doorgedrongen. De kennis hierover, die binnen bedrijven zeker aanwezig is, zou ook voor crisisbeheersing beter gemobiliseerd kunnen worden. Er is echter wel een belangrijk verschil tussen de zorgsystemen op deze terreinen en de crisisbeheersingssystemen. In arbo-, milieu- en kwaliteitszorg wordt uitgegaan van een regelcirkel en dus van een continu proces. Deze systemen zijn dan ook gericht op zogenoemd *continuous improvement*. Crisisbeheersing is echter geen continu proces – dat is althans niet te hopen. Hier is dan ook eerder sprake van een traject dan van een regelcirkel.

Crisisbeheersingsplannen zouden bij voorkeur vanuit een duidelijk ontworpen raamwerk of systeem moeten worden opgesteld, waarin een evenwichtige verdeling van de meest relevante processen is opgenomen en waarbij een duidelijke organisatiestructuur is vastgelegd. De plannen zullen flexibel en robuust moeten zijn. Juist in crisissituaties zijn omstandigheden vaak ongunstig en onvoorspelbaar.

Prepare for the worst and hope for the best

Dit lijkt een evident uitgangspunt voor crisisbeheersing. In de praktijk zien we echter dat men eerder lijkt uit te gaan van het uitgangspunt: *prepare for the best*.

- In veel crisisplannen is alle communicatie afhankelijk van gsm-telefoons. We weten echter dat bij crises het netwerk vaak uitvalt of overbelast raakt.
- Crisisruimtes worden ingericht op locaties die gemakkelijk in een gevaargebied kunnen liggen.
- Managers die een rol hebben in een crisisteam, mogen pas na uitgebreide consultatie worden opgeroepen en wonen soms op grote afstand van het bedrijf.
- Het opstarten van veel activiteiten duurt veel te lang. De snelheid waarmee een crisis zich kan ontwikkelen, wordt vaak sterk onderschat.
- Vanuit hoofdkantoren wil men adviseurs naar de getroffen bedrijfslocatie sturen, zonder dat men zich realiseert hoeveel tijd dit kost of dat de locatie bij een calamiteit weleens niet of nauwelijks bereikbaar kan zijn.

5.5 Samenvatting

Een crisisplan is een leidraad voor het beheersen van crisissituaties.

Er zijn verschillende manieren om tot planvorming te komen, waarbij een procesgerichte aanpak het meest effectief blijkt te zijn. Het gebruik van draaiboeken op basis van specifieke scenario's lijkt aantrekkelijk, maar is vaak onbruikbaar omdat de werkelijke crisis altijd anders is dan het bedachte scenario. In een procesgerichte aanpak wordt een matrix gebruikt waarin, afhankelijk van de situatie, verschillende processen kunnen worden opgestart.

Bij de overheid is crisisbeheersing geregeld in regionale crisisplannen en specifieke rampbestrijdingsplannen, waarbij de eerste gericht zijn op meer algemene principes van crisisbeheersing en de tweede op concrete mogelijke rampen. In crisisplannen wordt een procesgerichte structuur gebruikt.

Om in een procesgericht systeem de mate van voorbereiding te kunnen bepalen worden als hulpmiddelen de *Handreiking Regionaal Risicoprofiel* en het *Referentiekader Regionaal Crisisplan* gebruikt.

In het bedrijfsleven vinden we allerlei varianten van plannen. Veel bedrijven laten zich sterk door regelgeving leiden, zonder een duidelijke visie of op grond van een te eenzijdig beeld van crisisbeheersing. Een procesgerichte aanpak is hier nog eerder uitzondering dan regel. Regels vanuit de overheid stimuleren een effectieve aanpak in het bedrijfsleven vaak niet. Er bestaan allerlei plannen die elkaar gedeeltelijk overlappen. Dit is niet wenselijk. Een duidelijk, robuust en flexibel systeem gebaseerd op processen biedt bedrijven de beste leidraad om crises het hoofd te bieden.

Organisaties en plannen in werking

Voor crisissituaties passen we de organisatie aan. Ook schrijven we een plan als leidraad. Maar hoe werkt het nu als er daadwerkelijk iets gebeurt? Hoe en wanneer richten we de organisatie in en gaan we de plannen gebruiken? En is een plan toepasbaar voor elke crisissituatie? Crisissituaties zijn er in alle vormen en maten. Het ligt dus voor de hand om hier schalen in aan te brengen.

We zagen dat sommige functionarissen specifieke rollen krijgen toebedeeld, maar hoe is dat nu precies geregeld? Met deze rollen komt ook de vraag aan de orde hoe de interactie tussen die rollen verloopt – niet alleen binnen één organisatie, maar ook tussen organisaties. Sommige plannen focussen op het publieke domein, maar er zijn ook plannen die zich richten op crises binnen een organisatie of bedrijf. Publiek-private samenwerking kan veel voordeel bieden en is in veel gevallen zelfs noodzakelijk, zeker in een samenleving waar veel publieke verantwoordelijkheden zijn geprivatiseerd.

Ten slotte wordt in dit hoofdstuk niet alleen gekeken naar het transformeren naar de crisismodus. Dit is belangrijk, maar ook het terugschakelen van crisis naar de reguliere werkwijze en organisatie is van belang.

6.1 Beschikbaarheid

Politie, brandweer, ambulancediensten – het zijn organisaties waarin mensen dag en nacht inzetbaar zijn. De hele bedrijfsvoering is hierop ingericht. Dit is nodig, omdat veel operationele handelingen zeer snel uitgevoerd moeten kunnen worden. Deze vorm van respons of repressieve crisisbeheersing vindt iedereen vanzelfsprekend.

Toch wijzen verschillende onderzoeken uit dat er vaak meer te 'verdienen' valt met preventie dan met repressieve beheersing (Witloks et al., 2000). Zo geldt voor de meeste rampen dat de hulpverlening relatief weinig invloed heeft op het aantal slachtoffers. Deze zijn er immers meestal al op het moment van alarmeren. Ben Ale, emeritus hoogleraar Veiligheid en Rampenbestrijding aan de TU Delft, formuleert het als volgt:

> Het is goed op te merken dat de mogelijkheden om bij een ramp door rampen-bestrijding de schade nog te beperken veel kleiner zijn, dan in sommige kringen wel wordt gedacht. Dat komt in de eerste plaats doordat de meeste rampen zelfmeldend zijn: dat wil zeggen dat de verschijnselen die met de ramp gepaard gaan leiden tot het activeren van de hulpverleningsdiensten. De ramp is dan voorbij wanneer deze in actie komen.

De prijs van paraatheid

Wel is het zo dat de maatschappij het als noodzakelijk ziet om snel hulp te bie-den, zeker als er slachtoffers vallen. De prijs hiervan is echter hoog. Zo werken beroepsbrandweerkorpsen doorgaans in 24-uursdiensten om snel genoeg in actie te kunnen komen, meestal binnen zo'n acht minuten. Een 24-uursdienst bestaat voor twee derde uit wacht- en slaaptijd. Volgens Europese regelgeving worden deze uren als werktijd aangemerkt, waardoor een brandweerman (of -vrouw) maar ongeveer twee diensten per week kan draaien. Om dus een ploeg paraat te hebben is een groot personeelsbestand nodig. Er lopen dan ook initiatieven om te kijken of er niet met kleinere bezettingen gewerkt kan worden.

Ook in de medische hulpverlening zijn het halen van de normtijden een punt van aandacht. In de medische hulpverlening blijkt dat de normtijden van ambu-lances (binnen vijftien minuten ter plaatse, binnen vijf en veertig minuten in het ziekenhuis) in sommige regio's nogal eens overschreden werden. Dit is de afge-lopen jaren wel verbeterd. Normtijden halen is vooral een kwestie van meer am-bulances en dus een kwestie van geld. Paraatheid is dus een dure aangelegenheid.

Belgische brandweer rukt zes keer uit voor zelfde brand

BRUSSEL – De brandweer in de Belgische stad Luik heeft mogelijk een twijfelachtig record gevestigd door maar liefst zes keer uit te rukken voor dezelfde brand. Dat meldden Belgische media zaterdag.

Na urenlange bluswerkzaamheden in een meubelmakerij waar vrijdag aan het begin van de avond brand was uitgebroken, gaf de brandweer het sein brand meester. Later op de avond werden de spuitgasten weer opgetrommeld omdat het vuur weer was opgelaaid. Het mocht niet baten. Tot vier keer toe moesten zij opnieuw uitrukken omdat ze hun werk kennelijk niet goed gedaan hadden. Na de laatste interventie zaterdag stond het bedrijf volledig onder water, waardoor de Luikse brandweer een zevende tussenkomst bespaard bleef.

(ANP, 1 september 2007)

Voor crisisbeheersing gebruiken we specifieke organisaties, speciale hulpmiddelen en extra mensen. Wanneer moet er nu wat beschikbaar zijn? Deze vraag is niet gemakkelijk te beantwoorden, want het hangt van veel factoren af.

Snelheid en effect

Er is een samenhang tussen de mate waarin de effecten van een crisis beheerst kunnen worden, en de snelheid waarmee en de mate waarin mensen en middelen beschikbaar zijn.

Fysieke effecten kunnen zich zeer snel uitbreiden en de respons zal daar dus op afgestemd moeten zijn. Andere effecten zijn soms pas op langere termijn merkbaar, maar kunnen wel beïnvloed worden door er snel op te reageren. Zo kan bij een crisis in een bedrijf veel onrust ontstaan onder medewerkers. Snelle en adequate voorlichting kan de effecten hiervan beperken. Het ontbreken hiervan zou op lange termijn bijvoorbeeld kunnen leiden tot onrust en merkbaar kunnen worden in het ziekteverzuim.

Voor veel fysieke aspecten van beheersing is de tijd waarin deze beschikbaar moeten zijn vastgelegd. Uitruktijden van ambulances, politie en brandweer, maar ook van bedrijfshulpverleners moeten aan normen en regels voldoen. Voor de andere processen in de crisisbeheersing geldt dit over het algemeen niet. Vooral bij bedrijven komen we daardoor veel verschillen tegen. Meestal is de beschikbaarheid op het operationele vlak wel snel genoeg, maar op andere terreinen is dit vaak óf niet het geval, óf niet bekend. Veelal heeft dit te maken met het perspectief van degenen die zich binnen het bedrijf met crisisbeheersing bezighouden.

Fasen in crises

Een werkgroep Crisisscenario's van het ministerie van Binnenlandse Zaken en Koninkrijksrelaties definieerde in 2005 de volgende fasen:

Tabel 6.1   Fasen van een crisis

1	Voorbereidingsfase	Dit is de fase voorafgaand aan een mogelijke crisis. De eerste elementen uit de veiligheidsketen vallen in deze fase (proactie, preventie, preparatie).
2	Alarmeringsfase	Dit is de fase waarin duidelijk wordt dat er sprake is van een crisis, doordat een voorval uit de hand loopt of door een dreiging.
3	Acute fase	Feitelijk is dit de eerste echte crisisfase, waarin de crisis escaleert en waarin directe effecten zich manifesteren. In deze fase is de situatie vaak chaotisch of onoverzichtelijk.

| 4 | **Beheersingsfase** | De fase waarin de crisisteams op sterkte zijn en grip op de situatie krijgen. |
| 5 | **Afbouw- en nazorgfase** | In deze fase zijn alle beheersingsmaatregelen getroffen en wordt weer teruggegaan naar de normale 'bedrijfsvoering'. Hierna begint herstel, nazorg en ook onderzoek. |

In figuur 6.1 is per fase de intensiteit van de crisis weergegeven. Duidelijk is dat elke crisis een eigen verloop kent. Zo zal een explosie in een fabriek onmiddellijk in de acute fase terechtkomen, de alarmeringsfase kan dan slechts luttele seconden bedragen. Watersnood door stijgend rivierwater kent echter een veel langere alarmeringsfase.

De beschikbaarheid van mensen en middelen is gerelateerd aan de intensiteit van de crisis. In het eerste voorbeeld zal de opkomsttijd veel korter moeten zijn dan in het tweede voorbeeld.

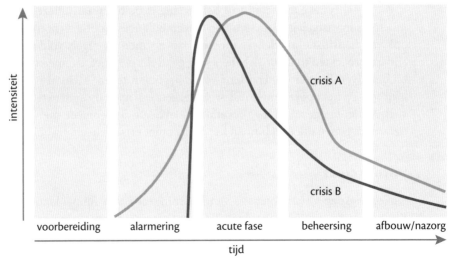

Figuur 6.1   Fasen en intensiteit van een crisis

Kijken we naar het soort activiteiten en de periode waarin deze activiteiten beschikbaar moeten zijn, dan kunnen we bijvoorbeeld een globale indeling maken zoals in tabel 6.2.

Tabel 6.2   Activiteiten bij een crisis

	Activiteiten	Beschikbaarheid	Looptijd
1	Redding, brandbestrijding, eerste hulp, crowd control	direct	kort
2	Opvang, voorlichting, medische behandeling, mediacommunicatie	snel	middel
3	Formaliteiten, schadeafhandeling, mediabeleid, nazorg	na enige tijd	lang

Zetten we de activiteiten grafisch af op een tijdlijn, dan zou dit eruit kunnen zien als in figuur 6.2.

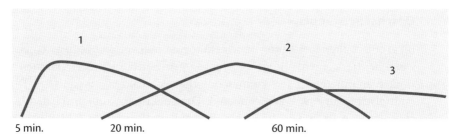

Figuur 6.2   Activiteiten in tijd

Garantie van beschikbaarheid

Bij crisisbeheersing speelt snelheid een belangrijke rol, maar minstens zo belangrijk is de garantie van beschikbaarheid. Crisissituaties houden zich niet aan de normale werkweek. Toch zijn in veel crisisplannen allerlei procedures opgenomen en rollen vastgelegd die bij nadere beschouwing alleen tussen 9 en 5 werken. Een crisisbeheersings- of noodorganisatie zal echter 365 dagen per jaar, 24 uur per dag beschikbaar moeten zijn.

Papieren tijgers
Bedrijven beschikken vrijwel altijd over een ontruimingsplan. In veel van die plannen is vastgelegd dat leidinggevenden de ontruiming moeten begeleiden en op de verzamelplaats moeten tellen of iedereen uit het gebouw is gekomen.
Maar in veel gevallen is helemaal niet bekend wie op welk moment binnen is, en bovendien zijn de aangewezen begeleiders zelf ook vaak afwezig of in een ander deel van het bedrijf. Vindt een ontruiming bijvoorbeeld plaats bij het begin of eind van de werkdag, of tijdens lunchtijd, dan blijken de procedures vaak niet te werken.
Voor grote complexen met veel mensen is een goed alternatief dat de ontruimden zichzelf kunnen laten registreren door bijvoorbeeld een kaart of formulier in te vul-

len en in te leveren. Dat werkt in de praktijk vaak beter. Er bestaan ook elektronische varianten maar deze kunnen kwetsbaar zijn.

6.2 Opschaling in Nederland

In hoofdstuk 4 over noodorganisaties zagen we dat er doorgaans drie niveaus worden toegepast: operationeel, tactisch en strategisch niveau. In de praktijk is dit vaak nog iets verder opgesplitst. Verder werd al aangegeven dat de opbouw over het algemeen van onder naar boven plaatsvindt. Dit is niet altijd het geval, bijvoorbeeld bij een dreiging wordt ook wel van boven naar beneden opgeschaald. Niet voor alle situaties is een volledige crisisorganisatie nodig. De situatie wordt opgebouwd naar de omvang van de gebeurtenis.

Opschalingsstappen

Bij grootschalige incidenten of crises moeten hulpverleningsdiensten als brandweer, politie, geneeskundige zorg en de gemeente met elkaar kunnen samenwerken en moeten zij snel kunnen omschakelen naar één organisatie. Dit wordt multidisciplinair opschalen genoemd. Om snel op te kunnen schalen is de Gecoördineerde Regionale Incidentenbestrijdings Procedure (GRIP) ontwikkeld. GRIP is niet wettelijk geregeld, maar is opgenomen in de regionale crisisplannen van de verschillende veiligheidsregio's in Nederland.

Hoewel GRIP landelijk is ingevoerd (volgens het referentiekader GRIP), zijn er wel variaties per regio. De hier beschreven indelingen kunnen dus iets variëren per regio. Ook blijft de structuur in ontwikkeling, er zullen dus in de loop der tijd weer wijzigingen ontstaan in de invulling. Op het moment van verschijnen van dit boek werd bijvoorbeeld de vormgeving van de hoogste opschaling weer bestudeerd en bediscussieerd.

In de GRIP-structuur is beschreven welke teams geformeerd worden en hoe deze teams met elkaar samenwerken. Binnen een veiligheidsregio werd al langer een opschaling in vier fasen gebruikt. In 2013 zijn daar twee fasen aan toegevoegd die betrekking hebben op incidenten die de grenzen van de veiligheidsregio overschrijden.

Verschillende opschalingsniveaus

Er volgt nu een toelichting welke GRIP-niveaus worden gebruikt en welke teams en functionarissen daarin een rol hebben. De GRIP-fasen 1 tot en met 4 hebben betrekking op incidenten binnen één veiligheidsregio, GRIP 5 en GRIP Rijk op incidenten waarbij meerdere veiligheidsregio's betrokken zijn.

Tabel 6.3   Gecoördineerde Regionale Incidentenbestrijdings Procedure (GRIP)

Niveau	Hiërarchische organisatie-onderdelen	Voorbeeldscenario
GRIP 0 Dagelijks optreden van hulpdiensten	Motorkapoverleg	Schoorsteenbrand, reinigen wegdek
GRIP 1 Incidenten met effecten tot maximaal de directe omgeving	**CoPI** (Commando Plaats Incident)	Middelbrand, middelhulp-verlening
GRIP 2 Grootschalig incident met uitstraling naar omgeving	CoPI, **ROT** (regionaal operationeel team)	Lekkende tankwagen met gevaarlijke stoffen
GRIP 3 Ramp of zwaar ongeval in één gemeente	CoPI, ROT, **GBT** (gemeentelijk beleidsteam)	Een grote brand waarbij burgers worden geëvacueerd of openbare voorzieningen worden gesloten
GRIP 4 Ramp of zwaar ongeval met meer dan plaatselijke betekenis in één of meer gemeente(n)	CoPI, ROT, **RBT** (regionaal beleidsteam)	Een overstroming of een grote stroomstoring
GRIP 5	Regionale teams plus IROT, **IRBT (interregionale teams)**	Een grote overstroming waarbij meerdere regio's zijn betrokken of een grote brand waarbij schadelijke rook of andere effecten ook andere regio's treffen
GRIP Rijk	Hoogste orgaan: MCCb (Ministeriële Commissie Crisisbeheersing)	Een nationale watersnood-ramp of een aanslag

NB: Het is niet altijd zo dat alle onderdelen actief zijn. Zo kan er bijvoorbeeld zijn opgeschaald naar GRIP 3 zonder dat er een CoPI actief is.

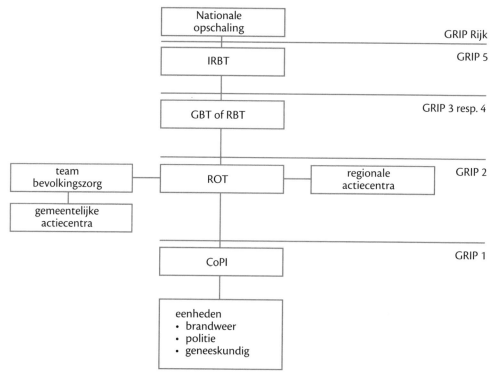

Figuur 6.3   Organogram GRIP

- **GRIP 1**

  Er wordt opgeschaald naar GRIP 1 als er sprake is van een lokaal incident waarbij meerdere hulpverleningsdiensten betrokken zijn en er behoefte is aan multidisciplinaire coördinatie en afstemming. Op de plek van het incident wordt dan een CoPI (Commando Plaats Incident) ingericht, meestal in een soort mobiele vergaderunit.

  In het CoPI zitten de officieren van dienst van de betrokken hulpverleningsdiensten, een woordvoerder en ondersteuners. Aan het hoofd van dit team staat de leider CoPI en het team richt zich op het beheersen van de gevolgen van het incident in het brongebied. Andere partijen kunnen ook worden gevraagd zitting te nemen in het CoPI. Hierbij kan worden gedacht aan het waterschap, Rijkswaterstaat, ProRail, maar ook een betrokken bedrijf.

- **GRIP 2**

  Wanneer er naast een effect voor het brongebied ook gevaar bestaat voor de omgeving, wordt er opgeschaald naar GRIP 2. Er is dan ook sprake van een effectgebied.

  Bij GRIP 2 blijft het CoPI in stand, maar wordt er ook een regionaal operationeel team (ROT) ingericht. Het ROT vergadert op een vaste locatie in de veiligheidsregio. Aan het hoofd van het ROT staat de operationeel leider, ook wel leider ROT genoemd.

Het ROT richt zich op het beheersen van het incident in het effectgebied, terwijl het CoPI zich op het brongebied blijft richten. Het ROT is binnen de veiligheidsregio het hoogste operationele team. Het ROT bestaat grotendeels uit vertegenwoordigers van dezelfde partijen als het CoPI. De deelnemers in een ROT worden ondersteund door secties die helpen bij het uitzetten en coördineren van de activiteiten.

- **GRIP 3**

Wanneer het welzijn van de bevolking van een gemeente wordt bedreigd en er behoefte is aan bestuurlijke coördinatie, zal er worden opgeschaald naar GRIP 3. Het incident beperkt zich tot binnen de grenzen van één gemeente.

Naast het CoPI en het ROT komt de burgemeester met zijn team bij elkaar, vaak in het gemeentehuis. Dit team wordt het gemeentelijk beleidsteam (GBT) genoemd. De burgemeester heeft in deze situatie de leiding en geeft in principe instructies aan de leider ROT. In werkelijkheid zal het vaak de operationeel leider met het regionaal operationeel team zijn die de aanpak van de situatie grotendeels bepaalt – zij zijn immers de professionals. De burgemeester richt zich dan vooral op de bestuurlijke aspecten en zijn rol als boegbeeld en burgervader.

- **GRIP 4**

Wanneer bij een incident de gemeentegrenzen worden overschreden en er dus meerdere gemeenten betrokken zijn, zal er worden opgeschaald naar GRIP 4. Deze incidenten beperken zich tot één veiligheidsregio.

Er wordt bij GRIP 4 een regionaal beleidsteam (RBT) geformeerd waar de burgemeesters van de betrokken gemeenten en vaak de hoofdofficier van justitie en de voorzitter van het waterschap deel van uitmaken. Aan het hoofd van het RBT staat de voorzitter van de veiligheidsregio. Hij heeft de leiding over het incident.

Indien voorafgaand aan deze GRIP-fase sprake was van GRIP 3, zal het gemeentelijk beleidsteam doorgaans komen te vervallen en opgaan in het regionaal beleidsteam. Vaak schuiven strategisch adviseurs van de verschillende hulpdiensten aan bij het RBT.

- **GRIP 5**

Wanneer er meerdere veiligheidsregio's betrokken zijn, kan worden opgeschaald naar GRIP 5. Dit gebeurt slechts wanneer er behoefte is aan bestuurlijke coördinatie.

GRIP 5 kan slechts worden afgekondigd door een besluit van de voorzitters van de betrokken veiligheidsregio's. In een situatie waarbij sprake is van GRIP 5 vindt geen overdracht van bevoegd gezag plaats naar een 'hoger niveau'. De voorzitters van de betrokken veiligheidsregio's houden de leiding over de diensten die in hun regio betrokken zijn bij de bestrijding van het incident. De betrokken veiligheidsregio's zullen wel gezamenlijk de interregionale incidentbestrijding opstarten, waarbij één veiligheidsregio de bestuurlijke en operationele coördinatie op zich neemt. Veiligheidsregio's kunnen hier zelf onderling afspraken over maken. Als er een aanwijsbare bronregio is, dan is de regel dat deze regio de coördinatie op zich neemt.

In de coördinerende regio wordt doorgaans een coördinerend operationeel leider (COL) aangewezen. Deze onderhoudt het contact met de operationeel leiders van de betrokken regio's en staat aan het hoofd van het interregionaal operationeel team (IROT). Ook kan er een interregionaal beleidsteam (IRBT) worden gevormd, waarin de voorzitters van de verschillende veiligheidsregio's de gezamenlijke strategie bepalen.

- **GRIP Rijk**

  Het Rijk kan ongeacht het GRIP-niveau de verantwoordelijke autoriteiten in de algemene en/of functionele kolom ondersteunen. Dit kan het Rijk op eigen initiatief doen of op verzoek van een veiligheidsregio. Het Rijk kan drie rollen vervullen:
  - faciliteren
  - richting geven
  - sturen

Bij sturen zijn er twee mogelijkheden: het geven van een aanwijzing of via afkondigingen van GRIP Rijk.

In crisissituaties waarbij verschillende ministeries betrokken zijn kan worden opgeschaald naar GRIP Rijk. Bij GRIP Rijk moet sprake zijn van gevaar voor de nationale veiligheid. Dit is het geval als vitale belangen van de Staat of de samenleving dusdanig worden bedreigd dat er sprake is van (potentiële) maatschappelijke ontwrichting. In deze situatie is er behoefte aan sturing vanuit het Rijk; deze GRIP-fase kan worden afgekondigd door de Ministeriële Commissie Crisisbeheersing (MCCb). De MCCb houdt zich bezig met de intersectorale crisisbeheersing en bestaat uit de ministers van de betrokken ministeries. De minister van Veiligheid en Justitie treedt op als coördinerend minister. Bij zeer grote crises wordt deze rol door de minister-president vervuld. In de MCCb wordt afgestemd om de samenwerking tussen de betrokken ministeries zo goed mogelijk te laten verlopen. De MCCb neemt geen bevoegdheden over van de verschillende ministers.

Bij GRIP Rijk wordt naast de MCCb ook een Interdepartementale Commissie Crisisbeheersing (ICCb) gevormd. Hierin wordt op hoog ambtelijk niveau afgestemd tussen vertegenwoordigers van de verschillende ministeries. De ICCb wordt daarbij ondersteund door het Nationaal CrisisCentrum (NCC). De voorzitter van de ICCb is de Nationaal Coördinator Terrorismebestrijding en Veiligheid (NCTV).

Bij GRIP Rijk kan het voorkomen dat een minister een aanwijzing geeft binnen zijn eigen keten. Voor de keten van Openbare Orde en Veiligheid (OOV-keten) betekent dit dat de minister van Veiligheid en Justitie een aanwijzing geeft aan de voorzitter van de veiligheidsregio. Ook de commissaris van de Koning mag deze aanwijzing geven namens de minister van Veiligheid en Justitie. In beide gevallen blijven de bevoegdheden echter bij de voorzitter van de veiligheidsregio liggen.

Bij grote incidenten, crises of rampen waarbij veel mensen, middelen en expertise moeten worden ingezet, speelt het LOCC een belangrijke rol. Operationele diensten zoals brandweer, politie, medische hulpverlening kunnen een beroep doen op dit LOCC wanneer bijvoorbeeld extra middelen nodig zijn of onderlinge samenwerking moet worden gecoördineerd.

De inrichting van de organisatie bij opschaling en het functioneren daarvan wordt regelmatig geëvalueerd en aangepast. Voor de meest actuele stand van zaken is het daarom raadzaam de website van het NCTV te raadplegen.

Het idee achter de opschaling spreekt eigenlijk voor zich: naarmate een noodsituatie groter is en escaleert tot een ramp of crisis, worden het aantal en de omvang van de beheersingsactiviteiten groter. Dan groeit ook de organisatie die de beheersingsactiviteiten moet uitvoeren.

Binnen een veiligheidsregio gelden procedures voor het in gang zetten van de opschaling. Dit gebeurt bijvoorbeeld vaak in eerste instantie door een officier van dienst die op basis van een inschatting laat opschalen. Soms is het gekoppeld aan andere plannen en procedures. Zo kan bij een vliegveld of een chemisch bedrijf een bepaalde melding al direct aan een GRIP-niveau worden gekoppeld om zo min mogelijk tijd te verliezen.

We hebben hier in grote lijnen een aantal belangrijke partijen beschreven die bij nationale crisisbeheersing een rol spelen. Behalve deze zijn er nog vele andere partijen en organen die coördineren en vooral adviseren. Het zal duidelijk zijn dat de onderlinge communicatie tussen al deze partijen bij crisis geen sinecure is. Overigens spelen veel van deze partijen ook een rol bij de beleidsvorming in de voorbereiding op mogelijke crisissituaties.

Nog geen crisis, toch opschalen

De opschaling volgt over het algemeen de escalatie van de gebeurtenis. Soms is het echter beter om deze escalatie voor te zijn. Zo werd in 2014 het festival Pinkpop getroffen door een zware onweersbui. De veiligheidsregio schaalde hier al van tevoren op en riep een regionaal operationeel team bij elkaar. Ook bij dreigend hoogwater wordt dit gedaan. Men kan dan al een analyse maken en nadenken over te nemen maatregelen voordat de noodsituatie zich daadwerkelijk heeft gemanifesteerd.

In september 2011 waren er problemen met de beveiligingscertificaten van websites van de Nederlandse overheid. Dat kwam door een digitale inbraak bij het bedrijf Diginotar. Bij deze cybercrisis zijn zowel het ICCb als het MCCb in actie gekomen en vervulde het NCC een faciliterende rol. Dit was ook het geval bij de crash van het vliegtuig van Malaysian Airlines MH17 in Oekraïne op 17 juli 2014. Crisisbeheersing op regionaal niveau was niet of nauwelijks aan de orde in deze situatie – hoewel bij de MH17-ramp ook de veiligheidsregio Kennemerland opschaalde: binnen deze regio ligt Schiphol, het vliegveld van waar het toestel vertrokken was.

Over opschalen bestaan soms ook wel verschillen in inzicht. Project X Haren (ook wel bekend als het Facebookfeest) was een gebeurtenis op 21 september 2012 in het Groningse dorp Haren. Het begon met een meisje dat op Facebook een uitnodiging voor haar verjaardagsfeest plaatste. Het mondde uit in een bijeenkomst van duizenden jongeren en in rellen. De burgemeester schaalde op naar GRIP 3. De commissie-Cohen oordeelde achteraf dat dit niet juist was. Behalve dat wijsheid achteraf altijd gemakkelijk is, zijn de meningen over dit besluit verdeeld en vonden sommigen dat er juist naar GRIP 4 had moeten worden opgeschaald.

Er is soms ook wel een nadelig effect van dit vooraf opschalen. Doordat het in de media aandacht krijgt, ontstaan er soms commotie en een grote informatiebehoefte. Zo gingen bij Pinkpop 2014 direct heel veel vrienden en familie van festivalbezoekers bellen om informatie te vragen. Hierdoor werden de betrokken instanties praktisch onbereikbaar.

Opschaling in andere landen

In andere landen komen we opschalingsstructuren tegen die wel wat lijken op de Nederlandse GRIP-structuur. In Duitsland gebruikt men een systeem met vergelijkbare niveaus, maar met staven met een wat andere taakstelling. Deze taakstelling is minder specifiek voor een bepaalde hulpverleningskolom maar meer generiek ingericht. De verschillende Bundesländer zijn min of meer vrij hun eigen systematiek te gebruiken. Op de meeste plaatsten gebruikt men echter de structuur zoals beschreven in het zogenoemde Dienstvorschrift 100, een soort richtlijn voor de organisatie van de crisisbeheersing. Figuur 6.4 is een schematische weergave van de inrichting van de zogenoemde Führungsstaf of commandoteam. In deze staf wordt gewerkt met stafsecties S1 t/m S6 die verschillende aspecten van de crisis coördineren.

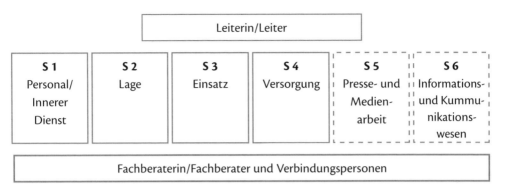

Figuur 6.4   Opschaling in Duitsland (Dienstvorschrift 100)

De Duitse Akademie für Krisenmanagement, Notfallplanung und Zivilschutz (AKNZ) steekt veel energie in het opleiden en trainen van crisisstaven. Ze werkt daarin samen met het Instituut Fysieke Veiligheid (IFV) en veiligheidsregio's in de grensstreek. Het ligt immers voor de hand dat bij crisissituaties in de grensstreek moet worden samengewerkt. Ditzelfde geldt natuurlijk ook voor de grens met België, ook in België vinden we verschillen in structuur. Hier kennen we een indeling in drie fasen.

• **Gemeentelijke fase**
  Deze fase wordt afgekondigd door de burgemeester wanneer de noodsituatie of dreiging tot de gemeente beperkt blijft. Het Gemeentelijk Algemeen Nood- en Interventieplan treedt in werking. De burgemeester heeft de algemene leiding.

• **Provinciale fase**
  Deze fase wordt uitgeroepen door de gouverneur wanneer de noodsituatie of de dreiging meer dan één gemeente treft. Het Provinciaal Nood- en Interventieplan treedt in werking. De gouverneur van de betreffende provincie coördineert alle acties.

• **Federale fase**
  De crisis- en noodsituaties die een federale coördinatie vereisen, overschrijden de provinciegrenzen. Maar ook andere situaties kunnen een federale coördinatie vereisen: terroristische aanslagen of een natuurramp in een regio waar veel Belgen verblijven.

In Groot-Brittannië kennen we een opschaling in drie niveaus: brons, zilver, goud (zie figuur 6.5).

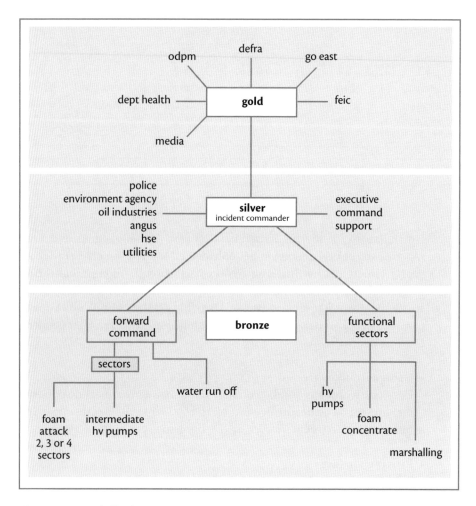

Figuur 6.5   Opschaling in Groot-Brittannië

In de Verenigde Staten gebruikt men het Incident Command System (zie figuur 6.6), deze structuur wordt ook door Multinationals wel eens gebruikt. Deze systematiek lijkt wel wat op de Duitse aanpak waarbij overkoepelende hoofdtaken zijn ingedeeld. Vooral bij grote langlopende noodsituaties zou deze aanpak wel voordelen kunnen bieden boven de Nederlandse aanpak, die toch wat meer versnipperd is over verschillende diensten.

Opschaling in bedrijven

Ook bij bedrijven is opschaling belangrijk. Als zich in of bij een bedrijf een ernstige calamiteit voordoet, zal opschaling niet alleen nodig zijn om de beheersingsactiviteiten goed te kunnen organiseren, maar ook om goed te kunnen samenwerken met de overheid die dan immers ook opschaalt.

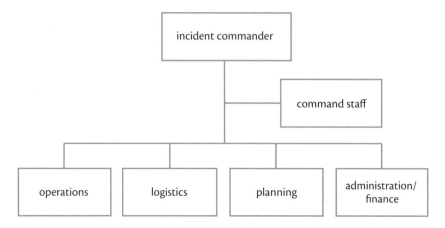

Figuur 6.6   Opschaling in de VS

Zodra de overheid opschaalt naar GRIP 1, zou een bedrijf er verstandig aan doen een crisisteam op locatie te hebben. We hebben het dan over een situatie waarbij mogelijk al slachtoffers gevallen zijn, informatie over de calamiteit naar buiten kan gaan en er aanzienlijke schade te verwachten is. Een grote impact voor het bedrijf dus. Het is voor bedrijven niet alleen belangrijk snel op te kunnen schalen, maar ook om inzicht te hebben in de GRIP-procedure. Om goed te kunnen communiceren en samenwerken zal de bedrijfsnoodorganisatie moeten aansluiten op die van de overheid.

Opschaling bij crises in bedrijven kan veel verder gaan dan de lokale organisatie. Op een bedrijfslocatie moet dus aansluiting gezocht worden bij de overheid, gerelateerd aan de GRIP-schaal. Maar de crisis kan – dit kwam al eerder aan de orde – voor het bedrijf zowel geografisch als wat betreft effect veel verder gaan. Het kan ook een fabriek in Zuid-Amerika zijn waar het probleem zich afspeelt. Lokaal zal er dan opgeschaald worden, maar er kunnen ook crisisbeheersings-activiteiten op hoger dan lokaal niveau plaatsvinden. Bijvoorbeeld op het gebied van juridische aspecten, mediacommunicatie, of communicatie naar aandeel-houders of klanten.

Bij bedrijven kunnen crisissituaties ook heel andere vormen aannemen dan die waarbij de overheid gaat optreden. Bij het terugroepen van een product (*recall*) zal de overheid zich met de uitvoering niet of nauwelijks bemoeien.

In figuur 6.7 zien we een voorbeeld van de structuur van een crisisorganisatie voor een multinational die volledig is opgeschaald. Deze opschaling is gekoppeld aan de definities die in figuur 1.3 worden gebruikt.

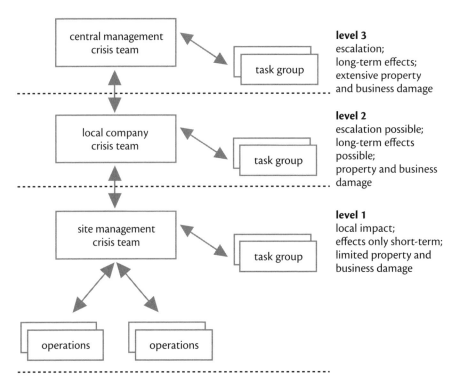

Figuur 6.7   Crisisorganisatie voor een multinational

Ramp of crisis?

De opschalingsmethodiek volgens GRIP is vooral gericht op fysieke calamiteiten die kunnen escaleren tot een ramp. Bij een crisis hoeft dit helemaal niet het geval te zijn. Zo kan uitval van vitale infrastructuur ook tot een crisis leiden, bijvoorbeeld de uitbraak van een pandemie of dierziekte. Maar ook ernstige terreurdreiging zou tot een crisis kunnen leiden. De 'klassieke opschaling' vanuit de operationele hulpverlening werkt dan niet. In voorkomende gevallen kan dus ook van boven naar beneden worden opgebouwd. Ook dat is opschalen.

Voor specifieke crises zijn vaak ook andere organisaties voorbereid. Bij terreur zal bijvoorbeeld Justitie een grote rol gaan spelen, maar ook voor bijvoorbeeld een MKZ (mond- en klauwzeer)-crisis liggen specifieke draaiboeken met specifieke organisatievormen klaar.

Omdat hierdoor specifieke beleidsvelden worden getroffen zullen in het algemeen wel een of meerdere ministeries hun Departementale Coördinatiecentrum Crisisbeheersing (DCC) actief maken. Deze informeren ook hun eigen bewindspersonen. Zij zullen, bij nationale opschaling, ook groepen inrichten die de informatie verzamelen voor de afstemming tussen de verschillende departementen in de Interdepartementale Commissie Crisisbeheersing (ICCB).

6.3   Verantwoordelijkheden, taken en activiteiten

Het uittekenen van een fraai organogram is niet zo moeilijk. Het levert een mooi plaatje op, met een duidelijke structuur. Het daadwerkelijk invullen van een structuur en het bepalen van wie wat moet doen, is vaak minder eenvoudig.

Bij de overheid zijn veel taken en activiteiten duidelijk gedefinieerd. Dit komt omdat ze soms in de wet geregeld zijn (de burgemeester heeft het opperbevel) of omdat er relatief veel ervaring voorhanden is, zoals bij veel operationele diensten. Zoals we hebben gezien is de samenwerking lokaal geregeld in de veiligheidsregio's. De veiligheidsregio is dan ook in de eerste plaats de organisatie die verantwoordelijk is voor de bestrijding van een noodsituatie.

Het einde van een noodsituatie (afschaling) maakt soms ook dat verantwoordelijkheden versnipperd raken en minder duidelijk zijn. Het moment van afschaling is niet altijd even eenvoudig te bepalen. In de hiërarchie is echter wel duidelijk wie het bepaalt.

De baas van de ramp

De burgemeester in het gemeentelijk beleidsteam (GBT) of regionaal beleidsteam (RBT) is eindverantwoordelijk voor de afhandeling van de ramp en is meestal gevestigd in het gemeentehuis. Hij laat zich bijstaan door de hoogste functionarissen van de operationele diensten (commandanten van dienst) maar ook door een beleidsvoorlichter, de gemeentesecretaris. Het team houdt zich meestal nauwelijks bezig met de directe bestrijding van de ramp, maar richt zich vooral op bestuurlijke en langetermijneffecten. Daarnaast is op dit niveau de voorlichting erg belangrijk.

De burgemeester heeft een moeilijke rol. Eigenlijk heeft hij meerdere rollen. In de *Handreiking bestuurlijk handelen bij crises* (z.d.), van het Nederlands Genootschap van Burgemeesters (opgesteld na de vuurwerkramp in Enschede om burgemeesters te ondersteunen bij rampen en de voorbereiding daarop), worden vier rollen van de burgemeester onderscheiden: beslisser, burgervader, strateeg en collegiaal bestuurder. Deze combinatie van rollen plaatst de burgemeester, als spil van de rampenbestrijding, soms in een onmogelijke positie. De koele analytische leider van het beleidsteam is even later de meevoelende burgervader die de burger moet informeren en geruststellen. Er zijn initiatieven om te kijken of de leiding bij rampen in de toekomst niet anders geregeld kan worden.

In het bedrijfsleven

We hebben al herhaaldelijk gezien dat de structuren binnen het bedrijfsleven sterk kunnen verschillen. Elk bedrijf is in principe vrij om zijn eigen crisisorganisatie vorm te geven. Dit betekent dat ook bij verantwoordelijkheden, taken en activiteiten allerlei varianten mogelijk zijn.

In veel bedrijven is er weinig vastgelegd. Dat kan bij een noodsituatie of crisis tot problemen leiden, omdat er dan weinig tijd is om de activiteiten af te stemmen. Over het algemeen is de grote lijn wel duidelijk, omdat deze de hiërarchie in de normale organisatie volgt. Zo zal een crisisteam vaak bestaan uit het managementteam. Het type activiteiten van dit team lijkt wel wat op dat van een beleidsteam bij de overheid, hoewel de bevoegdheden hier heel anders liggen. Een crisisteam heeft bijvoorbeeld geen enkele zeggenschap over de omgeving, en zelfs binnen het eigen bedrijf is de zeggenschap soms beperkt.

Wat in veel bedrijven ontbreekt, is een team op het tactisch niveau. Multidisciplinair optreden bij hulpverleningsdiensten wordt vanuit een CoPI gecoördineerd. Voor bedrijven is het sterk aan te bevelen een soortgelijk team in te richten. Het voorkomt dat het crisisteam zich met allerlei operationele details moet bezighouden, maar zorgt er ook voor dat verschillende taken in de operatie goed op elkaar kunnen worden afgestemd. Ook het werken met actiecentra – voor specifieke taakgebieden – wordt betrekkelijk weinig toegepast. Bij de overheid is dit wel gebruikelijk.

Het zal duidelijk zijn dat de verantwoordelijkheden in algemene zin in bedrijven heel anders liggen dan bij de overheid. De overheid heeft een verantwoordelijkheid voor de veiligheid van haar burgers. Economische belangen zijn niet onbelangrijk, maar hebben wel een lagere prioriteit.

Voor een bedrijf is de directe verantwoordelijkheid voor de veiligheid van personen beperkter. Uiteraard zijn zij wel verantwoordelijk voor hun eigen werknemers en andere door hen aangestuurde personen, maar ook de positie van het bedrijf heeft hoge prioriteit. Een crisis kan voor de organisatie zo bedreigend zijn dat het bedrijf daardoor in zijn voortbestaan wordt bedreigd.

Wie gaat over wat?

Een belangrijk aspect in de verantwoordelijkheid bij bestrijding en beheersing van rampen en crises is wie uiteindelijk bevoegd is. Hierover bestaan veel misverstanden.

Op veel gebieden is de overheid verantwoordelijk en bevoegd, en zullen bedrijven zich daarnaar moeten voegen. Dit betekent dat opdrachten van de burgemeester – en namens hem van operationele diensten – moeten worden opgevolgd. Zij kunnen een bedrijf bijvoorbeeld opdragen de productie te stoppen of gebouwen te ontruimen. Dit betekent overigens niet dat een bedrijf dit niet ook op eigen gezag kan doen. Met veel andere processen binnen bedrijven zal en kan de overheid zich echter niet bemoeien.

Voor de managers in bedrijven is het belangrijk zich te realiseren wat hun taak en verantwoordelijkheid is. Behalve het trainen voor werken in crisisteams is een duidelijk beeld van deze taken en verantwoordelijkheden vaak minstens zo belangrijk. Voor een goede crisisbeheersing is duidelijkheid en een goede samenwerking een vereiste.

6.4 Samenwerking bij crisisbeheersing

Bij crisisbeheersing moet worden samengewerkt. Als een incident of noodsituatie tot een crisis escaleert of dreigt te escaleren, zullen er altijd verschillende disciplines, organisaties en partijen bij betrokken raken. Gezien de verschillen in organisaties, de mate van voorbereiding en in rollen is een goede samenwerking geen sinecure.

Een crisis houdt zich niet aan de scheiding privaat-publiek. Door privatisering van veel overheidsbedrijven in de afgelopen jaren is de noodzaak tot samenwerking alleen maar toegenomen. De praktijk is vaak echter weerbarstig. Op operationeel niveau wordt er altijd al wel samen geoefend. Meestal gaat het dan om brandweeractiviteiten. Samenwerken in crisismanagement begint echter pas net op gang te komen. We zien dan ook dat men op veel plaatsen nog op zoek is naar de juiste vormen.

Horizontale en verticale samenwerking

Tijdens een ramp of crisis moet binnen organisaties niet alleen in verticale zin worden samengewerkt, maar ook horizontaal tussen verschillende onderdelen van de organisatie. Om dit nader te kunnen bekijken, moet eerst duidelijk zijn wat nu precies beschouwd kan worden als één organisatie.

De rampenbestrijdingsorganisatie is bijvoorbeeld, zo blijkt duidelijk uit de eerdere beschrijvingen, een samenstelling van verschillende diensten en organisaties, waarbij de relaties tussen deze onderdelen minstens zo belangrijk zijn als de verticale hiërarchische lijn binnen de rampen- of crisisorganisatie.

Bij sommige bedrijven worden noodorganisaties analoog aan de overheidsstructuur opgezet. Daar worden ze bij een crisis of calamiteit ook aan gekoppeld. Op de verschillende niveaus (operationeel, tactisch, strategisch) komen dan functionarissen in de crisisteams van de overheid te zitten die ook de liaison tussen bedrijf en overheid vormen. Dit kan weliswaar goed werken in bepaalde situaties, maar er zitten ook wel wat haken en ogen aan.

In de eerste plaats is het ene bedrijf het andere niet. Bedrijven met een publieke taak (vaak voormalige overheidsbedrijven), zoals het leveren van drinkwater, stroom of telefoonverbindingen, bedienen vaak rechtstreeks burgers in een groot gebied. Uitval van hun product betekent ontregeling of bedreiging van het openbare leven. In de crisisbeheersing zal vrijwel altijd vrij vergaand moeten worden samengewerkt met de overheid. Hierbij is er echter wel een probleem: de overheid heeft haar crisisbeheersing overwegend gemeentelijk ingericht, terwijl deze bedrijven een veel groter gebied bestrijken. Stel dat het drinkwater van het bedrijf Brabant Water besmet raakt via een hoofdleiding. In welke van de gemeentelijke beleidsteams gaat zij dan deelnemen?

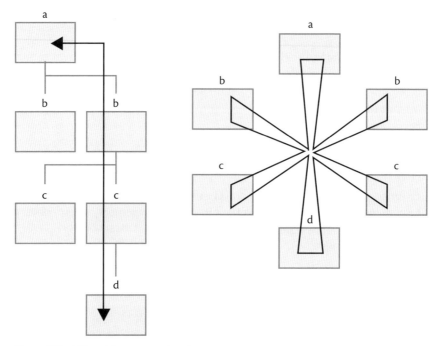

Figuur 6.8   Hiërarchie versus netwerk

Ook bij andere bedrijven kunnen lastige situaties ontstaan, al was het maar omdat bij een crisis van enige omvang al gauw meerdere bedrijven betrokken kunnen zijn.

In het algemeen levert het de meest praktische vorm van samenwerking op als
bedrijven liaisons kunnen leveren op operationeel niveau, dus bijvoorbeeld een
deelnemer in een Commando Plaats Incident of een regionaal operationeel team.
Op strategisch niveau kan er wel overleg zijn, maar is het vaak beter om geschei-
den teams te installeren.

Andere en vaak meer complexe vormen van samenwerking vinden we in de
grensregio's. Hier zal de Nederlandse crisisorganisatie moeten samenwerken met
de Duitse of Belgische organisaties. Deze kunnen heel verschillend zijn georganiseerd. Zo bestaan er in Duitsland, een federale staat, grote verschillen tussen
de Bundesländer, die alle een vergaande vrijheid hebben in de wijze waarop ze
crisisbeheersing organiseren. Nederland grenst aan verschillende Bundesländer.

In de grensregio's worden zowel op uitvoerend als coördinerend niveau trainingen en oefeningen gedaan om goed te kunnen samenwerken. Uitvoerend is dat
zeer intensief. Een slachtoffer van een calamiteit in Zuid-Limburg wordt soms
eerder naar een Duits dan een Nederlands ziekenhuis gebracht.

In de afgelopen jaren werden in Ahrweiler bij de Akademie für Krisenmanagement, Notfallplanung und Zivilschutz (AKNZ) ook samenwerkingsoefeningen
op ROT-niveau gedaan tussen Nederlandse veiligheidsregio's en Duitse *Kreisen*.

Ook bedrijven die in andere landen opereren zullen te maken krijgen met andere vormen van crisismanagement dan in Nederland. Een transportbedrijf of luchtvaartmaatschappij met vervoerstrajecten naar bijvoorbeeld Turkije kan zomaar met zeven verschillende landen te maken krijgen en dus ook met zeven verschillende typen crisisorganisaties. Het voert te ver deze hier te behandelen, maar in de preparatie is het wel de moeite waard hierbij stil te staan.

6.5   Afschalen: wanneer is een crisis afgelopen?

Tot dusver is het inrichten van een organisatie en het opschalen daarvan bij een ramp of crisis herhaaldelijk aan de orde gekomen. We zien dat er GRIP-schalen zijn bedacht om deze opschaling vorm te geven. Wat echter vaak onderbelicht blijft, is het afschalen. Feitelijk is dit proces misschien nog wel lastiger dan opschalen. Een noodsituatie die escaleert tot een ramp of crisis is vaak duidelijk te herkennen, maar wanneer is deze nu afgelopen?

Brand in Roermond

Op dinsdag 16 december 2014 komt er in de avond een melding binnen bij de meldkamer dat er in Roermond aan de Voorstad Sint Jacob een loods met boten in brand staat. De hulpdiensten worden gealarmeerd en al snel wordt er opgeschaald naar GRIP 2. Vanwege de rookontwikkeling en de asbestverspreiding wordt er aan het begin van de nacht opgeschaald naar GRIP 3 en worden de overige teams gealarmeerd. Het incident duurt nog tot en met vrijdag. In de loop van vrijdagochtend wordt er afgeschaald naar GRIP 1, waarna in de loop van de middag verder wordt afgeschaald en de openstaande punten worden overgedragen aan het team bevolkingszorg van de gemeente Roermond.

In hoofdstuk 2 werd de metafoor gebruikt van de steen die in een vijver valt. Rondom de plaats waar de steen valt, zijn de golven of effecten hoog; ze doven uit naarmate ze verder van het middelpunt af zijn of naarmate de tijd verstrijkt. Maar welke golfhoogte kan worden beschouwd als het einde van de crisis?

Een crisisorganisatie is bedoeld om gestructureerd en snel belangrijke en vergaande beslissingen te kunnen nemen. Op het moment dat de crisisorganisatie stopt, vindt besluitvorming weer via de reguliere kanalen plaats. Niet alleen kunnen bij deze transitie gemakkelijk onderwerpen tussen wal en schip terechtkomen, maar ook bestaat het gevaar dat de (te) trage, normale organisatie weer te vroeg wordt toegepast.

Van crisisorganisatie naar projectorganisatie

In crisisplannen zou dus eigenlijk het afschalen ook geregeld moeten worden, maar helaas komt dit weinig voor. Bij afschaling is het overgaan naar een organisatievorm waarin onderwerpen projectmatig worden aangepakt vaak het beste. Hierover is binnen de organisatie meestal de nodige kennis en ervaring aanwezig en anders zou deze kunnen worden ingehuurd.

Om te voorkomen dat er een gat valt tussen de crisisbeheersing vanuit de crisis- of noodorganisatie en de beheersing van de langetermijneffecten, is het van belang dat, indien de organisatie wordt gewijzigd, deze overgang wel naadloos aansluit. Met andere woorden: de crisis- of noodorganisatie kan pas worden afgeschaald als alle openstaande acties zijn ondergebracht in een andere organisatie.

Brand in Rotterdam

Lang geleden, in 1996, brandde in Rotterdam een opslagloods met chemicaliën af. Toen het directe gevaar geweken was, ging de organisatie weer terug naar normaal. Echter, bij het nablussen bleken shovels nodig te zijn om het smeulende materiaal om te scheppen en uit elkaar te rijden. Geen van de operationele diensten had budget om deze te huren. Hiervoor geld vrijmaken via de normale weg was geen optie, maar er was geen organisatiestructuur meer waarbinnen dit snel beslist kon worden. In de rampenorganisatie had de beslissing geld uit te geven aan de huur van shovels gemakkelijker genomen kunnen worden.

6.6 Samenvatting

Operationele inzetbaarheid is weinig efficiënt: het kost veel en levert soms weinig op. Toch zal het maatschappelijk niet snel worden geaccepteerd als dit niet of minder zou gebeuren. Voor veel operationele activiteiten zoals brandbestrijding en medische hulpverlening zijn tijdsaspecten bepaald, terwijl voor andere activiteiten zoals voorlichting of opvang dit meestal niet het geval is.

Een crisis kan worden ingedeeld in verschillende fasen, waarbij de intensiteit van de beheersingsactiviteiten verschilt per fase. Daarnaast verschillen situaties in omvang. Daarom worden organisaties niet altijd direct in hun geheel, maar in stappen opgeschaald, afhankelijk van de omstandigheden. De overheid in Nederland maakt gebruik van de GRIP-procedure die uit zes stappen bestaat. Voor bedrijven is het verstandig hierop aan te sluiten om op het juiste niveau te kunnen samenwerken.

Grote bedrijven kunnen te maken krijgen met crises over grenzen heen en zullen hun opschaling hierop moeten aanpassen.

Behalve op regionaal niveau kan er ook tot op nationaal niveau worden opgeschaald in de crisisbeheersing. Een centrale rol daarin speelt het Nationaal Crisis-Centrum (NCC). Ook hebben de verschillende ministeries een Departementaal Coördinatiecentrum Crisisbeheersing (DCC). Het hoogste orgaan in de crisisorganisatie is de Ministeriële Commissie Crisisbeheersing: het MCCb.

Bij bedrijven en overheden dienen verantwoordelijkheden en taken duidelijk te zijn. Bij de overheid ligt dit grotendeels vast, maar bedrijven kunnen hierin zelf keuzes maken.

Bij crises zal er altijd tussen verschillende partijen moeten worden samengewerkt. Goede afspraken en duidelijkheid over bevoegdheden zijn dan nodig. Zo zullen overheid en bedrijven voorlichting en mediacommunicatie moeten toepassen, maar ook zullen gemeentelijke diensten moeten samenwerken met deskundigen van private partijen, bijvoorbeeld in de nazorg.

Een crisis zal ook eindigen. Het is dan belangrijk de resterende beheersingsactiviteiten in een projectorganisatie onder te brengen.

Menselijk gedrag en crisis

Crisismanagement gaat over mensen – het is immers een menselijke activiteit. Het is dus belangrijk inzicht te hebben in het gedrag van crisismanagers, waarbij vooral de besluitvorming een belangrijke rol speelt.

Crisismanagement richt zich vooral op het gedrag van anderen. Mensen in de organisatie worden aangestuurd om handelingen te verrichten, maar ook de reacties van degenen die de crisis ondergaan, spelen een belangrijke rol in de beheersingsactiviteiten.

Crisismanagement gaat dus ook over het beïnvloeden van gedrag. Voor effectief crisismanagement is inzicht in menselijk handelen een 'conditio sine qua non': zonder dat inzicht is crisismanagement eigenlijk niet mogelijk. Nu heeft iedereen tot op zekere hoogte wel inzicht in gedrag – zonder dat zou niemand kunnen functioneren – maar dit inzicht is vaak weinig expliciet. In dit hoofdstuk wordt ingegaan op een aantal basale psychologische achtergronden en modellen van gedrag, toegespitst op crisissituaties.

7.1 Waarneming en beoordeling

Waarneming en beoordeling zijn niet eenduidig en aan allerlei invloeden onderhevig. Hierdoor kunnen gemakkelijk fouten ontstaan. In deze paragraaf worden een aantal invloeden en mogelijke fouten behandeld.

Perceptie

Perceptie is de waarneming van signalen uit onze omgeving. Lange tijd werd er-van uitgegaan dat de waarneming een absoluut en eenduidig beeld van de wer-kelijkheid gaf. Tegenwoordig weten we dat dit geenszins het geval is. De manier waarop we signalen waarnemen en verwerken, hangt sterk af van onze kennis, verwachtingen en wensen.

In veel gevallen weten we dat er als het ware iets mis is met de manier waarop we iets waarnemen, en we hebben dan geleerd deze signalen anders te interpre-teren. Een voorbeeld hiervan is het omgaan met diepte en perspectief bij visuele waarneming. Kijk maar eens naar de volgende twee afbeeldingen.

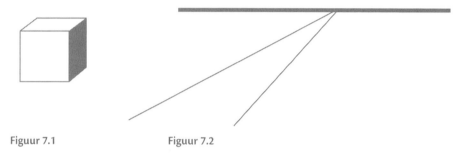

Figuur 7.1   Figuur 7.2

Wat zie je in figuur 7.1? En wat in figuur 7.2? Waarschijnlijk zie je de linker afbeel-ding als een kubus of doos. Toch is het een figuur die uitsluitend uit lijnen in een plat vlak bestaat. Het is dus eigenlijk helemaal geen kubus.

De rechter afbeelding zijn twee lijnen die onder een bepaalde hoek met elkaar staan. Maar het is niet moeilijk voor te stellen dat je naar een spoorweg kijkt. Het lijkt of de rails elkaar in de verte naderen en uiteindelijk snijden. Toch weet je dat het niet zo is.

Deze waarnemingen worden dus beïnvloed door onze achtergrond, onze ken-nis en onze verwachtingen. Het is nog helemaal niet zeker of iemand van een in-dianenstam in het Amazonegebied, die nog nooit met de westerse samenleving in aanraking is gekomen, de figuren op dezelfde manier zou interpreteren.

Het is dus een interessante vraag of wat we waarnemen ook wel echt waar is. Dit geldt niet alleen voor visuele stimuli, maar ook voor gebeurtenissen. De in-terpretatie van de informatie die in een bepaalde situatie wordt aangeboden, bij-voorbeeld bij een calamiteit, hangt dus af van de perceptie van de waarnemer.

Lees de volgende zin en geef aan hoe vaak de letter F hierin voorkomt.

FINISHED FILES ARE THE RESULT
OF YEARS OF SCIENTIFIC
STUDY COMBINED WITH THE
EXPERIENCE OF YEARS

De oplossing staat aan het eind van deze paragraaf.

Context en volgorde

Informatie is dus niet zo eenduidig als we soms denken. Een belangrijke beïnvloedende factor is de context waarin we een bepaalde stimulus waarnemen. Andere stimuli in de omgeving hebben een bepaalde invloed op hoe we een en ander beoordelen. Dit kan betrekking hebben op visuele stimuli, maar ook op inhoudelijke informatie. Bekende voorbeelden zijn de visuele illusies.

De twee lijnstukken in de Müller-Leyerillusie lijken verschillend, maar zijn in werkelijkheid even lang. De illusie wordt veroorzaakt door de 'pijlen' aan de einden van het lijnstuk. De vorm hiervan beïnvloedt dus de perceptie van de lengte van het horizontale lijnstuk.

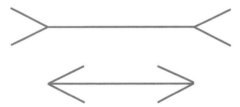

Figuur 7.3   Müller-Leyerillusie

Ook speelt de volgorde, of seriële positie, een rol. Zo zijn er het *primacy-effect* en het *recency-effect*. De volgorde waarin informatie wordt aangeboden, heeft invloed op de interpretatie hiervan. Als de eerst aangeboden informatie de grootste invloed heeft, spreken we van het primacy-effect. Het recency-effect is precies het omgekeerde: dan heeft de informatie die het laatst wordt aangeboden een grotere invloed dan de informatie die het eerst wordt aangeboden.

De vraag is nu natuurlijk wanneer welk effect optreedt. Uit onderzoek blijkt dat dit te maken heeft met het tijdsverloop, ofwel de seriële positie van de informatie. Stel, je wil je een beeld vormen van de waarschijnlijkheid dat een bepaalde gebeurtenis (bijvoorbeeld het overstromen van de dijken) zich voordoet, om eventueel maatregelen te kunnen nemen. Je somt eerst de argumenten op die erop wijzen dat het wel gebeurt, en daarna de argumenten die erop wijzen dat het niet gebeurt. Vervolgens neem je een beslissing over bijvoorbeeld het wel of niet evacueren van bedreigde woonwijken.

Je zult in dit geval het meest waarschijnlijk worden beïnvloed door het primacy-effect. Je schat de kans dat de overstroming gaat optreden relatief hoog in, omdat je de argumenten die je het eerst hebt opgesomd onbewust het zwaarst laat wegen.

Stel nu dat je hetzelfde doet, maar tussen het bedenken van de voor- en tegenargumenten word je gestoord. De telefoon gaat en je moet even je aandacht aan een ander onderwerp besteden. Daarna ga je verder met de tegenargumenten en neem je een beslissing.

Nu zal het recency-effect dominant zijn. De argumenten die je het laatst hebt opgesomd, wegen onbewust het zwaarst. Je zou dus de kans op overstroming net iets lager kunnen inschatten. In feite is de informatie die je nog onbewust aan het verwerken bent, van invloed op de besluitvorming.

Natuurlijk is het niet zo dat de beslissing volledig afhangt van deze effecten, maar dat het invloed heeft blijkt uit vele onderzoeken.

Halverwege deze paragraaf stond een zeer eenvoudige opdracht: tel hoe vaak de letter F voorkomt in een korte zin. Het juiste aantal is zes.

Er is een goede kans dat je er een aantal over het hoofd hebt gezien. Een gedeelte van de waarneming, zelfs als je denkt heel bewust te lezen, verloopt onbewust. Je hebt geleerd teksten snel te interpreteren op basis van patronen. Alleen een kind dat net leert lezen, leest letter voor letter.

Je kunt het activeren van deze patronen deels voorkomen door de tekst van achter naar voren te lezen. De tekst wordt dan onbegrijpelijk, maar je herkent daardoor wel eerder de afzonderlijke letters.

Waarneming wordt dus beïnvloed door patronen die in onze hersenen zijn geprogrammeerd. Zij bepalen waarneming en, zoals we later zullen zien, ook gedrag en besluitvorming. In paragraaf 7.2 wordt toegelicht hoe deze patronen ontstaan.

7.2 Patronen in denken en gedrag

De cognitieve wetenschap richt zich op de mens als informatieverwerker. In modellen wordt er over het algemeen van uitgegaan dat informatieverwerking verloopt volgens een structuur met een soort werkgeheugen of processor en een database of langetermijngeheugen. In figuur 7.4 is schematisch een basaal model weergegeven.

De figuur geeft in sterk vereenvoudigde vorm een idee van het verwerken van informatie. Informatie komt binnen en wordt verwerkt door de processor of het

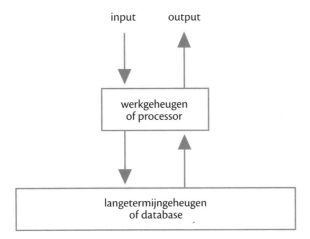

Figuur 7.4   Basaal cognitief procesmodel

werkgeheugen. Bij het verwerken vindt er een informatie-uitwisseling in twee richtingen plaats met het langetermijngeheugen. Er wordt informatie opgehaald en er wordt informatie opgeslagen.

Informatieverwerking kunnen we in twee categorieën indelen: gecontroleerde of bewuste informatieverwerking en automatische of onbewuste informatieverwerking. De bewuste informatieverwerking vindt plaats in het werkgeheugen. Dit geheugen heeft echter een beperkte capaciteit, is langzaam en slechts in staat vrij korte processen te verwerken.

Programma's voor gedrag

Om toch met complexe situaties om te gaan, wordt een groot aantal 'schemata' gebruikt. Dit zijn generieke cognitieve structuren voor informatieverwerking. Informatieverwerking verloopt via deze geprogrammeerde structuren en vraagt dan weinig aandacht of mentale inspanning. Er bestaan schemata voor gerichte motorische handelingen, maar ook als meer abstracte programma's voor probleemoplossing.

Vrijwel alle vormen van informatieverwerking vinden zo veel mogelijk volgens de schemata plaats. Pas als deze niet voorhanden zijn, wordt er een beroep gedaan op een meer bewust proces. Bij het doorlopen van dit proces ontstaan dan weer nieuwe schemata.

In de werkelijkheid wordt er voortdurend afgewisseld tussen bewuste en onbewuste processen en verschillende schemata. Komen we in een nieuwe situatie, dan vallen we toch zo veel mogelijk terug op bestaande patronen.

Friendly fire

Mensen onderschatten meestal de gevaren als er in een gebouw signalen van brand zijn of als er een brandalarm afgaat. Dat komt omdat men vaak meer gewend is aan situaties waarin het allemaal wel meevalt; men wacht daardoor veel te lang met reageren. Een gevaarlijk aangeleerd patroon. Groepseffecten versterken dit gedrag nog eens. We noemen dit het *friendly fire syndrome*.

(Purser & Bensilum, 2001)

Gedrag in niveaus

Rasmussen (1986), een bekende onderzoeker op het gebied van cognitieve patronen, onderscheidt drie cognitieve niveaus – dus eigenlijk drie typen schemata – voor informatieverwerking:

- *skill-based level* (vaardigheidsniveau)
- *rule-based level* (regelniveau)
- *knowledge-based level* (kennisniveau)

Hoe hoger het niveau, hoe abstracter de schemata en hoe meer bewust de informatieverwerking. Gedrag op skill-based level is gebaseerd op routines die vaak zo automatisch verlopen, dat er nauwelijks of geen bewuste informatieverwerking voor nodig is. Gedrag op rule-based level verloopt volgens bekende ingesleten patronen met beperkte variabelen, waardoor slechts een beperkt beroep op actieve bewuste informatieverwerking wordt gedaan. Op knowledge-based level zijn weinig standaardpatronen voorhanden en moet alles bewust 'bedacht' worden.

Een veelvoorkomende activiteit waarbij deze niveaus goed kunnen worden herkend, is autorijden. De meeste activiteiten worden volledig automatisch uitgevoerd. De benodigde bewegingen met de voeten op de pedalen en de handen aan het stuur verlopen volgens sterk geprogrammeerde schemata (skill-based), zonder dat we ons daarvan sterk bewust zijn. We weten na een rit bijvoorbeeld niet meer hoe vaak we geremd of geschakeld hebben: dit gebeurde onbewust.

Het reageren op het overige verkeer en op allerlei normale maar variabele verkeersomstandigheden verloopt volgens algemene procedures, maar vraagt wel meer mentale inspanning (rule-based). Nadert een auto van rechts terwijl we op een voorrangsweg rijden, dan vindt een korte afweging plaats, maar binnen bekende patronen: er zijn slechts enkele patronen van toepassing.

Een ervaren automobilist kan tijdens het autorijden de capaciteit van zijn werkgeheugen gebruiken om bijvoorbeeld een gesprek te voeren. Een onervaren automobilist, die over minder en minder sterk geprogrammeerde schemata beschikt, zal hier meer moeite mee hebben.

Moeten we de weg zoeken in een vreemde stad (knowledge-based), dan zal ook de ervaren automobilist hiervoor alle aandacht nodig hebben. Hij kan dan immers niet terugvallen op standaardpatronen.

Overigens was bij de eerste rijles het bedienen van de auto ook gedrag op knowledge-based level. De patronen moesten toen nog routine worden. De meeste mensen herinneren zich ook wel hoe moeilijk dit was: koppeling bedienen, schakelen, sturen en ook nog op het verkeer letten leken onmogelijk te combineren activiteiten. Naarmate deze patronen meer op skill-based level kwamen te liggen, kon er meer aandacht aan het verkeer besteed worden. Het gedrag op knowledge-based level is flexibeler en creatiever, maar verloopt zeer langzaam en moeizaam. Gedrag op skill-based level gaat snel en automatisch, maar is weinig flexibel.

De beperkingen in capaciteit worden duidelijk wanneer het verkeer drukker wordt. Onze werkprocessor raakt dan snel overbelast. We zetten de radio zachter en houden op met praten, om het aantal stimuli en activiteiten terug te brengen. Hier ligt ook het probleem met telefoneren in de auto. Zolang het merendeel van de activiteiten op skill- en rule-based level ligt, is er ruimte om een telefoongesprek te voeren. Het gesprek vraagt echter wel kostbare capaciteit van ons werkgeheugen, en dit leidt onherroepelijk tot problemen. Vooral als er bewuste aandacht nodig is voor het verkeer. Handsfree bellen voorkomt dit dus niet.

Gedragsniveaus in de crisisorganisatie

Vertalen we deze gedragsniveaus naar de niveaus in crisisorganisaties, dan kunnen we veronderstellen dat op het operationele niveau meer gedrag op skill-based level plaatsvindt en dat in het crisisteam of beleidsteam meer gedrag op knowledge-based level voorkomt (of zou moeten voorkomen).

De werkelijkheid is uiteraard genuanceerder. In werkelijkheid spelen de meeste denkprocessen zich onbewust af. Dijksterhuis, hoogleraar psychologie in Nijmegen, is bekend van zijn onderzoeken naar onbewust gedrag (2007). Hij beschrijft dat de verwerkingscapaciteit van het onbewuste zo'n 200.000 keer groter is dan onze bewuste verwerkingscapaciteit.

Swaab (2010) formuleert het als volgt: 'Onbewuste, impliciete associaties stellen ons in staat snel en effectief een enorm aantal complexe beslissingen te nemen, iets wat onmogelijk zou zijn als er voor alles een zorgvuldige, bewuste, maar trage afweging van alle voors en tegens noodzakelijk zou zijn.'

Dit heeft, zoals we later zullen zien, enorme consequenties voor de manier waarop we beslissingen nemen. Maar het heeft ook gevolgen voor de wijze waarop we dit leren en trainen. Veel leermethoden gaan te sterk uit van bewuste en rationele denkprocessen. Veel leermethoden voor crisismanagement zijn daardoor niet alleen ineffectief, maar werken vaak zelfs averechts.

Inflexibele routines
Probeer eens te fietsen met de handen gekruist aan het stuur. Er is een grote kans dat je vrij snel valt, omdat je verkeerd reageert op afwijkingen: je stuurt precies verkeerd om.

Het zeer sterke skill-based-gedragspatroon maakt dat je – hoewel je op knowledge-based level weet dat het andersom moet – toch verkeerd stuurt. De routine is zo inflexibel dat je deze niet meer kunt aanpassen.

7.3 Gedrag onder druk

Als er nu één typerend kenmerk is van crisissituaties, dan is het wel dat deze vaak met spanning en stress gepaard gaan. Er wordt weleens over positieve en negatieve stress gesproken, maar in feite is stress een vorm van overbelasting. Het is bekend dat het veelal prestaties vermindert (Steinmetz & Todd, 1992).

Wat is nu de invloed van druk op het gedrag? Door spanning of druk brokkelen cognitieve patronen als het ware af. Hoe hoger de druk, hoe moeilijker het wordt om complex denkwerk te verrichten.

Kijken we naar de indeling in cognitieve niveaus volgens Rasmussen, dan zullen patronen op knowledge-based level dus als eerste sneuvelen. Goed ingesleten patronen blijven ook onder druk lang overeind. Niet voor niets worden mensen die onder zeer zware druk moeten kunnen functioneren, dan ook uitvoerig getraind. Voorbeelden zijn brandweermensen, gevechtspiloten of professionele voetballers. Een minder getraind persoon zou in gemakkelijke omstandigheden misschien wel redelijk kunnen functioneren, maar onder druk falen.

In figuur 7.5 is het effect van spanning op gedrag schematisch weergegeven.

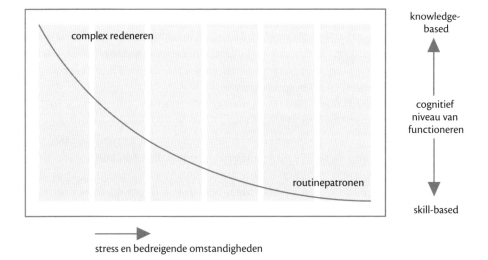

Figuur 7.5   Gedrag onder druk

Met deze eenvoudige psychologische modellen is veel gedrag in crisissituaties te verklaren.

Gedrag in noodsituaties

Een bekend probleem bij calamiteiten in tunnels is dat mensen te lang in hun auto blijven zitten in plaats van te vluchten. Als zij dan eindelijk vluchten, is het vaak naar het eind van de tunnel en wordt de nooduitgang niet gebruikt. Voorbeelden hiervan zijn ernstige incidenten in tunnels, zoals in de Mont Blanctunnel in 1999 (38 doden) en de Gotthardtunnel in 2001 (11 doden). Het is niet zo dat de fatale afloop volledig te wijten was aan gedragsaspecten, maar ze speelden in een aantal gevallen wel een belangrijke rol.

Een eerste probleem zou al kunnen ontstaan bij de perceptie. Nemen de mensen in de tunnel de situatie waar als gevaarlijk? Als de situatie dreigend is, zullen mensen geneigd zijn terug te vallen op bekende patronen. De auto is een bekende omgeving die veilig aandoet, terwijl de tunnel onbekend en dreigend is.

Wordt de dreiging groter, dan zullen mensen vluchten – maar volgens basale gedragspatronen, dus naar het eind van de tunnel waar men de uitgang ziet of (onbewust) verwacht. Het opzoeken van nooduitgangen via bordjes of plattegronden vraagt een cognitief gedragsniveau, waarop men niet meer kan functioneren onder de druk van de situatie.

Hetzelfde zien we in gebouwen bij brand. Men vlucht volgens basale patronen, dus via de normale weg of naar een raam. De verplichte bordjes of de bekende plattegronden aan de muur hebben dus vaak weinig effect. Meer winst zou te behalen zijn in een gebouwontwerp dat aansluit bij basale gedragspatronen.

Een mooi voorbeeld was te zien bij de crash van het vliegtuig van Turkish Airlines in 2009. Een Amerikaanse passagier was na de crash van het rampterrein weggelopen en zelf naar Amsterdam gegaan, waar hij zich bij een ziekenhuis meldde – waar hij overigens werd weggestuurd. De man is later wel geholpen en er is vervolgens een hotel voor hem geregeld. Hij had zelf inmiddels ook al een hotel gereserveerd (Inspectie Openbare Orde en Veiligheid, 2009).

Paniek

Meestal bepalen de meest basale cognitieve patronen onbewust het gedrag. Dat dit onvoorspelbaar lijkt, ligt vaak meer aan de beperkte inzichten van de beoordelaar dan aan het gedrag. De term 'paniek' wordt vaak gebruikt bij crisissituaties, maar meestal ten onrechte. Er wordt daarmee vaak verondersteld dat mensen irrationeel handelen. In de meeste situaties waar mensen plotseling onder grote druk komen te staan, is direct gedrag vrij voorspelbaar. Dit is inderdaad weinig rationeel, maar dat geldt voor het grootste deel van ons gedrag.

Ook van meer abstracte vormen van gedrag onder druk, zoals redeneren, besluitvorming en informatieverwerking, is veel bekend. Effecten van stress zijn bijvoorbeeld:
• een vermindering van informatieverwerkingscapaciteit;
• oppervlakkige en ongestructureerde evaluatie en analyse van gegevens;
• meer fouten;

- minder alternatieven worden gegenereerd;
- genereren van alternatieven gebeurt aan de hand van vuistregels;
- verzamelen van bruikbare informatie.
  (Raaijmakers, 1990)

Ook te vroeg en te snel beslissen zijn bekende effecten van stress op gedrag (Keinan, 1987).

> **Nauwelijks paniek**
> Zelfs bij de aanslagen op de Twin Towers in New York in 2001 kwam paniek betrekkelijk weinig voor: 'Almost everybody whose accounts we read went back to their office to grab their jacket, their laptop, their cell phone, their palm pilot, whatever – thinking they wouldn't be returning to work for a while. Several people consulted with colleagues.
> On one floor, about 20 people gathered in a conference room to discuss the situation for about 40 minutes. Instead of a panicked response, it was completely the opposite.'
> (Ripley, 25 april 2005)

Wanneer ontstaat stress?

Van effecten is dus het een en ander bekend. Het is gemakkelijk om te zeggen dat stress een bepaald effect heeft, maar wanneer treden deze effecten nu op? Waarom kan de een onder bepaalde omstandigheden nog wel goed functioneren en de ander niet? Dit wordt mede bepaald door een aantal factoren.

- **Persoonlijkheid**
  Wat de een ziet als een uitdaging, leidt bij een ander tot stress. Dit kan worden bepaald door aanleg en opvoeding.

- **Emotionele ervaring**
  Er kunnen eerdere (negatieve) ervaringen zijn. Iemand die bijvoorbeeld ooit gewond is geraakt bij een brand zal bij een volgende keer wellicht meer spanning ervaren, dan iemand die dit niet eerder heeft meegemaakt.

- **Persoonlijke omstandigheden**
  Een crisis is minder abstract als de situatie overeenkomt met persoonlijke omstandigheden. Bijvoorbeeld: een ongeval met kinderen is voor iemand die zelf ook kinderen in dezelfde leeftijd heeft heel concreet voor te stellen.

- **Beheersing variabelen**
  Het gevoel iets te kunnen doen leidt tot minder spanning. Een getrainde brandweerman ervaart minder stress bij brand dan een ander die met brand wordt geconfronteerd, omdat hij weet wat hij moet doen.

Stress in teams

Stress kan ontstaan door dreiging, angst voor negatieve uitkomsten of schokkende gebeurtenissen. In een team spelen vaak de volgende aspecten een rol in het ontstaan van stress:

• **Hectiek**
Als er sprake is van veel informatie in korte tijd loopt de druk vaak snel op, vooral als dit bijvoorbeeld met veel prikkels (luid rinkelende telefoons) gepaard gaat.

• **Onduidelijke structuur**
Het ontbreken van een duidelijke structuur maakt dat er weinig houvast is voor deelnemers in een team. Het is dan vaak onduidelijk wat wanneer van wie verwacht wordt. Deze onzekerheid leidt tot spanning.

• **Gebrek aan sturing**
Gebrek aan sturing ligt in het verlengde van gebrek aan structuur. Maar zelfs bij een duidelijk afgesproken structuur moet in crisisteams een duidelijke sturing plaatsvinden. Een goede voorzitter brengt rust en reduceert stress.

Effectief functioneren onder druk

Als bekend is dat complex gedrag op knowledge-based level te lijden heeft onder situaties met grote spanning, is het ook duidelijk hoe hiermee moet worden omgegaan.

Er zijn twee belangrijke mogelijkheden om effectief gedrag onder druk te realiseren:

• **Gedragspatronen sterker maken**
Goed getrainde personen hebben sterkere patronen en functioneren daardoor beter onder druk. Het nadeel hiervan zagen we al: sterkere patronen zijn meestal routines en die zijn niet erg flexibel. Voor crisismanagers is dus het verwerven van te sterke routines (door bijvoorbeeld te eenzijdige ervaring) een risico. Dit moet voorkomen worden door het op de juiste manier te leren en te trainen (zie hoofdstuk 14).

• **Spanning reduceren**
Minder spanning betekent minder afbrokkeling van cognitieve patronen. Het reduceren van spanning zal in crisisteams zeer belangrijk zijn om te voorkomen dat er te veel wordt teruggevallen op routines. Dat betekent dus het aanbrengen van een duidelijke structuur, goede sturing en het reduceren van hectiek.

Daarnaast kunnen individuele kenmerken een rol spelen. Deze zijn vaak moeilijk te sturen gedurende een crisis, maar je kunt dit wel beïnvloeden door individuele kenmerken bijvoorbeeld mee te nemen in de selectie van crisismanagers. Iemand van wie van tevoren bekend is dat hij slecht onder druk presteert, hoort niet in een crisisteam. Ook is het te overwegen om iemand die een ernstig ongeval heeft meegemaakt in zijn nabije omgeving, (tijdelijk) niet als crisismanager te laten functioneren.

Voetbalstress

In 2000 verloor het Nederlands elftal in de halve finale van de Europese Kampioen-schappen van Italië na strafschoppen – we nemen hier een oude casus, dat is minder pijnlijk. De Nederlandse strafschoppen werden gestopt of gingen zelfs volledig naast. Er werd verzucht dat het nemen van strafschoppen het Nederlands elftal nu eenmaal niet gegeven was.

De onvolprezen Johan Cruijff wees erop dat dit vooral door de spanning kwam. Trai-nen op strafschoppen was volgens hem zinloos, het zou een soort aangeboren kwa-liteit zijn.

Psychologisch gezien is dit zeer twijfelachtig. Het ligt niet voor de hand dat alle Itali-aanse voetballers een specifieke andere genetische opmaak hebben waardoor zij wél strafschoppen kunnen nemen. Waarschijnlijker is dat de gedragspatronen niet sterk genoeg waren om onder druk overeind te blijven. Dus alleen heel veel trainen zou dit kunnen verhelpen.

Kijk maar eens naar het basketbal in de NBA. Bij belangrijke wedstrijden – en dus onder hoge druk – worden vrije worpen maar zelden gemist. En een basket is toch beduidend kleiner dan een voetbaldoel.

Overigens is het gevaar van veel trainen op strafschoppen weer wel dat er niet-flexi-bele routines ontstaan. Als de keeper van de tegenpartij deze routines kent, kan hij daar natuurlijk ook op anticiperen.

7.4 Groepsdynamische aspecten

Als er in groepsverband wordt gewerkt, dan hebben de groepsleden ook invloed op elkaar. Het adagium 'twee weten meer dan één' gaat lang niet altijd op als het op besluitvorming aankomt.

Het is belangrijk goed te bedenken waarom we in een groep werken. Is dit om-dat we daardoor meer kennis en ideeën inbrengen in een besluitvormingsproces? Is het om verantwoordelijkheid te delen? Of is het om de acceptatie van de beslis-sing te vergroten?

Behalve de individuele kenmerken van de groepsleden, zijn er in elk geval twee algemene aspecten die een rol spelen bij het werken in groepen: de groepsom-vang en de groepsvormen.

Groepsomvang

In een kleine groep, van bijvoorbeeld minder dan zes personen, kan eventueel nog zonder formele structuren gediscussieerd worden. Wordt de groep groter, dan kan dit alleen nog onder strakke leiding. Bij meer dan dertig personen zijn goede dialogen vrijwel onmogelijk.

Besluitvorming in kleine groepen lijkt gemakkelijk en verloopt doorgaans op een informelere manier. Toch leidt juist deze manier van werken vaak tot slechte besluiten.

Het is belangrijk veel aandacht te besteden aan structuur en proces.

Groepsvormen

Voor de communicatie binnen groepen kunnen verschillende soorten structuren worden gebruikt. Veelgebruikte structuren zijn de cirkel-, wiel- en vorkstructuur.

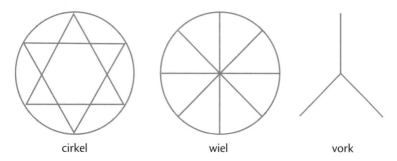

cirkel   wiel   vork

Figuur 7.6   Groepsvormen

In de cirkelstructuur neemt iedereen een gelijkwaardige positie in: iedereen kan rechtstreeks met iedereen praten. Het is mogelijk een persoon als voorzitter het proces te laten bewaken. De cirkelstructuur leent zich vooral voor het ontwikkelen van evenwichtige besluiten in een groep van gelijkwaardige personen. Ook voor het ontwikkelen van nieuwe ideeën wordt bij voorkeur deze structuur gebruikt.

In de wielstructuur is de voorzitter de centrale figuur en loopt alle communicatie via hem. De wielstructuur is bruikbaar in situaties waarin de voorzitter sterk de controle wil houden en in situaties waarin snel beslissingen moeten worden genomen, zoals in sommige crisisteams of in operationele situaties.

In de vorkstructuur is dit ook zo, maar nu hebben niet alle deelnemers een rechtstreekse stem. De vorkstructuur wordt vooral gebruikt in grote organisaties, waar verschillende deelnemers in het overleg bijvoorbeeld ruggespraak houden met vertegenwoordigers van hun achterban.

Beslissen in groepen

Gemiddeld genomen doen groepen het qua besluitvorming iets beter dan individuen, zo blijkt uit onderzoeken. Vaak doen ze het ook slechter. Hoe komt dat nu?

Alle deelnemers in een groep maken individuele fouten en vergissingen. Los hiervan zijn er enkele algemene verschijnselen die in de groep een rol kunnen spelen, waardoor de besluitvorming in negatieve zin wordt beïnvloed. Het zijn tendensen die als vanzelf binnensluipen in het besluitvormingsproces. Deze tendensen zorgen ervoor dat groepsbesluiten vaak onder de maat zijn.

- **Groupthink**
  Dit is het verschijnsel waarbij een vaak overdreven of onterechte conformiteit ontstaat binnen de groep. Men bevestigt elkaar in het ingenomen standpunt en raakt daardoor overtuigd van de juistheid daarvan. Het idee ontstaat dat 'wij', de groep, de juiste visie hebben, ondanks wat buitenstaanders misschien zouden vinden.

- **Social loafing**
  In een groep kan men gemakkelijker verantwoordelijkheden ontlopen. Groepsleden kunnen zich in figuurlijke zin verbergen achter anderen en nemen geen duidelijk standpunt in. Dit is het bekende verschijnsel dat iemand kan verdrinken voor de ogen van een groot aantal toeschouwers zonder dat iemand te hulp schiet.

- **Group polarization**
  Dit aspect lijkt wel wat op groupthink. Men versterkt elkaar in het te nemen besluit en doet er telkens nog een schepje bovenop. De groepsleden zijn niet direct zelf verantwoordelijk voor het besluit. Groepen komen dan vaak tot veel extremere besluiten dan individuen.

Deze aspecten van groepsdynamica kunnen in alle situaties optreden waarin in teamverband gewerkt wordt – of dit nu een afdelingsvergadering is of een bijeenkomst van de Ministerraad. Janis (1982), die de term 'groupthink' voor het eerst gebruikte, constateerde dit verschijnsel bij een aantal belangrijke besluitvormingsprocessen binnen de regering van de Verenigde Staten, zoals bij de invasie van Pearl Harbor (1941) en de Varkensbaaicrisis (1961).

Vooral in groepen waar grote machtsverschillen spelen en waar weinig ruimte wordt gegeven aan andersdenkenden, kunnen deze groepsdynamische effecten een grote rol spelen. Inzicht in groepsdynamica kan het functioneren van een organisatie sterk verbeteren. Door het proces en de structuur van besluitvorming in de groep goed aan te pakken kunnen deze effecten grotendeels voorkomen worden.

In veel Japanse bedrijven laat men bij het formuleren van standpunten eerst degene met de laagste status spreken en pas aan het eind degene met de hoogste status. Een dergelijke vorm van communicatie vermindert het ontstaan van groupthink. Stel je je maar eens de situatie voor waarbij een afdelingsmanager wordt uitgenodigd bij een vergadering van de raad van bestuur. Als deze als laatste zijn standpunt moet formuleren, is de kans groot dat dit – bewust of onbewust – sterk wordt beïnvloed door de voorgaande standpunten. Als de afdelingsmanager echter als eerste het woord krijgt, kan hij zijn mening weergeven, zoals die gebaseerd is op zijn eigen inzichten.

Reactie van groepen op noodsituaties

Deze groepsdynamische aspecten doen zich voor binnen groepen of teams die zich bezighouden met het beheersen of bestrijden van een crisis, maar natuurlijk ook bij de groep mensen die de crisis ondergaat. Bij grote branden gaan mensen vaak kijken, ook als er gewaarschuwd wordt dat men binnen moet blijven. Als er zich dan een groep kijkers verzamelt, ontstaat al snel een vals gevoel van veiligheid: als al die andere mensen hier staan, zal het wel geen kwaad kunnen.

Ook het voorbeeld uit paragraaf 2.2 valt in deze categorie: het brandalarm gaat af in de schouwburg in Oss, maar niemand reageert. Doordat de anderen blijven zitten, denken we al snel dat er wel niets aan de hand zal zijn. Dit denken al die anderen echter ook.

We zien daarnaast voorbeelden van hetzelfde fenomeen maar met een omgekeerd resultaat. Bij de dodenherdenking in Amsterdam in 2010 begon een man te schreeuwen. Een grote groep mensen sloeg op de vlucht, met als resultaat 87 gewonden.

Extreem gedrag in groepen is ook regelmatig waarneembaar. Dat groepspolarisatie-effecten kunnen optreden zien we bijvoorbeeld duidelijk bij rellen, waarbij een groep gedrag vertoont dat extremer is dan het gedrag dat afzonderlijke individuen waarschijnlijk zouden vertonen.

Wel moet er een kanttekening worden geplaatst bij verschillende soorten groepsdynamisch gedrag. Niet alle gedrag wordt veroorzaakt door (sociaal)psychologische componenten. Ook fysieke aspecten spelen een rol.

In paragraaf 2.2 werd al beschreven hoe het gedrag van een mensenmenigte zich ongeveer gedraagt als een viskeuze vloeistof en soms dus beter verklaard kan worden met de wetten uit de hydrodynamica dan vanuit de psychologie.

De Herculesramp

In 1996 crashte op de luchthaven Eindhoven een Herculestransportvliegtuig waarbij 34 mensen omkwamen. Bij de hulpverlening ging een aantal dingen verkeerd. In het eerste onderzoek werd al snel gewezen op fouten van onder meer de brandweer en de luchtverkeersleiding.

Het Herculestoestel vliegt normaal gesproken niet met passagiers. Deze keer was dat wel het geval. Achter in het toestel bevonden zich 41 mensen van een militair muziekkorps. De centralist gaf deze informatie – dat er passagiers in het vliegtuig zaten – niet goed door. De brandweer concentreerde zich daardoor te lang op de brand en niet op redding.

Op luchthavens wordt veel getraind op het snel blussen. Een vliegtuig bevat immers veel brandstof en elke seconde telt: als het niet direct geblust wordt, zijn alle andere acties overbodig. Daarnaast herkennen de hulpverleners direct het type vliegtuig: in dit geval een Hercules (dus – normaal – zonder passagiers).

Bij een crash zullen hulpverleners handelen volgens aangeleerde patronen. En onder druk zullen alleen de sterkste en meest basale patronen overeind blijven. Uitgebreid bewust nadenken is in zo'n situatie bijna onmogelijk.

We trainen hulpverleners op routines en verwachten vervolgens dat zij onder druk als flexibele probleemoplossers functioneren. Het achteraf in alle rust reconstrueren van de meest geschikte inzet heeft dan ook niets te maken met de werkelijkheid waarin de hulpverleners werken.

Als de hulpverleners al een verwijt kan worden gemaakt, is het dat zij zich als mensen hebben gedragen. Daarnaast zou wellicht geconcludeerd kunnen worden dat het trainingsprogramma misschien onvoldoende effectief was of dat de organisatie niet helemaal goed was opgezet.

7.5 Samenvatting

Perceptie en waarneming zijn niet neutraal en hangen af van de waarnemer. Zelfs de volgorde van het informatieaanbod beïnvloedt de beeldvorming.

Ons denken en doen is gebaseerd op cognitieve patronen waarin we verschillende niveaus kunnen onderscheiden, variërend van onbewust routinematig tot bewust beredenerend. Een bekende indeling is die van Rasmussen waarin gedrag in drie niveaus wordt ingedeeld: skill-based, rule-based en knowledge-based level. Het merendeel van ons gedrag is gebaseerd op onbewuste patronen. Dit geldt ook voor besluitvorming. Het is belangrijk dit inzicht te gebruiken in het ontwerp van onze omgeving, het opstellen van procedures en het leren en onderhouden van competenties – maar natuurlijk ook in het werken tijdens crisissituaties.

Acute stress reduceert ons vermogen tot complex redeneren, waardoor besluitvorming achteruit kan gaan. Bij crises treedt dit gemakkelijk op. Het is daarom belangrijk inzicht te hebben in het ontstaan van deze stress, de effecten ervan en de mogelijkheden dit te reduceren. Stress is een individueel bepaald effect, maar de werkwijze van een groep kan dit versterken. Voor een crisisteam is het belangrijk stress zo veel mogelijk te reduceren om kwalitatief goede besluitvorming mogelijk te maken.

Ook op andere manieren heeft een groep effect op het gedrag van individuen, zowel binnen een crisisteam als bij de mensen die een crisis ondergaan. Verschillende groepsdynamische aspecten, zoals groupthink, group polarization en social loafing, beïnvloeden het gedrag van individuen in de groep.

Besluitvorming

In het vorige hoofdstuk werd al een aantal eenvoudige modellen besproken die meer inzicht in menselijk gedrag kunnen bieden. Een aantal aspecten van gedrag is voor crisismanagers extra belangrijk. In de definitie van het begrip 'crisis' kwam al naar voren dat juist de noodzaak tot het nemen van kritieke beslissingen in onzekere situaties en onder tijdsdruk maakt dat iets een crisis is. In dit hoofdstuk wordt daarom specifiek aandacht besteed aan besluitvorming.

Crisismanagers zien zichzelf vaak als rationele beslissers, maar blijken dit in werkelijkheid helemaal niet te zijn. Het is belangrijk om inzicht te krijgen in de manier waarop beslissingen genomen worden. Dit kan fouten voorkomen en het besluitvormingsproces verbeteren. Vervolgens zal het besluitvormingsproces gekoppeld moeten worden aan een managementstijl.

Goede besluitvorming en goede aansturing kunnen alleen maar bestaan bij goede informatie. In de eerste paragraaf van dit hoofdstuk zal daarom eerst op informatie en beeldvorming worden ingegaan.

8.1 Informatie en beeldvorming

'We get a ton of data but very little information', said veteran shuttle astronaut Brent Jett at the 39th Space Congress in Cape Canaveral.

Het vaststellen van de werkelijkheid

In het vorige hoofdstuk staat dat waarneming minder eenvoudig en eenduidig is dan we misschien wel zouden willen. Waarneming vindt altijd plaats door een gekleurde bril. Hoewel de data misschien ongekleurd worden aangeboden, maken onze hersenen er meteen iets anders van. Op basis van geleerde patronen zetten ze de data meteen om in betekenisvolle informatie. De informatie die zich op het bewuste niveau manifesteert, is een zeer globale samenvatting van deze data. Er gaat dus veel verloren. Het probleem is dat we niet weten wat er verloren is gegaan en welke onbewuste processen hebben plaatsgevonden.

In het voorbeeld over ammonia en ammoniak zien we hoe dit gemakkelijk tot misverstanden kan leiden. Overigens hebben we vele varianten van deze casus uitgevoerd, ook in internationale gezelschappen. Hier werd dan bijvoorbeeld 'hydrogen chloride' (zoutzuur) versus 'sodium chloride' (keukenzout) gebruikt. Het resultaat was vrijwel altijd hetzelfde: het beeld van de situatie werd sterk gekleurd door het verwachtingspatroon.

Ammonia of ammoniak?

Aan een aantal vergelijkbare crisisteams werd eenzelfde casus voorgelegd. In de casus kwam een fictief bedrijf voor waar ammoniak gebruikt werd. In de beschrijving werd sterk de nadruk gelegd op de gevaren van ammoniak.

Vervolgens werden de teams geconfronteerd met een incident waarbij onder meer ammonia, een onschuldige oplossing van ammoniak in water, vrijkwam.

Hoewel alle zes de teams duidelijk ammonia verstonden (dit werd ook opgenomen op video) en ze dit vaak zelfs correct noteerden, werd dit in de discussie onmiddellijk 'ammoniak' en namen zij vergaande maatregelen om de 'calamiteit' te beheersen. Deze ramp had echter met een emmer en een dweil kunnen worden opgelost.

Deze casus is sindsdien vaak herhaald en altijd met hetzelfde resultaat. Door de teams van tevoren een patroon aan te leren, door in de beschrijving in te gaan op de gevaren van ammoniak (dit wordt ook wel *priming* genoemd), interpreteerden zij het woord 'ammonia' onmiddellijk als 'ammoniak'. Het bleek dus geen kwestie van verkeerde informatie of verkeerd verstaan, maar van perceptie.

(Zanders, 2016a)

Het herinneren van informatie

Bij directe perceptie ontstaan fouten, dat is wel duidelijk. Echter, na enige tijd wordt het zo mogelijk nog slechter. Herinnerde waarnemingen zijn op basis van patronen geconstrueerde concepten. Dat wil zeggen dat een situatie niet als een compleet verhaal onthouden wordt, maar in fragmenten die we later weer samenvoegen tot één geheel. Ontbrekende of incongruente informatie wordt aangevuld of gecorrigeerd.

Een bekende onderzoeker op dit terrein is Wagenaar, die veelvuldig heeft aangetoond hoe onbetrouwbaar bijvoorbeeld getuigenverklaringen bij strafzaken zijn (Wagenaar & Crombag, 2005). Getuigen zijn er vaak van overtuigd dat zij iets hebben zien gebeuren, terwijl bij reconstructie blijkt dat dit onmogelijk was.

Onbewust hebben zij echter de fragmenten van hun waarneming samengesmeed tot een 'kloppend verhaal'.

De constructie van het verhaal wordt sterk beïnvloed door de patronen die door de vraagstelling worden geactiveerd. In een onderzoek lieten Loftus en Palmer (1974) aan een groep studenten een film zien waarin twee auto's op elkaar botsten. Na de film werd aan verschillende personen op verschillende manieren gevraagd hoe hard de auto's reden vlak voor de botsing plaatsvond.

Aan één groep werd gevraagd welke snelheid de auto's hadden 'voordat zij elkaar raakten'. Aan een andere groep werd gevraagd hoe hard de auto's gingen 'net voor de crash'. De laatste groep schatte de snelheid hoger dan de eerste groep. Bovendien antwoordden personen uit deze groep ook vaker bevestigend op de vraag of ze gebroken glas hadden gezien. Interessant was het feit dat er helemaal geen gebroken glas voorkwam bij het ongeluk. Het verschil in formulering levert dus ook een verschil in perceptie op.

Informatie bij crises: een concept voor beeldvorming

In crisissituaties is informatie vaak ambivalent en onvolledig. Bovendien wordt ze vaak in hoog tempo en via onduidelijke kanalen aangeboden. Zelfs de bewoordingen waarin gerapporteerd wordt, bepalen sterk het beeld van de situatie. Het is dus eigenlijk een wonder dat er nog zinvolle informatie overblijft.

We zien dan ook vaak dat elk team binnen een crisisorganisatie zijn eigen crisis aan het managen is. Met andere woorden: elk team heeft een eigen interpretatie van de situatie ontwikkeld.

Voor het managen van crisissituaties is het belangrijk dat er duidelijkheid is over de situatie en de mogelijke gevolgen: er dient dus een goede beeldvorming te zijn. Dit kan niet genoeg benadrukt worden. Te veel crisisteams gaan besluiten nemen over een crisis waarvan ze geen juist beeld hebben.

Een bruikbaar concept voor beeldvorming komt uit de luchtvaart. Piloten gebruiken het begrip *situational awareness*. De Naval School of Aviation in Pensacola (Florida, VS) hanteert de volgende definitie:

> Situational awareness stands for the real-time ability to acquire and process a host of different data in a constantly shifting environment, and the ability to translate an assessment into action aimed at maintaining integrity (of self, of dependants, of mission). It really means: knowing what goes on, and adapting to it.

Vrij vertaald: het actuele vermogen een grote hoeveelheid gegevens te verwerven en te verwerken in een voortdurend veranderende omgeving, en het vermogen de beoordeling daarvan te vertalen in activiteiten gericht op het in stand houden van een acceptabele toestand.

Dit begrip is nu een belangrijk concept in de psychologie van de besluitvorming. Situational awareness (ook wel *situation awareness*) vormt als het ware de basis voor een goede besluitvorming. We zien dit in een bekend model van Mica Endsley (figuur 8.1).

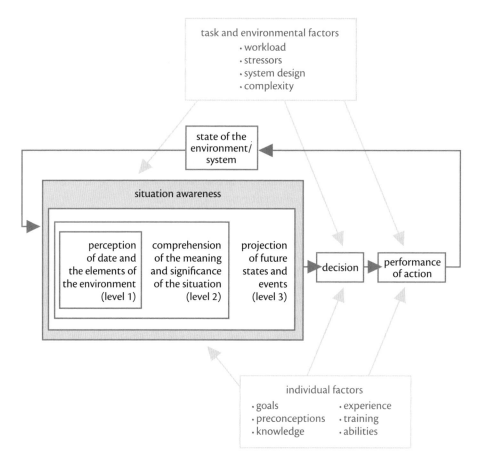

Figuur 8.1   Situation awareness (Endsley & Garland, 2000)

Een precieze omschrijving van het begrip is lastig. Er bestaan dan ook nogal wat variaties. Endsley en Garland (2000) definiëren het begrip als volgt:

> Situational awareness is de perceptie van de elementen in de omgeving binnen een hoeveelheid ruimte en tijd, het begrip van de situatie en een projectie hiervan op de nabije toekomst.

In het model van Endsley worden verschillende niveaus van situation awareness onderscheiden:
* perceptie;
* interpreteren en weten wat de informatie betekent voor de situatie;

- kunnen vooruitkijken naar toekomstige gebeurtenissen en situaties. Dit hoogste niveau wordt alleen door experts bereikt, maar is eigenlijk altijd nodig voor adequate besluitvorming.

In het model zien we ook de invloeden van omgevingsfactoren en individuele factoren. Deze hebben effect op perceptie, begrip, vooruitzien, besluitvorming en acties.

Beeldvorming in teams

Voor crisismanagers speelt nog een extra probleem bij beeldvorming. Crisismanagement is immers vaak een activiteit in een groep. Dat betekent dat ook tussen de individuen binnen de groep verschillen in beeldvorming kunnen bestaan.

Een goede analyse en beeldvorming bij het opstarten van het crisisteam zal er echter toe leiden dat de beeldvorming convergeert. Er is dan sprake van *shared situation awareness*: er ontstaat een beeld van de situatie dat bij iedereen, min of meer, gelijk is. Daarbij is overigens het gevaar van groupthink wel weer groot, zeker als de beeldvorming niet voldoende kritisch wordt getoetst aan de buitenwereld.

Na verloop van tijd gaat de beeldvorming echter divergeren: ze loopt uit elkaar. Dit komt door interpretatie, maar vooral door nieuwe informatie die aan afzonderlijke deelnemers in het crisisteam wordt aangeboden. Figuur 8.2 geeft hier een schematisch beeld van. We zien dat het beeld telkens iets vervormt, maar voor iedereen op een verschillende manier, waardoor na verloop van tijd de beelden nauwelijks nog op elkaar lijken.

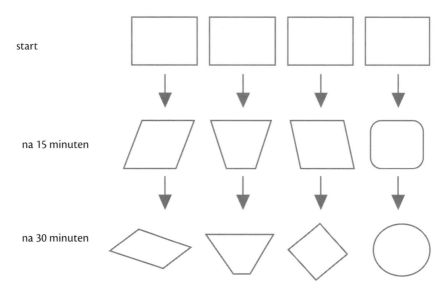

Figuur 8.2   Beeldvertekening

Het is dus van groot belang de beelden regelmatig te synchroniseren. In crisisteams zou een *synchronised situational awareness* het streven moeten zijn. Beeldvorming is in veel teams het meest onderschatte en tegelijkertijd het meest belangrijke onderdeel van het besluitvormingsproces.

8.2 Het nemen van beslissingen

We geloven graag in ons vermogen rationele beslissingen te nemen. Dat is immers wat ons mensen onderscheidt van andere species. *Cogito ergo sum*, aldus de filosoof Descartes: ik denk, dus ik besta.

Lang heeft het beeld bestaan van 'the ghost in the machine' (Ryle, 2009): het lichaam als een soort machine, bestuurd door ons rationele brein. Maar niets is minder waar. Zoals beschreven in hoofdstuk 7 heeft ons brein maar zeer beperkte vermogens om rationeel beslissingen te nemen.

Het paradigma van *rational decision making* is achterhaald door *naturalistic decision making*. Naturalistic decision making gaat uit van het principe van 'people using experience to make decisions in field settings' (Klein, 1998). Alle hedendaagse inzichten gaan uit van een sterke rol van onbewuste patronen in besluitvorming. Door een veelheid aan patronen te verwerven kunnen we complex gedrag verwerven.

> *Humans, if given the choice, would prefer to act as context-specific pattern recognisers rather than attempting to calculate or optimize (Rouse, 1981).*

Daniel Kahneman beschrijft in zijn boek *Thinking, Fast and Slow* (2012) de verschillen in het denken in 'systeem 1' en 'systeem 2'. Systeem 1 is snel, intuïtief en emotioneel terwijl systeem 2 logisch, langzamer en bewuster is. Bij deze verschillende systemen worden ook andere delen van de hersenen gebruikt. Veel beslissingen in het dagelijks leven zijn voor een groot deel gebaseerd op systeem-1-denken waarbij in plaats van gerichte afwegingen te maken informatie wordt verwerkt op basis van heuristieken.

Heuristieken of vuistregels

In de beschrijving van de mens als informatieverwerker zagen we dat in het geheugen een groot aantal cognitieve schemata wordt opgeslagen, omdat de hoeveelheid informatie en het aantal beslissingen in het dagelijks leven het onmogelijk maakt om als een computer elke eenheid informatie apart te sorteren en door te rekenen. Om inzicht te krijgen in de manier waarop we besluiten nemen – en vooral ook in de fouten die daarbij op de loer liggen – moeten we inzicht krijgen in de manier waarop deze schemata werken.

Het aantal schemata is welhaast oneindig groot, maar we kunnen een indeling maken aan de hand van een aantal veelgebruikte vuistregels of heuristieken (Kahneman, Slovic & Tversky, 1982), die als het ware een veelgebruikte set van schemata vertegenwoordigen. De volgende drie heuristieken komen terug in veel besluitvormingsprocessen.

- **Heuristiek van de representativiteit**
  Bij de heuristiek van de representativiteit worden kansen geschat aan de hand van de gelijkenis tussen gebeurtenissen. Feitelijke kansen die invloed hebben op het optreden van een gebeurtenis worden hierbij genegeerd.

- **Heuristiek van de toegankelijkheid**
  Bij de heuristiek van de toegankelijkheid wordt de frequentie van gebeurtenissen of de kans op een gebeurtenis vastgesteld aan de hand van het gemak waarmee soortgelijke ervaringen kunnen worden herinnerd.

- **Heuristiek van bijstelling en verankering**
  Bijstelling en verankering is het principe waarbij vanuit een vast startpunt voorspellingen worden gemaakt, die dan vervolgens telkens worden bijgesteld.

Meestal worden deze heuristieken onbewust gebruikt en helpen ze om snel goede beslissingen te nemen. Er kunnen echter ook problemen door ontstaan. Zo kan een voorgaande gebeurtenis een beslissing op dit moment sterker dan gerechtvaardigd beïnvloeden. Als iemand bijvoorbeeld in een bepaalde straat beroofd is, kiest hij de volgende keer een route door een andere straat, terwijl het risico op beroving daar misschien wel groter is. Ingrijpende gebeurtenissen veroorzaken snel een overschatting van de waarschijnlijkheid.

Na de ramp met de vuurwerkfabriek in Enschede zal de gemiddelde Nederlander het gevaar dat een vuurwerkfabriek ontploft waarschijnlijk erg hoog inschatten. Een dergelijke ramp leidt dan ook onmiddellijk tot controle van vuurwerkfabrieken en andere 'gevaarlijke' bedrijven. Kijken we naar het aantal dodelijke slachtoffers bij deze ramp, dan komt dit overeen met het aantal doden in een gemiddelde week in het verkeer; iets waar we misschien veel minder bij stilstaan.

Hetzelfde zien we bij branden in de chemische industrie. De brand bij Chemie-Pack in 2011 leidde tot een (waarschijnlijke) overschatting van de gevaren in de chemische industrie. Hoewel de brand tot aanzienlijke milieuschade leidde, was er geen enkel slachtoffer te betreuren. Toch zijn er jarenlang vele symposia en artikelen aan gewijd en zijn de veiligheidsmaatregelen en de controles daarop aanzienlijk verscherpt.

Fouten door het gebruik van de heuristiek van bijstelling en verankering bleken bijvoorbeeld in een onderzoek naar taxaties door makelaars. Men liet twee groepen makelaars hetzelfde huis taxeren, waarbij de vraagprijs reeds door de verkoper was aangegeven. Bij de ene groep was die vraagprijs duidelijk lager dan de reële waarde van het huis. Bij de andere groep was de vraagprijs duidelijk hoger dan de waarde. Vrijwel alle makelaars stelden de prijs respectievelijk naar boven of naar beneden bij. De gemiddelde prijs in de eerste conditie was echter significant lager dan de prijs in de tweede conditie. Men liet zich hier onbewust toch leiden door de genoemde vraagprijs.

Als we dus in een crisisteam een optie inbrengen ('laten we de hele wijk evacueren'), dan zal de besluitvorming hierdoor beïnvloed worden. We gaan dan vanuit deze optie redeneren.

Patronen zien waar ze niet zijn

Toeval is een gegeven waarmee mensen vaak maar moeilijk kunnen omgaan. Het ligt in onze aard om te proberen een bepaalde ordening en structuur aan te brengen in gebeurtenissen. Zelfs als we hierin niet op een logische manier slagen, zullen we dit proberen, waardoor volstrekt irrationele structuren kunnen ontstaan.

We zien dit bijvoorbeeld in het geval van bijgeloof. Als iemand bij een partij tennis plotseling overtuigend wint van een sterke tegenstander van wie hij vrijwel altijd verliest, en hij heeft net een nieuw shirt aan, dan kan hij dit gaan zien als zijn geluksshirt. Er wordt dan een irrationeel verband gelegd tussen twee dingen die niets met elkaar te maken hebben.

Vaak ontstaan zulke verbanden onbewust. Vrijwel iedereen gebruikt wel een aantal van deze irrationele verbanden. We zien het sterk bij kansspelen, waarbij veel mensen wel een of ander systeem of gevoel gebruiken dat hun kansen zou vergroten.

Het is belangrijk om in gebeurtenissen patronen te vinden zodat op basis hiervan gereageerd kan worden. Dat wil echter nog niet zeggen dat er na het beoordelen van enkele situaties een patroon aanwezig is, hoe graag we dit ook willen zien. Een goed voorbeeld is het meten van veiligheid in de industrie. Veel bedrijven registreren ongevallen met verzuim en houden daarvan statistieken bij.

Stel, in een bedrijf kwamen in een jaar vier ongevallen met verzuim voor. Nu gebeuren er twee ongevallen in één week. In de week erna gebeurt er nog een ongeval. De neiging zal nu sterk zijn om te concluderen dat de veiligheid terugloopt en dat er onmiddellijk actie moet worden ondernomen. Toch zijn hier de aantallen veel te klein om deze conclusie te rechtvaardigen.

Lanceren we nu een programma om de veiligheid te verbeteren, dan zullen we zien dat dit succesvol is. De kans dat er weer snel een ongeval plaatsvindt, is immers klein. Het management is nu helemaal overtuigd van de juistheid van haar beslissing.

Wat hier echter optreedt, is het statistisch verschijnsel 'regressie naar het gemiddelde'. Aangezien de ongevalcijfers over het algemeen laag waren, ligt het voor de hand dat er niet veel ongevallen gebeuren. Stel dat er in het resterende jaar nog maar één ongeval plaatsvindt, dan is de index exact hetzelfde als het jaar daarvoor. Er is dus geen meetbaar effect van het programma.

Willekeurige gebeurtenissen suggereren dus al snel een patroon. Anderzijds zijn mensen bij een niet direct observeerbaar patroon sterk geneigd de waarschijnlijkheid van een bepaalde uitkomst te onderschatten. Dit verschijnsel treedt vooral op als de verwachte uitkomst negatief is, zoals de kans op kanker door roken. Vrijwel alle rokers weten dat roken slecht is voor de gezondheid en kanker kan veroorzaken. De kans dat het nu juist hen zal treffen wordt echter meestal te laag ingeschat.

Stel, je bedrijf bouwt een technisch complex systeem, bijvoorbeeld een vliegtuig. Het systeem bestaat uit zo'n 500 verschillende subsystemen die door verschillende partijen geleverd worden. Al deze partijen leveren hun subsysteem met een betrouwbaarheid van 99 procent.

Hoe groot schat je de kans dat dit vliegtuig direct foutloos functioneert? Het antwoord vind je aan het eind van deze paragraaf.

Correlatie en causaal verband

Een van de meest voorkomende beoordelingen die mensen maken is of twee variabelen met elkaar verband houden. Vaak is dit eenvoudig te zien aan de hand van eerder vastgestelde verbanden. Echter, in veel situaties is dit niet zo duidelijk en moet nieuwe en conflicterende informatie zorgvuldig gewogen worden. Het is belangrijk om goed na te gaan of onze informatie gebaseerd is op observaties of op verwachtingen. Verder is het beoordelen van gebeurtenissen die niet hebben plaatsgevonden, vaak net zo belangrijk als het beoordelen van gebeurtenissen die wel hebben plaatsgevonden.

Correlatie is een begrip uit de statistiek en toont een verband aan tussen variabelen. Als een verandering van de ene variabele gepaard gaat met een verandering van een andere variabele, is er sprake van correlatie. Als we het verband onderzoeken tussen de prijs van een personenauto en de grootte van een auto, dan zullen we waarschijnlijk een zekere mate van correlatie vinden. Duurdere auto's zijn vaak groter. De correlatie is niet perfect, want er zijn uitzonderingen: een Porsche 911 is duurder maar kleiner dan een Dacia Lodgy.

Het vinden van een zekere mate van correlatie tussen variabelen wil echter nog niet zeggen dat deze variabelen iets met elkaar te maken hebben. Stel, er is een onderzoek naar demografische ontwikkelingen, waaruit blijkt dat er in de periode van 1960 tot 1980 een sterke correlatie bestaat tussen de afname van het aantal geboorten in Nederland en de afname van het aantal ooievaars. Het is duidelijk dat – hoewel er sprake is van een sterke correlatie – dit niets met elkaar te maken heeft.

In de vorige paragraaf zagen we ook al een voorbeeld van een pseudocausaal verband tussen het programma ter verbetering van de veiligheid en de ongevalcijfers. Wat we eigenlijk willen weten is of er sprake is van een daadwerkelijk causaal verband. Dat wil zeggen: beïnvloedt de ene variabele de andere?

Het optreden van een effect kan veroorzaakt worden door een onbekende variabele of het effect kan zelfs volledig omgekeerd zijn. Als bijvoorbeeld blijkt dat bedrijven die meer reclame maken meer verkopen, is het nog maar de vraag of ze meer verkopen door deze reclame, of dat bedrijven die meer verkopen meer verdienen en daardoor meer geld hebben om reclame te kunnen maken (denk maar eens aan de grote energiebedrijven).

Het kan ook voorkomen dat er wel sprake is van een causaal verband en niet van correlatie. Stel, we zouden willen onderzoeken op welke manier kinderen nu eigenlijk verwekt worden. We vermoeden dat dit gebeurt door seksuele gemeenschap. Onderzoeken we nu hoe vaak een groep mensen seksuele gemeenschap heeft en het aantal zwangerschappen dat hieruit voorkomt, dan zullen we waarschijnlijk nauwelijks een verband tussen deze variabelen vinden. De belangrijkste informatie vinden we in dit geval bij de groep die geen seksuele gemeenschap heeft en het aantal zwangerschappen dat hierbij optreedt (hier is in de geschiedenis maar één geval van bekend).

Investeringseffect

Het investeringseffect, ook wel *sunk cost effect* genoemd, houdt in dat een activiteit waarin eenmaal geïnvesteerd is vaak wordt voortgezet – zelfs als de omstandigheden zodanig gewijzigd zijn dat de activiteit beter gestaakt zou kunnen worden.

In trainingen voor crisisteams gebruiken we vaak de casus van een fabriek, waarin buiten het productiegebouw een lekkage plaatsvindt van een stof die overlast geeft. In de casus belt iemand van de technische dienst met de vraag of de ventilatie van het gebouw gestopt moet worden. Het antwoord van het crisisteam is vrijwel altijd ja.

Als nu even later de productiemanager belt met de mededeling dat er nauwelijks damp in het gebouw terechtkomt en dat, als de ventilatie gewoon aan blijft staan, productieverlies voorkomen kan worden, komt men bijna nooit terug op dit besluit. Er is nu eenmaal besloten dat de ventilatie uitgaat en men blijft bij dat besluit.

Bij bespreking van deze casus worden er vaak allerlei rationele redenen gegeven zoals 'beter het zekere voor het onzekere nemen' of 'de stof kan toch gevaarlijk zijn'. Opvallend is echter dat, als we de volgorde van de berichten omkeren – dus eerst de productiemanager laten bellen met de mededeling dat er niets aan de hand is en dan de technische dienst met het verzoek tot uitschakelen – de beslissing omgekeerd is en men ook vasthoudt aan die omgekeerde beslissing.

Dit is consistent met psychologische onderzoeken naar dit effect: eenmaal besloten blijft besloten.

> Het antwoord: de kans dat het vliegtuig direct foutloos functioneert, is minder dan 1 procent. De kansen moeten vermenigvuldigd worden, dus de kans is 0.99^{500}.

8.3 Besluitvorming als proces

Het nemen van beslissingen gebeurt grotendeels op basis van onbewuste patronen. Maar hoe verloopt het besluitvormingsproces tijdens een crisis?

Een crisismanager kan met een veelheid aan dilemma's worden geconfronteerd waarover een beslissing genomen moet worden. Meestal gebeurt dit in een team. In veel crisisteams is nauwelijks tot geen kennis van crisismanagement of besluitvorming voorhanden. Er wordt vaak besloten op basis van summiere en doorgaans niet relevante praktijkervaring. Deze patronen bepalen de uitkomsten van het besluitvormingsproces.

> **Comparing good and not so good**
> *(...) Compare these teams to the worst ones we have observed: crisis management teams.*
> *We observed these teams during training exercises, and we were surprised by their incompetence (Klein, 1998).*

Er zijn situaties waarin de crisismanager als individu optreedt. Bij operationele diensten komt dit voor (bijvoorbeeld een bevelvoerder of officier van dienst bij de brandweer), maar ook sommige bedrijven werken met een individueel handelende crisismanager. Dit wordt echter meestal toegepast bij noodsituaties met beperkte effecten, als er eigenlijk (nog) geen sprake is van crisis. Bij complexere situaties wordt vrijwel altijd in een team gewerkt. Voor het besluitvormingsproces maakt dit nogal wat uit.

Waarom een crisisteam?

Het voordeel van individueel optreden is vooral het ontbreken van verstorende groepseffecten. Een individu maakt vaak een zorgvuldiger afweging en kan snel beslissingen nemen, al blijken individuen vaak meer tijd aan afwegingen te besteden dan groepen. Waarom wordt dan toch in teams gewerkt bij crises?

De meest voor de hand liggende verklaring is dat de hoeveelheid taken al snel te veel wordt voor één persoon en dat specifieke deskundigheid nodig is. Toch is er ook een ander – misschien wel belangrijker – argument te bedenken voor het werken in een team. Doordat er in een team mensen met verschillende achtergronden en patronen plaatsnemen, ontstaat een bredere kijk op de situatie: een communicatiemanager kijkt heel anders naar een crisissituatie dan een chemisch specialist. Een goed gemanaged team kan dus gebruikmaken van een veel groter arsenaal aan patronen dan één individu.

Feitelijk kunnen teams ook opereren als een groep individuen. Dit is vooral het geval als taken in het team worden gedelegeerd. Er wordt dan wel informatie gedeeld, maar besluiten worden voor een groot deel toch individueel genomen. In deze situatie middelen we als het ware de voor- en nadelen van groeps- en individuele besluitvorming.

Het concept van critical thinking

Een concept dat wordt gebruikt in militaire settings, waar veel onderzoek naar crisisbesluitvorming wordt gedaan, is dat van *critical thinking*. Critical thinking bestaat uit de mentale processen die betrekking hebben op inzicht, analyseren en evalueren. Critical thinking is gericht op recognitie (het herkennen van patronen) maar ook op metarecognitie. Dit laatste is het herkennen van het besluitvormingsproces zelf.

In situaties waarin snel handelen noodzakelijk is, kan het aantrekkelijk zijn de beslissingen ook direct om te zetten in actie. Vanuit de omgeving komen signalen die patronen activeren en die al snel leiden tot handelingsdrang. Onbewust is de beslissing dan al genomen. Dit is bijvoorbeeld vaak het geval bij het waarnemen van direct gevaar. De kunst echter is om vanaf een metaniveau of bovenliggend niveau het besluit eerst te toetsen.

In het model van Cohen en Thompson (1999) in figuur 8.3 is dit schematisch weergegeven. Signalen uit de omgeving leiden tot recognitie: in feite de activering van patronen. Dit kan onmiddellijk vertaald worden naar actie en dus naar het beïnvloeden van de omgeving. Er kan ook een pauze worden ingelast, waarin metacognitieve functies worden geactiveerd. Cohen en Thompson onderscheiden drie metacognitieve basisfuncties:
* *quick test*: een snelle beoordeling van beschikbare tijd, belang en onzekerheden;
* *critique recognition*: het uitdagen van de voor de hand liggende beslissing;
* *correction*: het bijstellen van patronen.

In feite zouden we het besluitvormingsproces als een dubbele lus kunnen beschrijven:
* de korte lus, gebaseerd op de direct geactiveerde patronen;
* de lange lus, waarin we de patronen uit de korte loop ter discussie stellen.

De kunst is nu natuurlijk dit op de juiste manier te sturen. Snelle beslissingen zijn soms nodig, maar heel vaak ook niet.

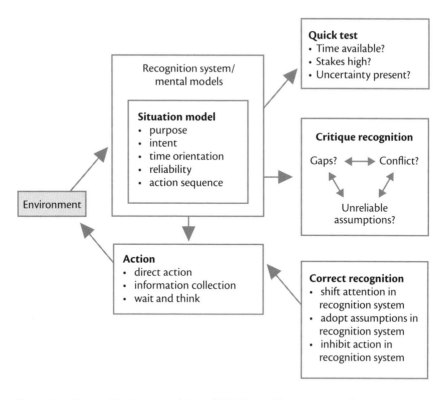

Figuur 8.3   Recognitie-/metacognitiemodel (Cohen & Thompson, 1999)

Besluiteloosheid

Het probleem van het verder analyseren van een (crisis)situatie is dat het kan leiden tot besluiteloosheid. Besluiteloosheid ontstaat vooral als we een complexe situatie uitgebreid gaan analyseren om tot een optimale uitkomst te komen. Barry Schwartz beschrijft in *The Paradox of Choice* (2005) het probleem dat hij ondervindt als hij na jaren een nieuwe spijkerbroek gaat kopen. Er blijken inmiddels zoveel soorten en modellen dat het moeilijk is een keuze te maken. Hetzelfde zien we bij het kiezen van een verzekering of energieleverancier.

Het verzamelen van meer informatie vergroot dus soms het probleem. Bij het kopen van een product kan, mede dankzij internet, eindeloos gezocht worden naar het beste product voor de laagste prijs. Schwartz noemt dit *maximizing*. Het streven naar het optimum leidt tot besluiteloosheid.

Effectiever is het nemen van een besluit dat misschien niet tot een optimale, maar wel tot een bevredigende oplossing leidt. Dit wordt *satisficing* genoemd.

Onbewust besluiten

De meeste modellen, zoals aan het begin van deze paragraaf, geven wel enig inzicht in hoe besluiten genomen worden en proberen het ongrijpbare te rationaliseren. Het blijft echter moeilijk om precies de vinger te leggen op het besluitvormingsproces. De vraag is of we dit moeten willen.

Dijksterhuis (2007) onderzocht en beschreef het *deliberation without attention-effect*. Vrij vertaald: het 'nadenken zonder aandacht-effect'. In verschillende onderzoeken werden keuzes voorgelegd aan drie groepen proefpersonen. Eén groep moest direct beslissen, de tweede groep liet men er bewust over nadenken en de derde groep liet men er enige tijd onbewust over nadenken. Deze laatste groep kreeg, na het aanbieden van de informatie over de keuze, nog een afleidende taak en er werd hen verteld dat ze later hun keuze moesten maken. De keuzes gingen over bijvoorbeeld een aan te schaffen auto of woning.

Wat bleek: bij simpele keuzes nemen degenen die bewust beslissen de beste beslissing en ze zijn er ook het meest tevreden over. Bij complexere keuzes nemen de onbewuste beslissers echter betere beslissingen en zijn zij meer tevreden. De snelle beslissers nemen over het algemeen de slechtste beslissingen. Overigens blijkt slechts enkele minuten onbewust nadenken al tot positief effect te leiden.

Het lijkt erop dat de eerder besproken beperkte capaciteit van onze 'processor' ons parten speelt bij het bewust nadenken over complexe problemen.

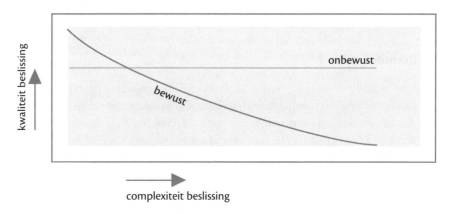

Figuur 8.4   Bewust versus onbewust nadenken (Dijksterhuis, 2007)

Overigens blijkt wel uit onderzoek dat onbewust nadenken leidt tot goede resultaten, mits we kennis hebben van het onderwerp. Dat is ook logisch: om onbewuste patronen hun werk te laten doen, moeten ze er wel zijn.

Onbewust beslissen in crisisteams

Observaties bij oefeningen en trainingen lijken dit beeld van besluitvorming ook te bevestigen bij crisisteams. Bij het werken met cases valt vaak op dat de snelle beslissingen vaak te wensen over laten, maar ook dat langdurige discussies en afwegingen meestal niet leiden tot veel betere besluiten.

Het lijkt dus voor de hand te liggen in het besluitvormingsproces bij crisismanagement ruimte te geven aan onbewuste informatieverwerking. Dit betekent dat de nadruk bij crisismanagement zou moeten liggen op het creëren van voorwaarden waaronder dit kan plaatsvinden, terwijl in de voorbereiding veel aandacht moet worden besteed aan het verwerven van mentale concepten. Mentale concepten zouden dan het best als verzamelingen van niet te specifieke cognitieve patronen in de hoofden van crisismanagers aanwezig moeten zijn. Zij zullen dus veel verschillende crises en aspecten die daarbij een rol spelen van verschillende kanten moeten bekijken, analyseren en verwerken om tot een verzameling patronen te komen. Op de praktische kanten van het organiseren van het besluitvormingsproces zal later verder worden ingegaan.

BOB

Bij het bekijken van besluitvorming als proces wordt vaak naar de stappen vóór de daadwerkelijke besluitvorming gekeken. Een voorbeeld hiervan is het volgende proces in drie stappen.

1 Beeldvorming: wat weten we? In deze stap proberen we de feiten op tafel te krijgen, informatie te delen en een gezamenlijk beeld van de situatie te vormen.
2 Oordeelsvorming: wat vinden we ervan? In deze fase kijken we wat de situatie betekent, welke verschillende ontwikkelingen er mogelijk zijn en wat de prognose is.
3 Besluitvorming: wat gaan we doen? Pas in de laatste stap wordt bepaald welke besluiten en acties worden genomen om de situatie te beheersen of op te lossen.

Dit model wordt ook wel aangegeven met de afkorting BOB (beeldvorming – oordeelsvorming – besluitvorming). Het is een al oud en eenvoudig model ontwikkeld door Bales & Strodtbeck (1951). Als model is het eigenlijk achterhaald, omdat het vooral gebaseerd lijkt op het paradigma van rationele besluitvorming. Het is echter wel zeer geschikt als hulpmiddel om besluitvorming in crisisteams (en andere teams) effectief te laten verlopen. Ook gezien vanuit de meer hedendaagse besluitvormingstheorie is het een handig model.

In de praktijk gunnen teams zichzelf vaak te weinig tijd en zijn ze vrijwel altijd geneigd te snel naar besluitvorming en acties te kijken. Beeld- en oordeelsvorming helpen echter voldoende informatie te expliceren die vervolgens al onbewust patronen, en daarmee besluiten, activeert. Een bijkomend voordeel is dat het tevens als een soort rem fungeert. Door tijd aan de eerste stappen te besteden worden besluiten nog even uitgesteld, ook al dienen die zich in het hoofd van de teamleden meteen al aan. Daarmee komen we dus al meer terecht in de 'lange lus' uit het model van Cohen en Thompson.

Misschien wel het allergrootste voordeel van het BOB-model is de simpelheid. Het is gemakkelijk te onthouden, goed te trainen, eenvoudig uit te leggen en voor voorzitters goed te sturen. Crisisteams die in acute situaties gebruikmaken van een vergaderagenda met veel verschillende punten gaan eigenlijk vrijwel altijd de mist in. Meestal wordt de agenda dan vrij snel losgelaten, omdat anders de overleggen veel te lang gaan duren. Bovendien ondersteunt een agenda vaak alleen een inhoudelijke ordening, maar niet het besluitvormingsproces. Het BOB-model houdt het crisisteam op koers.

Soms wordt het BOB-model nog uitgebreid. Zo hanteren sommige organisaties BOBOC: beeldvorming – oordeelsvorming – besluitvorming – opdrachten – controle. Ook dit blijkt vaak minder effectief, omdat het onderscheid tussen besluitvorming en opdrachten vaak niet heel duidelijk is en de controle eigenlijk bij een volgend overleg weer in de beeldvorming aan de orde komt.

Tegenwoordig gebruiken vrijwel alle professionele teams het BOB-model. Crisisteams op ministeries en in veiligheidsregio's maken er standaard gebruik van, maar ook steeds meer bedrijven en uitvoerende instanties. Het wordt gebruikt op strategisch niveau en op operationeel niveau. En hoewel er zeker wat op af te dingen valt en het theoretisch misschien minder sterk is onderbouwd, helpt het in de praktijk om tot een redelijk besluitvormingsproces te komen.

8.4 Samenvatting

Beeldvorming is bij crisismanagement een essentieel, maar bijzonder lastig onderdeel. Hierin kunnen gemakkelijk fouten worden gemaakt. Als informatie uit herinneringen moet worden opgeroepen, maakt dit de kans op fouten nog groter.

Een concept voor beeldvorming is dat van situation(al) awareness. Dit concept kan individueel en in teams worden toegepast. Het kent verschillende niveaus, waarbij het hoogste niveau betrekking heeft op het vermogen vooruit te kijken naar de toekomstige situatie en gebeurtenissen.

Besluitvorming gebeurt grotendeels aan de hand van heuristieken of vuistregels. Zo kunnen we gemakkelijker beslissingen nemen, maar ook gemakkelijk fouten maken. Fouten kunnen ontstaan door het toepassen van verkeerde heuristieken, of door het toepassen van patronen die er in werkelijkheid niet zijn. Eenmaal genomen beslissingen worden vaak niet meer herroepen.

Voor besluitvorming in crisissituaties is het model van critical thinking goed bruikbaar. Het biedt inzicht in de wijze waarop de besluitvorming kan worden vormgegeven. Het model is daarom zeer geschikt voor crisismanagement.

Hoewel dit soms onlogisch lijkt, kan juist onbewuste besluitvorming ook tot goede resultaten leiden. Het is dus belangrijk onbewuste besluitvormingsprocessen een kans te geven in de werkwijze van het crisisteam. Het is dan wel noodzakelijk dat er een basis is van waaruit deze onbewuste besluitvorming kan plaatsvinden. Dit vraagt zorgvuldige en uitvoerige voorbereiding.

Een simpel model dat in crisisteams veel gebruikt wordt, is het BOB-model. Door beeldvorming, oordeelsvorming en besluitvorming expliciet en in deze volgorde te behandelen ontstaat een relatief effectief werkproces.

Managen en leidinggeven

9

Crisismanagement wordt vaak als verzamelterm gebruikt voor het organiseren van crisisbeheersing (zie ook hoofdstuk 1). Maar crisismanagement is ook een rechtstreekse activiteit: het sturen van de activiteiten tijdens de crisis. Dat houdt in: de gedragingen van mensen in de organisatie op een zodanige manier beïnvloeden dat doelen gehaald worden. Crisismanagement is dus het sturen van gedrag en het nemen van besluiten, maar vooral ook het faciliteren van besluitvorming.

Managen en leidinggeven als activiteit komen in dit hoofdstuk aan de orde. Welke vormen zijn er in managen en leidinggeven? Wat zijn de verschillen? Wat wordt er gevraagd in een crisissituatie? Welke aspecten komen aan de orde bij het leidinggeven aan een team?

Organisatie, besluitvorming, delegatie, informatiebeheersing en communicatie moeten de radertjes vormen van een goed geoliede crisismanagementmachine. In dit hoofdstuk wordt gekeken naar de 'radertjes' en naar de 'olie'.

9.1 Leiderschapsrollen

In hoofdstuk 6 kwamen de verschillende rollen van de burgemeester aan de orde: die van beslisser, burgervader, strateeg en collegiaal bestuurder. Het bureau Berenschot deed in 2005 een onderzoekje onder burgemeesters en gebruikte een iets andere indeling. Daarbij werden ook 'kerncompetenties' benoemd. Er werden de volgende vier rollen met de bijbehorende kerncompetenties onderscheiden:

1 Boegbeeld: sensitiviteit en bindend vermogen.
2 Communicator: communicatief vermogen, en voorlichting en mediamanagement.
3 Beslisser: crisisbesluitvorming en informatiemanagement.
4 Verantwoordelijke: reflectief vermogen en transparantie.

Het bleek dat burgemeesters hun eigen voorkeuren hadden voor een bepaalde rol, terwijl een integrale rol het meest wenselijk zou zijn. Interessant was ook de reflectie op het idee dat er gestreefd zou moeten worden naar een evenwichtige teamsamenstelling met complementaire competenties. Een interessant gegeven, maar alleen zinvol als een team ook zodanig wordt gemanaged dat deze complementaire competenties tot hun recht komen.

Wat in geen van de overzichten wordt genoemd, is een rol als manager. Het is opmerkelijk dat er in het algemeen veel wordt gesproken over crisismanagement, maar de rol van crisismanager wordt vaak niet expliciet benoemd.

Wie zijn eigenlijk crisismanagers?

Als management gaat over het sturen van activiteiten, dan zijn alle functionarissen in een crisisorganisatie die zich hiermee bezighouden crisismanagers. Of misschien toch niet. Zijn het misschien alleen diegenen die zich met de crisis als geheel bezighouden?

We gaan hier vooral van dit laatste uit. Dat betekent dat crisismanagers in de bovenste lagen van de crisisorganisatie te vinden zijn: daar waar de verschillende aspecten van de crisis samenkomen. Een bevelvoerder van een brandweerploeg is dus in deze context geen crisismanager. Hij houdt zich slechts met een beperkt en afgebakend onderdeel van de crisis bezig.

Gary Klein (1998) noemde in het citaat in het vorige hoofdstuk crisisteams incompetent. Klein, die zijn uitspraken baseert op observaties bij bedrijven, geeft hier ook een reden voor. Crisisteams worden aangestuurd door leidinggevenden die daarvoor op basis van formele gronden zijn aangewezen. Zij hebben vanuit hun functie de eindverantwoordelijkheid, maar hebben vaak nauwelijks verstand van crisismanagement.

De rol van de crisismanager komt vaak voort uit positionele macht en niet uit persoonlijke macht. Positionele macht is gebaseerd op de plaats in de hiërarchie, terwijl persoonlijke macht is gebaseerd op deskundigheid en persoonskenmerken. Mensen met persoonlijke macht zijn doorgaans de informele leiders. In crisissituaties wordt wel verondersteld dat juist dan deze informele leiders opstaan. In de georganiseerde crisisbeheersing is hier echter weinig ruimte voor.

Vooral in situaties zonder formele organisatie zullen informele leiders de leiding op zich kunnen nemen. Bijvoorbeeld onder een groep mensen die zich in een bedreigende situatie bevinden, zoals een overstroming, een gijzeling of een ongeluk. In zo'n situatie werpt vaak één persoon zich op als leider op basis van persoonlijke macht. Een verschijnsel waarbij dat ook aardig is waar te nemen, zijn de televisieprogramma's waar groepen zonder formele structuur bij elkaar gezet worden. Een voorbeeld hiervan is het televisieprogramma *Expeditie Robinson*.

Rollen en competenties

Bij bedrijven en bij de overheid worden de rollen bepaald op basis van een positie die wordt bereikt via kwaliteiten die niets met crisismanagement te maken hoeven hebben. Sterker nog: deze kwaliteiten kunnen zelfs min of meer strijdig zijn met de vereiste kwaliteiten in een crisissituatie.

In de politiek heeft leiderschap vaak een heel eigen betekenis. Zoals de *prime minister* in de bekende BBC-serie *Yes, Prime Minister* ooit uitriep: 'I'm a leader, I must follow my people.'

Een burgemeester heeft onder normale omstandigheden een heel andere rol dan bij rampen of crises. Waar normaal de gemeenteraad het hoogste bestuursorgaan is, krijgt bij een crisis de burgemeester ineens het opperbevel. In dat opperbevel laat hij zich dan bijstaan door mensen die meestal beduidend meer verstand van zaken hebben van crisismanagement.

Hoewel: een interessante ontwikkeling is soms te zien bij operationele diensten. In toenemende mate zien we daar een visie postvatten dat managers geen verstand meer hoeven te hebben van het 'product'. Zo kan een manager van het UWV ineens commandant van de brandweer worden en als adviseur van de burgemeester optreden in beleidsteams. Dit roept een ongemakkelijk beeld op van crisisteams waar de lamme de blinde helpt. Van die complementaire competenties blijft dan weinig meer overeind.

Driving the crisis

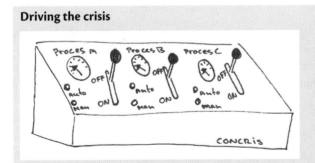

Figuur 9.1   CONCRIS-dashboard (www.concris.nl)

We zouden ons de rol van het crisisteam kunnen voorstellen als het besturen van de crisis met behulp van een virtueel dashboard.

De beheersingsactiviteiten van een crisis zijn georganiseerd in processen. Een aantal processen staat op 'auto': ze starten op zonder bemoeienis van het crisisteam. Bij andere processen moet wel degelijk de virtuele hendel worden overgehaald. Ze moeten dus actief door het crisisteam worden opgestart.

Voor alle processen geldt dat ze door het crisisteam gemonitord moeten worden. Soms kan dit vrij passief: zolang de meter niet in het rood komt, gaat alles goed. Andere processen worden actiever in de gaten gehouden door de meter regelmatig af te lezen.

De rol en de stijl van leiderschap

De leiderschapsrol die aangenomen wordt, moet niet alleen passen bij de situatie, maar ook bij de personen aan wie leidinggegeven wordt. Vrijwel iedereen die regelmatig met crisismanagers werkt, zal het beeld van de directieve leider herkennen. Veel managers vinden dat zij bij crises krachtig en directief leiding moeten geven.

Deze leiderschapsrol is vaak echter strijdig met hun machtspositie en hun deskundigheid en is ook vaak weinig effectief. 'The rhetoric of the "leader in charge" has little to do with the reality of effective crisis decision making and coordination' (Boin et al., 2005). In de volgende paragraaf zal verder worden ingegaan op die verschillende leiderschapsstijlen.

> **Definition crisismanagement**
> *Where uncomfortable officials meet in unfamiliar surroundings to play unaccustomed roles, making unpopular decisions based on inadequate information, and in much too little time (Art Botterell (2003), expert in emergency communications in the U.S.).*

9.2 Situationeel leiderschap

Leidinggeven kan op verschillende manieren, afhankelijk van de situatie. Dat zijn in het kort twee belangrijke kenmerken van wat wel situationeel leiderschap wordt genoemd. Deze door Hersey en Blanchard vanaf de jaren zeventig ontwikkelde theorie kan helpen om de manier van leidinggeven bij crisissituaties beter te duiden.

In de meeste theorieën over leiderschap komen twee belangrijke dimensies naar voren: een directieve dimensie die sterk taakgericht en instructief is en een relatiegerichte dimensie die meer ondersteunend is. Er worden vier stijlen van leidinggeven onderscheiden waarin deze dimensies in meer of mindere mate aanwezig zijn:

- (S1): sterk taakgericht, weinig relatiegericht;
- (S2): sterk taakgericht, sterk relatiegericht;
- (S3): weinig taakgericht, sterk relatiegericht;
- (S4): weinig taakgericht, weinig relatiegericht.

Om tot goede resultaten te komen, zou de stijl van leidinggeven moeten passen bij het ontwikkelingsniveau van degenen die worden aangestuurd. Ook dit ontwikkelingsniveau kent twee dimensies: in staat zijn tot de taak (de mate van kennis, ervaring en bekwaamheid – daarom wordt dit niveau ook wel 'bekwaam' genoemd) en bereid zijn tot de taak (motivatie, zelfvertrouwen en verantwoordelijkheid willen nemen). Op basis van deze dimensies kunnen ook weer vier ontwikkelingsniveaus worden onderscheiden:

- O1: niet bereid, niet bekwaam;
- O2: bereid, niet bekwaam;
- O3: bekwaam, niet bereid;
- O4: bekwaam, bereid.

In het model van Hersey, Blanchard en Johnson (figuur 9.2) wordt de relatie gelegd tussen ontwikkelingsniveau en de stijl van leidinggeven.

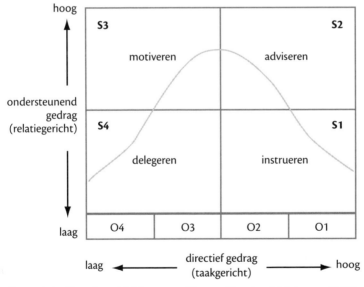

Figuur 9.2   Situationeel leidinggeven (Hersey, Blanchard & Johnson, 1996)

Leiderschap in crisismanagement

De vraag is nu: welke stijl of stijlen passen bij crisismanagement? Het beleidsteam binnen de rampenbestrijding zal bijvoorbeeld vrijwel altijd – dat is tenminste te hopen – bestaan uit hoogopgeleide en bekwame professionals, zoals de top van brandweer, politie, GHOR en gemeente. Deze professionals vallen in ontwikkelingsniveau 4: ze zijn bereid en bekwaam. De stijl van leidinggeven is dan dus S4: een delegerende stijl. Een voorzitter van zo'n bekwaam crisisteam zou dus helemaal geen directieve manier van leidinggeven moeten toepassen.

Wanneer zou dan wel een directieve stijl moeten worden toegepast? Als het ontwikkelingsniveau in de categorie O1 of O2 valt: de leden van het crisisteam zijn niet bekwaam of niet bereid om zelfstandig hun taak uit te voeren.

In crisisteams mogen deze categorieën eigenlijk niet voorkomen. Situaties waarin het ontwikkelingsniveau O1 of O2 is, zullen vooral voorkomen waar leken betrokken zijn bij crisismanagement. De directieve stijl van leidinggeven past dus meer bij het sturen van burgers of werknemers die bij een crisis betrokken zijn geraakt.

Toch wordt een directieve stijl van leidinggeven vaak toegepast in crisisteams. Dit leidt soms tot ridicule situaties, waarin een inhoudelijk nauwelijks deskundige voorzitter niet-relevante opdrachten geeft aan professionals, die dan vervolgens hun schouders ophalen en hun eigen weg gaan.

Overigens kunnen in crisisteams wel degelijk mensen zitten die niet bekwaam of niet bereid zijn. Vooral bij bedrijven zullen crisisteams eerder uit managers zijn samengesteld, die niet als professionals in crisisbeheersing kunnen worden aangemerkt. Een directieve stijl van leidinggeven zou hier kunnen worden toegepast, maar dat vereist dan wel voldoende deskundigheid bij de leider.

Een verkeerde leiderschapsstijl in crisisteams maakt dat het team feitelijk volledig buitenspel kan komen te staan. In veel oefeningen zien we operationele diensten deskundig hun werk doen, terwijl het crisisteam probeert hier directief sturing aan te geven, maar voortdurend achter de feiten aanloopt.

Een voorbeeld is een oefening waarin een crisisteam discussieert over de noodzaak tot ontruiming van een bepaalde vleugel in een gebouw. Vervolgens geven zij concrete opdrachten naar de operationele leider over wat, wanneer en hoe ontruimd moet worden. Dan komen ze erachter dat het gebouw allang ontruimd is en dat het ontruimen van slechts een enkele vleugel tegen alle procedures ingaat, en technisch ook bijna niet mogelijk is.

In dit voorbeeld – en zo zijn er vele – ontstaan verschillende problemen:
- Het crisisteam verspilt kostbare tijd aan onderwerpen die gedelegeerd moeten zijn.
- Het crisisteam komt hierdoor niet toe aan onderwerpen die wel relevant zijn.
- In de operatie ontstaat irritatie over de onzinnige opdrachten van boven.
- In de operatie ontstaat tijdverlies doordat gereageerd moet worden op deze opdrachten en het crisisteam voortdurend uitleg nodig heeft.

Operationele zuigkracht

Het verschijnsel dat de hogere niveaus van de crisisorganisatie zich met de uitvoering gaan bemoeien, komt erg veel voor. Zo veel zelfs dat men wel spreekt van 'operationele zuigkracht'. De operatie trekt alle aandacht naar zich toe, waardoor aan de bovenkant van de organisatie een vacuüm ontstaat. Met andere woorden: de crisismanagers willen de brand blussen, waardoor ze aan het managen van de crisis niet toekomen.

> *Ik ben zelf niet iemand, zeker niet bij zo'n crisis, die zo geweldig hands-on is. Ik kan dus ook heel gemakkelijk, denk ik, de dingen die met de uitvoering te maken hebben aan anderen overlaten (Job Cohen (2005), in zijn functie als burgemeester van Amsterdam).*

Bedrijfscasus bij de brandweer

In een leergang voor hoofdofficieren van de brandweer werd een casus gebruikt van een fictief bedrijf. De deelnemers werd gevraagd zich in te leven in de positie van de managers van het bedrijf, die als crisisteam met een probleem te maken kregen.

De casus was daarvoor al vele malen gebruikt bij managementteams van bedrijven. Opmerkelijk was dat de 'echte' managementteams bijna allemaal sterk gericht waren op de operationele problemen en hierbij sterk directief optraden.

Bij de brandweerofficieren was dit veel minder het geval. Zij hadden direct een beeld van de operationele organisatie en bemoeiden zich hier verder nauwelijks mee. Zij richtten zich vooral op het beheersen van de effecten voor het personeel en het beheersen van bedrijfsschade. Er werd vooral op hoofdlijnen gestuurd en veel meer gedelegeerd. Niet alleen hanteerden de brandweerofficieren een effectieve manier van leidinggeven, ook het managen van het team verliep gestructureerd. Door hun kennis van crisisbeheersing en vertrouwen in het ontwikkelingsniveau van de operationele mensen waren zij in dit geval betere crisismanagers voor dit bedrijf dan veel managers uit het bedrijfsleven.

9.3 Teammanagement

In eerdere hoofdstukken is gesproken over teams en groepen. Voor wat betreft de groepsdynamische aspecten zijn er veel overeenkomsten tussen teams en groepen. Toch is een groep niet helemaal hetzelfde als een team. Volgens Salas et al. (1992) is een team:

> *A distinguishable set of two or more people who interact, dynamically, interdependently, and adaptively toward a common and valued goal-objective-mission, who have each been assigned specific roles or functions to perform, and who have a limited life-span of membership.*

Een team is dus een groep van interacterende personen die vanuit specifieke rollen gedurende een beperkte tijd een gezamenlijk doel nastreven. Voor een groep wordt soms min of meer dezelfde definitie gehanteerd. Echter, een groep kan ook een verzameling individuen zijn die weliswaar interacteren, maar niet per definitie een specifieke rol hebben en ook niet per se een gezamenlijk doel nastreven.

Crisisteams met ervaring spreken soms over de chemie in het team. Het samenwerken onder moeilijke omstandigheden kan die chemie blijkbaar juist versterken. Vaak wordt als belangrijk element voor een crisisteam genoemd dat men elkaar kent en kan vertrouwen.

De basis voor een goede samenwerking kan over het algemeen echter alleen gelegd worden door een goede voorbereiding. In de vorige paragraaf kwamen de stijlen van leiderschap en verschillende ontwikkelingsniveaus aan de orde. Deze aspecten zullen voor de crisis al op elkaar afgestemd moeten zijn.

Dit lijkt eenvoudiger dan het is. Veel teams bestaan uit functionarissen die op basis van een dienstrooster samenkomen. In de praktijk betekent dat dus dat de samenstelling van een crisisteam per moment nogal kan verschillen.

Het team als individu

Een team is meer dan een verzameling individuen. Het team zou bijna als een samengesteld individu kunnen worden beschouwd. Vanuit die invalshoek kunnen we ook kijken naar hoe een team denkt: het concept van de *team mind* (Klein, 1998). We kunnen de eigenschappen van deze team mind vergelijken met de psychologie van een individu:

- **Werkgeheugen**
  Beperkte capaciteit en duur: de aangeboden informatie krijgt kort de aandacht, waarna het team verdergaat naar een volgend aandachtspunt en het de eerdere punten vergeet.

- **Langetermijngeheugen**
  Teams kunnen informatie langdurig onthouden om deze later weer te gebruiken. Het is dan wel van belang dat meerdere teamleden informatie opslaan. Anders zou de informatie voor het team verloren gaan als een teamlid vertrekt.

- **Beperkte aandacht**
  We kunnen maar één ding tegelijk goed doen. Dat geldt ook voor teams. Dat betekent dat onderwerpen die aandacht krijgen, zorgvuldig gekozen moeten worden.

♦ **Perceptie**
Individuen filteren informatie. Teams doen dit ook, maar zijn bovendien sterk afhankelijk van al eerder gefilterde informatie.

♦ **Leren**
Teams moeten leren: procedures verwerven, ineffectief gedrag vermijden en uitzoeken hoe ze wel effectief kunnen worden.

Teams volgens het TEAM-model

Een bekend model over het functioneren is het *TEAM-model*. TEAM staat voor Team Evolution and Maturation (Morgan et al., 1994). In dit model zien we een combinatie van oudere theorieën en worden de verschillende ontwikkelingsfasen van een team beschreven, die lopen van exploratie tot het oplossen van het probleem.

In het model worden bovendien twee onderscheiden processen (*activity tracks*) benoemd. Eén proces heeft betrekking op de technische aspecten van de klus: de inhoud dus. Het andere proces heeft betrekking op de kwaliteit van interacties, afhankelijkheden, samenwerking en relaties. Deze twee elementen (de *tracks*) zijn in crisisteams duidelijk herkenbaar en vragen ook specifieke aandacht.

Om een team goed te laten functioneren, is het absoluut noodzakelijk het werkproces goed te sturen. Een goed werkproces schept de voorwaarden om tot goede beeldvorming, besluiten en acties te komen. Dit vraagt van de voorzitter van het team heldere en gestructureerde leiding, waarin voldoende ruimte wordt gegeven aan inbreng van de deelnemers.

Beslissen in het team

Hoewel het niveau van deelnemers meestal zodanig is dat een delegerende stijl van leidinggeven het meest effectief is, ligt vaak de eindbeslissing bij dilemma's bij de voorzitter. Deze voorzitter is over het algemeen formeel en juridisch eindverantwoordelijk. Onvermijdelijk leidt dit tot situaties waarin knopen moeten worden doorgehakt. Consensus is niet altijd haalbaar, maar kan ook simpelweg te veel tijd kosten.

Het besef eindverantwoordelijk te zijn en de uiteindelijke beslissing te moeten nemen, leidt soms ook tot een situatie waarin die beslissing dan ook maar direct genomen wordt. Zeker in combinatie met een directieve wijze van leidinggeven is dit funest voor het functioneren als team. In plaats van een crisisteam met crisismanagers ontstaat dan de situatie van een crisismanager met een paar handlangers: geen effectieve configuratie.

Voor het managen van een team is het daarom essentieel dat iedereen voldoende ruimte heeft voor inbreng, dat er voldoende ingebracht wordt en dat daar goed naar geluisterd wordt.

Het ware teamwork

In de film over de aanval op Pearl Harbor, *Tora! Tora! Tora!*, wordt de beslissing om aan te vallen besproken. De aanwezige officieren geven allen hun opinie zonder de typisch westerse discussie. Admiraal Yamamoto vat de standpunten samen en geeft de *go-ahead*.

De taak om de aanval te plannen wordt gedelegeerd naar de beste strateeg van de vloot, een jonge luitenant. Het plan wordt dan gecheckt door de beste criticus, een kapitein, waarna het uitgevoerd wordt. Dat is het ware teamwork in actie, aldus Robert Heller.

(Heller, 2006)

Organisatiekunde ontspoord

Een Nederlandse firma had een roeiwedstrijd tegen een Japanse firma georganiseerd. De wedstrijd zou met een achtmansboot worden gehouden. Beide equipes trainden lang en hard om zo goed mogelijk voor de dag te komen.

Toen de grote dag kwam, waren beide teams 'topfit'. Toch wonnen de Japanners met een voorsprong van een kilometer. Het Nederlandse team was zwaar aangeslagen. De oorzaak van deze vernietigende nederlaag moest absoluut boven water komen. Het topmanagement liet een projectteam vormen om het probleem te onderzoeken en om aanbevelingen te doen.

Na lang onderzoek bleek dat de Japanners zeven mensen hadden die roeiden en één man die stuurde, terwijl in het Nederlandse team één man roeide en zeven man stuurden. De leiding nam een adviesbureau in de arm voor een studie over de structuur van het Nederlandse team. Na enkele maanden van aanzienlijke inspanningen kwamen de adviseurs ook tot de slotsom dat er te veel mensen stuurden en te weinig mensen roeiden.

Om een volgende nederlaag te voorkomen werd de teamstructuur ingrijpend veranderd. Er kwamen nu vier stuurmannen, twee hoofdstuurmannen, een stuurmanager en een roeier. Bovendien werd een prestatiewaarderingssysteem ingevoerd om die ene roeier nog meer te stimuleren.

Het jaar daarop wonnen de Japanners met een voorsprong van twee kilometer. Het management ontsloeg daarop de roeier wegens slechte prestaties, verkocht de roeiriemen en stopte verdere investeringen in een nieuwe boot. Het adviesbureau werd geprezen en het resterende geld werd onder het management verdeeld.

9.4 Samenvatting

Leiderschapsrollen bij een crisis kunnen nogal verschillen. Zeker in het publieke domein zijn er verschillende rollen die tijdens een crisis allemaal aan bod komen, maar soms moeilijk te combineren zijn. Hoewel er veel wordt gesproken over crisismanagement, is het vaak onduidelijk wie nu crisismanagers zijn. We beschouwen degenen die zich met de crisis als geheel bezighouden en onderdelen daarvan aansturen als crisismanager.

Bij een rol als crisismanager horen ook competenties. Door de selectiewijze van crisismanagers is deze koppeling in de praktijk echter niet vanzelfsprekend, omdat managers vaak op basis van hun positie binnen de reguliere organisatie ook de rol als crisismanager krijgen toebedeeld.

Crisismanagement wordt meestal geassocieerd met een directieve vorm van optreden. Kijken we vanuit het model van situationeel leiderschap naar deze rol, dan is een delegerende stijl meestal meer op zijn plaats, omdat crisisteams doorgaans uit competente en gemotiveerde mensen bestaan.

Crisismanagement vindt vaak in teams plaats. Een belangrijke rol voor een crisismanager is dan ook het leiden van zo'n team of het functioneren erin. Volgens het concept van de team mind kunnen we aan zo'n team een aantal persoonseigenschappen toekennen, zoals perceptie en geheugen.

Het TEAM-model onderscheidt in de activiteiten van het team inhoudgebonden activiteiten en activiteiten die gericht zijn op interactie. Met name dit laatste is noodzakelijk voor een goed functionerend team. Het goed organiseren en faciliteren van het samenwerkingsproces binnen het team is een belangrijke voorwaarde voor het effectief functioneren.

Het werken in een team wil niet zeggen dat besluitvorming democratisch hoeft te zijn. Een voorzitter kan knopen doorhakken; een goede werkstructuur is dan wel essentieel om de inbreng en afwegingen van anderen te waarborgen.

Communicatie 10

Een hoofdstuk over communicatie is altijd te kort of te lang. Het is misschien wel een van de meest populaire onderwerpen van deze tijd en heeft zich tot een compleet vakgebied ontwikkeld. Communicatie is zo breed en is aan zoveel andere onderwerpen gerelateerd, dat het bijna niet als apart onderwerp behandeld kan worden. Het is een wat lastig te isoleren begrip.

Tegelijkertijd zullen weinigen het belang van communicatie ontkennen. Bij crisismanagement is het een zeer belangrijk aspect: het is verweven met alle onderdelen van crisismanagement. Al eerder zagen we het impliciet bij perceptie, groepsdynamica en besluitvorming langskomen.

In dit hoofdstuk wordt een aantal begrippen en principes behandeld die bij communicatie – en dan vooral tijdens een crisis – een rol spelen. Hierbij kan grofweg een tweedeling gemaakt worden. In de eerste plaats is communicatie een integraal onderdeel in vrijwel alle crisismanagementactiviteiten of -processen. Daarnaast is crisiscommunicatie een proces op zichzelf. Het eerste is vooral het smeermiddel voor de crisismanagementorganisaties, het tweede een proces dat gericht is op de mensen buiten de organisatie. Dit hoofdstuk gaat vooral over het eerste aspect.

10.1 Basisbegrippen communicatie

We zouden het begrip 'communicatie' kunnen definiëren als het uitwisselen van informatie. Een meer uitgebreide definitie komt van de psycholoog Frank Oomkes:

> Communicatie is de uitwisseling van symbolische informatie, die bewust plaatsvindt tussen mensen die zich bewust zijn van elkaars aanwezigheid, onmiddellijk of gemedieerd. Deze informatie wordt deels bewust, deels onbewust gegeven, ontvangen en geïnterpreteerd (Oomkes, 2015).

Communicatie gaat dus over uitwisseling. Het is tweerichtingsverkeer. Informatie is symbolisch en hangt dus ook af van de kennis van die symbolen. Communicatie is sterk door cultuur bepaald: we hebben immers een gemeenschappelijke set van kennis en waarden nodig om elkaars communicatiesymbolen te kunnen begrijpen.

Dat informatie deels onbewust wordt gegeven, ontvangen en geïnterpreteerd is voor de praktijk erg belangrijk. Al eerder zagen we bij het begrip 'perceptie' dat het ontvangen van informatie en de directe verwerking daarvan sterk aan onbewuste patronen is gekoppeld.

Communicatie is gedrag

De boodschap die wordt gecommuniceerd is afhankelijk van het gedrag van de persoon. Het gedrag kan worden onderverdeeld in verbaal en non-verbaal gedrag.

- **Verbaal gedrag**
  Het gebruik van taal wordt verbale communicatie genoemd. Het gesproken woord bijvoorbeeld wordt direct verbaal gedrag genoemd. Daarnaast kennen we nog indirect verbaal gedrag in de vorm van lezen, schrijven en luisteren.

- **Non-verbaal gedrag**
  De boodschap die wordt gecommuniceerd is echter niet alleen afhankelijk van verbaal gedrag, maar wordt sterk beïnvloed door non-verbaal gedrag en non-verbale communicatie. Onder non-verbaal gedrag wordt verstaan:
  - iemands houding
  - de gezichtsuitdrukking
  - de gebaren
  - het oogcontact
  - het stemgebruik (intonatie, volume)

Een bekend model dat basaal het verloop van communicatie beschrijft, is het zender-ontvangermodel van Schulz von Thun (2010) in figuur 10.1.

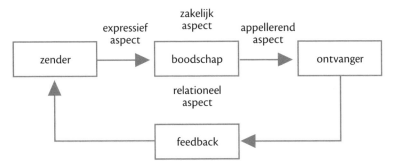

Figuur 10.1   Zender-ontvangermodel

Aspecten van communicatie

Schulz von Thun onderscheidt vier aspecten van communicatie: het zakelijke, expressieve, relationele en appellerende aspect. Het zakelijke aspect is de verbale communicatie en de overige drie zijn vormen van non-verbale communicatie.

• Het zakelijke aspect is de letterlijke boodschap: de inhoud, ontdaan van de wijze waarop en door wie het wordt gezegd.
• Het expressieve aspect heeft betrekking op de signalen die een persoon afgeeft: de wijze waarop iemand communiceert en de houding die een persoon aanneemt bij het uitspreken van de boodschap zeggen iets over hoe de persoon zelf over die boodschap denkt.
• Het relationele aspect heeft betrekking op de verhouding tussen de zender en ontvanger. Uit de wijze waarop men met elkaar praat, kan worden afgeleid of personen elkaar mogen of niet, en hoe de onderlinge hiërarchische verhoudingen zijn.
• Het appellerende aspect is wat de verzender wil bereiken bij de ontvanger. Men doet een appel (beroep) op de ontvanger.

De mate waarin de verschillende aspecten aanwezig zijn, varieert. Soms kan non-verbale communicatie alleen al voldoende zijn om het doel te bereiken, zonder dat hiervoor expliciete woorden of een nadrukkelijk appel nodig is. Ook uit dit model blijkt dat non-verbale aspecten in de communicatie een belangrijke rol spelen.

Terugkoppeling

Tot dusver is alleen naar communicatie gekeken vanuit het gezichtspunt van de zender die een boodschap stuurt naar de ontvanger. Maar tijdens een gesprek vindt er ook terugkoppeling plaats: de ontvanger wordt de zender. In de context van dit hoofdstuk richten we ons op directe terugkoppeling en niet op bijvoorbeeld een evaluatiegesprek. Terugkoppeling van de ontvanger naar de zender heeft twee belangrijke functies:

- het stimuleren van de communicatie;
- het bijstellen (sturen) van de communicatie.

Over het algemeen vindt terugkoppeling spontaan plaats. Bijvoorbeeld door de gezichtsuitdrukking, knikken, oogcontact of opmerkingen als: 'ja', 'nee, toch', 'oh', en dergelijke. De terugkoppeling stimuleert de zender om met zijn verhaal verder te gaan en/of zijn verhaal aan te passen (vragende blik).

Bij een gesprek zonder directe terugkoppeling is het moeilijk om het gesprek gaande te houden. Probeer maar eens te communiceren met iemand die niet reageert en continu naar iets anders kijkt. Het inspreken van een antwoordapparaat of het geven van een presentatie voor een camera wordt daarom ook vaak vervelend gevonden: terugkoppeling, of feedback, ontbreekt. Het resultaat is dat er meer aandacht wordt besteed aan het formuleren van de zakelijke boodschap.

10.2 Berichten met een bedoeling

Bij het verstrekken van opdrachten of verzoeken aan anderen moet de ontvanger vaak, bij wijze van spreken, gedachten kunnen lezen. We interpreteren een opdracht aan de hand van onze eigen denkpatronen, waardoor de interpretatie sterk kan verschillen met wat de opdrachtgever bedoelde. Hier is eigenlijk sprake van twee problemen:
- We interpreteren de opdracht anders door een verschil in achtergrond of situatie.
- Als de opdracht onuitvoerbaar blijkt, kunnen we deze niet aanpassen.

Voorbeeld 1

Tijdens een operatie besluit de chirurg de bloeddruk van de patiënt te verlagen. Hij geeft de anesthesist opdracht een bepaald medicijn toe te dienen dat dit effect heeft, maar vertelt er niet bij wat zijn bedoeling is.

De anesthesist dient het middel toe en ziet dat de bloeddruk daalt. Om de bloeddrukdaling te compenseren, dient hij een ander medicijn toe. Dit is een standaardprocedure om de vitale functies van de patiënt stabiel te houden.

De chirurg, die ziet dat de bloeddruk hoger is dan hij wil, geeft opdracht meer van het eerste middel toe te dienen. Dit gebeurt: de bloeddruk daalt weer, waarna de anesthesist deze even later weer omhoog brengt met het tweede middel. Deze cyclus ging door totdat de patiënt overleed.

(Klein, 1998)

Voorbeeld 2

Bij het boodschappen doen heeft je partner een tube lijm gekocht omdat je daarom had gevraagd. De meegebrachte houtlijm blijkt echter niet geschikt te zijn om het gebroken porseleinen beeldje mee te lijmen. Je had specifiek om een bepaald merk lijm gevraagd, maar verzuimd erbij te vertellen waarvoor de lijm bedoeld was. Toen het merk in de winkel niet voorradig was, kon je partner niet inschatten wat een juist alternatief was.

In het alledaagse leven komen dit soort voorvallen – gelukkig meestal met minder ernstige afloop dan zoals in het eerste voorbeeld – voortdurend voor. Het eerste voorbeeld wordt vooral veroorzaakt doordat verschillende mensen verschillend tegen dezelfde situatie aankijken: de anesthesist wist niet dat het juist de bedoeling was de bloeddruk omlaag te brengen. Het voorval in voorbeeld 2 wordt veroorzaakt doordat de uitvoerende partij niet kan improviseren. In beide gevallen wordt het probleem veroorzaakt doordat de doelstelling van het verzoek niet duidelijk is.

De bedoeling van de commandant

Militaire organisaties – crisisorganisaties bij uitstek – besteden veel aandacht aan dit probleem. Voor een goede uitvoering van en een flexibele respons op de opdracht moet de opdrachtgever zijn bedoeling kenbaar maken. Dit wordt *commander's intent* genoemd.

Commander's intent betekent zoveel als het doel dat de opdrachtgever wil bereiken met de opdracht. Duidelijkheid helpt de ontvanger enorm bij het interpreteren van de opdracht en geeft de ontvanger ook de mogelijkheid hierop flexibel te reageren en te improviseren. Dit laatste is nog niet zo eenvoudig en hangt ook sterk af van de cultuur in de organisatie. Wordt tegenspraak of flexibele interpretatie als acceptabel gezien, of juist niet geaccepteerd?

In crisisorganisaties is het meegeven van commander's intent nog geen algemeen gebruik, althans niet bewust. Toch zou het juist hier veel voordelen bieden. In onzekere situaties is flexibiliteit een vereiste. Rigide en beperkt geformuleerde opdrachten zijn daarom niet effectief. Klein (1998) heeft zeven typen informatie geformuleerd die iemand kan aanbieden om degene die de opdracht ontvangt te helpen:
- de bedoeling van de taak: het hoger liggende doel;
- het directe doel van de taak: een beeld van de gewenste uitkomst;
- de volgorde van stappen in het plan;
- de rationale van het plan;
- de belangrijkste te nemen beslissingen;
- ongewenste uitkomsten;
- beperkingen en andere overwegingen.

Van der Horst vergeleek in het kader van de studie Master of Public Safety van DelftToptech in 2007 de commandovoering binnen de sector openbare orde en veiligheid. Hij formuleerde de volgende aanbeveling:

> *Zorg voor inbedding van de gedachte achter het begrip 'oogmerk van de commandant' [= 'Commander's Intent] in de organisatie, zowel binnen de verschillende disciplines als bij multidisciplinair optreden. Voordeel van het opnemen van het oogmerk van de eigen commandant en zijn naasthogere, is dat de doelstelling van een commandant daardoor minimaal twee niveaus lager bekend is. Daardoor kunnen ook op dat niveau, zowel bij de eigen, als bij neveneenheden, zelfstandige beslissingen worden genomen binnen de doelstelling van hogere commandanten.*

Hoewel civiele organisaties misschien niet helemaal hetzelfde functioneren als militaire organisaties, is het zeker waardevol in de civiele crisisbeheersing meer – of meer bewust – gebruik te maken van commander's intent.

10.3 Communiceren in de crisisorganisatie

Communicatie speelt in een crisissituatie dus een cruciale rol. Zonder goede communicatie is het beheersen van een crisis niet mogelijk en gebrekkige communicatie kan zelfs leiden tot nog grotere problemen.

In een crisis wordt communicatie vaak bemoeilijkt door externe ruis, zoals tijdsdruk, hectiek en omgevingslawaai. Omdat miscommunicatie grote negatieve gevolgen kan hebben, is het voorkomen hiervan tijdens een crisissituatie dan ook noodzakelijk. Communicatiefouten kunnen nooit helemaal voorkomen worden, maar ze kunnen wel gereduceerd worden. Een aantal spelregels kan hierbij helpen:

• Wees concreet en spreek kort en duidelijk.
• Gebruik bekende taal (interpretatie).
• Geef de bedoeling en context aan.
• Koppel actief terug.

Concreet, kort en duidelijk communiceren

Het mag een open deur lijken, maar kort en duidelijk communiceren is niet voor iedereen even gemakkelijk. Uitgebreide verhalen en prachtige volzinnen dragen vaak niet bij tot een beter begrip van de boodschap. Beperk de communicatie dus tot de informatie die van belang is, houd de boodschap zo concreet mogelijk en gebruik geen vage of nietszeggende begrippen.

Bijvoorbeeld: met de mededeling dat er 'een paar' mensen gewond zijn, wordt het aantal gewonden niet concreet aangeduid met een getal, en wordt ook niet duidelijk hoe ernstig de verwondingen zijn. In het gewone taalgebruik kan 'een paar' twee betekenen, maar ook meer. Concreter is het om een precies aantal te geven. Als dat onmogelijk is, dan zou in ieder geval aangegeven kunnen worden dat er op dit moment bijvoorbeeld zeker drie lichtgewonden zijn, maar dat het aantal nog kan oplopen.

Interpretatie

Terminologie die voor de zender bekend is, kan bij de ontvanger volstrekt on-duidelijk zijn. Het gebruik van vaktermen of jargon kan begrip onder vakgenoten verbeteren, maar is voor buitenstaanders onbegrijpelijk. Bij een incident met een spoorketelwagen in Amersfoort in 2002 werd de term 'stijgpijp' verbasterd tot 'steigerpijp'. Dit zijn toch echt twee verschillende dingen.

Ook het gebruik van lokale uitdrukkingen, die alleen voor mensen uit die streek of uit dat bedrijf bekend zijn, moet vermeden worden. Bijvoorbeeld: de ambulan-ce krijgt bij een bedrijf de volgende instructie: 'U moet naar de werkplaats van de GU, die is gevestigd in de oude boerderij. Deze weg volgen en bij de voormalige rozentuin linksaf.'

Beter was geweest: 'U moet naar de werkplaats van de afdeling Gronduitrus-ting die is gevestigd in gebouw 3, aangeduid op de gevel. Deze weg volgen en de tweede weg links, het gebouw aan de rechterzijde.'

Bedoeling en context

Om de informatie op de juiste wijze te interpreteren is het belangrijk dat de ont-vanger de informatie kan plaatsen. In de vorige paragraaf is dit uitvoerig bespro-ken. Merk bijvoorbeeld het verschil op tussen: 'Kun je de brandweer bellen?' of: 'Kun je de brandweer bellen in verband met het overleg over de nieuwbouwplan-nen volgende week?' De laatste instructie is een voorbeeld waarbij de comman-der's intent een rol speelt. Degene die de opdracht uitvoert, weet welke speel-ruimte er is binnen de opdracht en kan deze dus tot op zekere hoogte naar eigen inzicht uitvoeren.

Bewust terugkoppelen

Bewuste terugkoppeling dient de kwaliteit van de communicatie te waarborgen. Ook de details mogen hierbij niet vergeten worden: in gevaarlijke situaties kan het van levensbelang zijn. Het zou vervelend zijn als een verkeerd gebied ont-ruimd wordt vanwege explosiegevaar, of als de vrouw van meneer Klaassen wordt geïnformeerd dat haar man een ongeval heeft gehad terwijl het meneer Claessen betrof. In de luchtvaart worden belangrijke berichten herhaald volgens een vaste procedure, omdat externe ruis de informatie kan verstoren.

De kans op miscommunicatie kan worden verminderd door personeel te trai-nen en op te leiden. Dit vergroot de gezamenlijke achtergrond. Ook wordt er meer inzicht verkregen in de communicatie tijdens een crisis. De kans op mis-communicatie wordt verkleind, doordat:

- achtergronden en opleidingsniveau gelijk zijn;
- terminologie bekend is;
- de communicatie/informatie in de context geplaatst kan worden;
- de informatiebehoeften bekend zijn.

Communicatie tijdens een crisis komt vaak als zakelijk, afstandelijk en directief over. Sommige personen kunnen zich hieraan ergeren. De wijze van communiceren wordt echter sterk beïnvloed door de situatie. Tijdsdruk, verantwoordelijkheidsgevoel en onzekerheid spelen hierbij een rol.

Communicatie in de scheepvaart

In de scheepvaart wordt veel gecommuniceerd via de marifoon (een mobilofoon voor schepen). Zowel de beroepsvaart als de watersport maken hiervan gebruik. Voor een sluiswachter, een loods of een verkeersbegeleider is echter binnen enkele seconden duidelijk in welke categorie iemand thuishoort.

Watersporters hebben veel meer woorden nodig en zijn zelfs dan minder goed in staat de boodschap over te brengen. De beroepsvaart heeft aan enkele woorden in jargon genoeg.

Partijen die hetzelfde jargon gebruiken, kunnen effectiever en efficiënter communiceren maar sluiten daarmee buitenstaanders wel buiten.

10.4 Communicatiesystemen

Dit boek gaat vooral over organisatorische en gedragsmatige aspecten van crisisbeheersing, niet over techniek. Het spreekt voor zich dat bij activiteiten die bij de beheersing van een crisis worden ontplooid, talloze technische hulpmiddelen worden gebruikt. Echter, op (crisis)managementniveau hebben we vaak vooral nadrukkelijk te maken met systemen die de communicatie mogelijk maken of moeten ondersteunen.

Het meest gebruikte systeem is uiteraard de telefoon, en met de komst van de gsm-telefoons is dit enorm toegenomen. Hierdoor is ook de hoeveelheid berichtgeving kwantitatief sterk toegenomen, omdat iedereen overal met anderen contact kan maken en ook verwacht door anderen te worden geïnformeerd. Vroeger was het geaccepteerd dat er vaak langere perioden zonder berichten waren.

Een ander hulpmiddel dat veel wordt gebruikt is de mobilofoon of portofoon, vooral voor relatief open communicatie binnen of tussen groepen personen. Met name de operationele diensten maken hier gebruik van.

Overige hulpmiddelen zijn e-mail, sms, WhatsApp en zelfs Twitter.

Binnen het crisismanagement wordt in toenemende mate gebruikgemaakt van netwerksystemen. Zo gebruiken veiligheidsregio's al geruime tijd applicaties waarmee via het internet gegevens kunnen worden uitgewisseld tussen de diverse teams.

Dit is netcentrisch werken. Via een speciaal daarvoor aangelegd netwerk kunnen in Nederland een groot aantal belangrijke partijen in de crisisorganisatie met elkaar communiceren. De systematiek die hiervoor gekozen is, heet het Landelijk Crisis Management Systeem (LCMS). Via dit systeem kan informatie in het veld, bijvoorbeeld door een Commando Plaats Incident (CoPI), worden ingevoerd en direct tot in het regionaal beleidsteam (RBT) of zelfs het Nationaal CrisisCentrum (NCC) worden gevolgd. Uiteraard heeft dit nogal wat voordelen voor de snelheid van informatieverspreiding en de eenduidigheid van de informatie.

Er zijn echter ook wel wat nadelen te bedenken. In dit hoofdstuk kwamen verschillende communicatieaspecten aan de orde. In een netwerksysteem vertrouwen we volledig op geschreven informatie, waarbij andere aspecten achterwege blijven. Bij verbale communicatie spelen bijvoorbeeld klemtoon, intonatie, snelheid en toonhoogte een belangrijke rol bij de interpretatie van de boodschap. In een schriftelijk bericht vallen deze aspecten allemaal weg. Iedereen weet hoe lastig het soms kan zijn iets via e-mail te communiceren en hoe vaak het toch nodig is om de communicatiemisverstanden via een (telefoon)gesprek weer recht te trekken. Informatie via een netwerk aanbieden betekent nog niet dat bij de ontvangers het juiste beeld ontstaat. Meer onderzoek naar de relatie tussen informatie en communicatie is dus gewenst.

Een ander bezwaar van het werken met technisch complexe systemen is de kwetsbaarheid. Ze zijn immers bedoeld voor crises en dat zijn bij uitstek de situaties waarbij allerlei dingen mislopen. Hoewel voorstanders erop wijzen dat met back-upsystemen alles erg betrouwbaar is, wijst de praktijk vaak anders uit. Bij een grote aardbeving, overstroming of aanslag is het maar de vraag welke netwerksystemen nog werken en hoe lang. Het lijkt dus verstandig er niet al te veel op te vertrouwen en alternatieven beschikbaar te hebben.

Miscommunicatie in e-mailverkeer

In opdracht van het Britse ministerie van Handel en Industrie onderzocht BMRB Omnibus in 2004 onder meer dan 1.100 mensen het aantal misverstanden dat communicatie per e-mail oplevert. Wat bleek: bijna een kwart van alle grappen die mannen via e-mail verzenden, wordt door de ontvangers niet of verkeerd begrepen. Met als gevolg eindeloos heen-en-weer gemail om de ontstane misverstanden uit de weg te ruimen. Bij vrouwen is het bijna net zo erg: een op de vijf vrouwen geeft toe regelmatig met gemailde grappen voor verwarring te zorgen bij ontvangers.

10.5 Communicatiedomeinen

In de vorige paragrafen zijn we vooral uitgegaan van communicatie binnen de crisis- of noodorganisatie. En hoewel de algemene aspecten van communicatie min of meer universeel zijn en ook voor andere domeinen gelden, hebben verschillende domeinen toch ook heel specifieke kenmerken.

Tegelijkertijd is de overlap van domeinen zodanig dat verschillen soms ook wat vervagen. In crisisbeheersing wordt bijvoorbeeld onderscheid gemaakt tussen voorlichting en mediacommunicatie. Voorlichting is, bijvoorbeeld bij een ramp, gericht op het verstrekken van praktische informatie aan de burgers. Vaak gaan berichten over veiligheidsmaatregelen, het verwachte verloop van de situatie, welke faciliteiten de burger ten dienste staan en vooral ook wat mensen zelf kunnen doen om gevaar te verminderen of te vermijden. Dit laatste wordt ook wel handelingsperspectief genoemd. Deze communicatie richt zich op mensen die de effecten van de crisis ondervinden of kunnen ondervinden. Mediacommunicatie heeft een informerende functie en is veel breder gericht.

Ook de sturing is heel verschillend. Voorlichting is veel meer eenrichtingsverkeer. In de crisisorganisatie kan besloten worden over de inhoud en het doel van de voorlichting. Mediacommunicatie is een activiteit waar de crisisorganisatie veel minder invloed op heeft. De media bepalen zelf waar hun interesse ligt en welke vragen zij beantwoord willen zien. De crisisorganisatie heeft wel (een beetje) controle over wat zij aan informatie vrijgeeft, maar heeft nauwelijks controle over welke informatie wordt verspreid. Het zal duidelijk zijn dat dit met de komst van social media nog veel meer het geval is dan vroeger. Waren de media vroeger het domein van de pers, nu zijn de media van iedereen.

Het lastige is dat burgers die voorgelicht worden, ook informatie uit de media krijgen. Daarmee overlappen voorlichting en mediacommunicatie elkaar dus. Om in crisissituaties goed te kunnen communiceren, zullen de verschillende domeinen duidelijk moeten zijn en goed moeten worden voorbereid, zodat er een goed evenwicht tussen de verschillende communicatieactiviteiten ontstaat.

Vooral bij sommige bedrijven lijkt er vaak veel aandacht te bestaan voor mediacommunicatie, maar is de voorlichting aan het eigen personeel nauwelijks geregeld. Voor een bedrijf zouden bijvoorbeeld de volgende communicatiedomeinen kunnen worden benoemd:

- binnen de eigen crisisorganisatie;
- binnen het eigen concern (naar en op *corporate* niveau);
- tussen de eigen crisisorganisatie en die van de overheid;
- met andere overheidspartijen zoals inspectiediensten;
- met eigen medewerkers en *contractors*;
- met familie van eventuele slachtoffers;
- met klanten;
- met buren;
- met media;
- met andere stakeholders (bijvoorbeeld investeerders, verzekeraar).

Tabel 10.1 geeft voor verschillende van deze domeinen een aantal knelpunten weer, die binnen ACIR (Adviescommissie Coördinatie ICT Rampenbestrijding) van het ministerie van BZK zijn gedefinieerd (ACIR, 2005). Hier is onderscheid gemaakt tussen de informatie die binnen de crisisorganisatie nodig is (linker kolom) en de informatie die gedeeld moet worden met belanghebbenden daarbuiten (rechter kolom). Overigens is deze indeling gericht op rampenbestrijding of crisisbeheersing vanuit de overheid.

Tabel 10.1   Knelpunten binnen ACIR (ACIR, 2005)

Het 'hebben' van informatie	Het 'delen' van informatie (uitwisseling)
1 Sommige benodigde informatie is niet **beschikbaar**.	6 Informatie wordt onvoldoende uitgewisseld met **andere disciplines**.
2 Veel benodigde informatie is niet (snel) **toegankelijk**.	7 Informatie wordt onvoldoende uitgewisseld met **andere regio's**.
3 Een deel van de benodigde informatie is niet **bruikbaar**.	8 Informatie wordt onvoldoende uitgewisseld binnen de **hiërarchie**.
4 Benodigde informatie wordt onvoldoende gestructureerd **verzameld**.	9 Informatie wordt onvoldoende uitgewisseld tussen **ministeries**.
5 Een deel van de informatie wordt onvoldoende goed **geïnterpreteerd**.	10 Informatie wordt onvoldoende uitgewisseld met **pers en bevolking**.
	11 **Coördinatie en afstemming** vindt onvoldoende plaats.

Op een aantal belangrijke uitvoeringsaspecten van deze communicatiedomeinen zal in de hoofdstukken 12 en 13 nog nader worden ingegaan.

10.6 Samenvatting

Communicatie is het uitwisselen van symbolische informatie, die bewust plaatsvindt tussen mensen die zich bewust zijn van elkaars aanwezigheid. Deze informatie wordt voor een deel bewust, maar voor een deel ook onbewust gegeven, ontvangen en geïnterpreteerd.

Een bekend model om verschillende aspecten van communicatie te duiden is het zender-ontvangermodel van Schulz von Thun. Essentiële onderdelen daarin zijn de verschillende aspecten van communicatie en de terugkoppeling van de boodschap. Door in berichten informatie mee te geven over de bedoeling van het bericht, wordt de ontvanger in staat gesteld het bericht te duiden en eventueel af te wijken van de opdracht om toch het doel te bereiken. Dit wordt commander's intent genoemd.

Communicatie bij crises moet concreet en duidelijk zijn, in onderling bekend taalgebruik verwoord worden, de bedoeling van de boodschap bevatten en worden teruggekoppeld. Communicatiefouten kunnen in crisissituaties sneller vervelende consequenties hebben, omdat er vaak direct handelingen aan gekoppeld zijn en de impact van berichten groot kan zijn.

Door elkaars informatiebehoeften, de context waarbinnen informatie wordt gedeeld en de terminologie te leren kennen, wordt de kans op communicatiefouten verkleind.

In crisismanagement wordt in toenemende mate gebruikgemaakt van geavanceerde communicatiehulpmiddelen. Los van de betrouwbaarheid in crisisomstandigheden is ook meer onderzoek naar de effectiviteit wenselijk.

Behalve communicatie – als onderdeel van het crisismanagementproces – zijn er meerdere communicatiedomeinen te benoemen waarbij communicatie zelf als proces benoemd kan worden, zoals mediacommunicatie en voorlichting.

Het werken in een crisisteam

In de vorige hoofdstukken kwamen de psychologie en de managementaspecten aan de orde. Dit was nodig om inzicht te verkrijgen in gedrag en het beinvloeden daarvan. Hoe passen we die inzichten nu toe in de praktijk? Daar gaat dit hoofdstuk over.

Crisismanagement is vooral een praktische bezigheid: inzichten in management en besluitvorming moeten vooral toepasbaar zijn. Aan de orde komt in de eerste plaats het werken in een crisisteam in het algemeen. Hoe nemen we beslissingen op een zodanige manier dat we de kans op fouten zo klein mogelijk houden? Hoe werken we samen en passen we de inzichten uit de groepsdynamica toe?

Verder zullen ook de verschillende soorten teams kort aan de orde komen, en de relatie tussen teams. De communicatie en de afstemming in deze teams zijn belangrijke aspecten.

Ten slotte wordt een algemeen integraal model voor het werken in een crisisteam behandeld.

11.1 Het organiseren van besluitvorming

Rekening houden met context en perceptie

De manier waarop we een noodsituatie interpreteren, hangt af van onze perceptie en de context waarin de informatie wordt aangeboden. Door voorbereiding kunnen we onze perceptie al modelleren. We hebben dan geleerd op een bepaalde manier waar te nemen.

Hetzelfde geldt voor de context waarin de informatie wordt aangeboden. Door simulaties vooraf kunnen we voor een deel vertekeningen door context voorkomen, maar – paradoxaal genoeg – ook veroorzaken. Dit laatste kunnen we reduceren door verschillende simulaties met verschillende invalshoeken te kiezen, en een sterke scenario-oriëntatie te vermijden. Dit laatste betekent: niet te sterk van vooraf beschreven situaties uitgaan. Door een scenario te benoemen passen we namelijk onbewust de waarneming aan, om het beeld af te stemmen op dit scenario.

Ook tijdens een noodsituatie zelf kunnen we vertekeningen in perceptie en context reduceren. We moeten dan op een bepaalde manier tegen de aangeboden informatie aankijken.

• **Laat verschillende mensen in het team hun interpretatie geven**
Door verschillende zienswijzen te beluisteren, kunnen verschillen in perceptie aan het licht komen. Het is belangrijk de ander volledig te laten uitspreken en die persoon niet te snel in de rede te vallen of aan te vullen.

• **Probeer de informatie vanuit verschillende invalshoeken te bekijken**
Hoe zou je tegen deze informatie aankijken vanuit de invalshoek van een slachtoffer, een hulpverlener, de pers, enzovoort.

• **Probeer de informatie in een andere context te plaatsen**
Stel dat deze situatie zich zou voordoen in een ander bedrijf of thuis, hoe zou je er dan tegen aankijken?

Denk ook nog even terug aan het in paragraaf 7.1 behandelde begrip 'seriële positie': het effect van de volgorde van informatie. Laat alle informatie in een andere volgorde nog even systematisch de revue passeren om recency- en primacy-effecten te verminderen.

Het gebruik van heuristieken

Bij het nemen van beslissingen gebruiken we heuristieken min of meer automatisch. In principe is dit ook niet verkeerd: het zijn immers in veel omstandigheden goed werkende beslisprocedures. Wel moeten we oppassen voor vertekeningen die hierdoor kunnen optreden. Het helpt als we de verschillende heuristieken kennen. Ook hier zijn wel weer enkele richtlijnen te geven om fouten te reduceren.

• **Bedenk of de situatie herkenbaar is (representativiteitsheuristiek)**
Als men al eerder met een vergelijkbare situatie is geconfronteerd, zoek dan bewust naar de verschillen. Op deze manier voorkomen we onterechte extrapolatie van informatie van de ene naar de andere situatie.

- **Zoek andere gegevens dan die uit directe ervaring (toegankelijkheidsheuristiek)**
  Als je de situatie herkent, zoek dan bewust naar gegevens uit andere invalshoeken of van een abstracter niveau. Hierdoor wordt een te dominante invloed van gegevens die je je het gemakkelijkst kunt herinneren voorkomen.

- **Bekijk de zaak eens van een andere kant (bijstellings- en verankeringsheuristiek)**
  Door vanuit een ander beginpunt te redeneren, komt men vaak tot andere besluiten. Door dit vanuit verschillende punten te doen, kan er een betere afweging worden gemaakt.

Toepassing van deze richtlijnen in een crisisteam vraagt een enorme discipline. Over het algemeen wil men immers snel tot besluiten komen. Het zoeken naar meer abstracte informatie of het beredeneren van de zaak vanuit een andere invalshoek wordt soms als getreuzel ervaren. Een zogenaamd daadkrachtige voorzitter kan dan een handicap zijn. Deze kan er, door zijn daadkracht, onbedoeld verantwoordelijk voor zijn dat in de besluitvorming grote fouten worden gemaakt.

Crisisoverleg
In een oefening op een vliegveld kwam de voorzitter van het crisisteam van de luchthaven het CoPI (Commando Plaats Incident) informeren.
Hij vertelde zijn verhaal zeer beknopt, maar werd toch onderbroken toen hij iets vertelde over de bagage. De leider CoPI gaf aan dat hij bij een vliegtuigcrash niet geïnteresseerd was in bagage.
Afgezien van het feit dat zijn reactie meer tijd kostte dan het vertellen van de informatie, bleek de informatie later toch relevant te zijn toen er een vreemde stof in de bagage werd aangetroffen.

Samen beslissen

Een crisisteam is – misschien meer nog dan andere teams – onderhevig aan groepsinvloeden. Door de onderlinge invloeden van de teamleden op elkaar kan de besluitvorming verslechteren. Het optreden van deze negatieve groepsdynamische effecten hangt sterk samen met de cultuur in de organisatie. Men is door de organisatiecultuur gewend om op een bepaalde manier met elkaar om te gaan in besprekingen en vergaderingen.

Door besprekingen op een bepaalde manier te structureren kunnen onbedoelde groepseffecten worden teruggebracht. In plaats van punten waarover besloten moet worden direct gezamenlijk te bediscussiëren, kan bijvoorbeeld ook een andere vorm gekozen worden.

Voor groepsbeslissingen is bijvoorbeeld de Delphi-methode heel geschikt. Dit is een methode waarbij groepsleden hun standpunten afzonderlijk opschrijven, waarna ze worden besproken. Daarna volgt er weer zo'n ronde. Het is dus een itererend proces dat enkele malen herhaald wordt. Voor crisisteams kan deze methode worden toegepast als er voldoende tijd is en de calamiteit niet acuut is. Omdat dit vaak niet het geval is, moeten dan andere methoden worden gebruikt.

De volgende aanwijzingen kunnen gebruikt worden om negatieve groepseffecten grotendeels te voorkomen:

- **Moedig kritiek aan**
  Schep een sfeer waarin de groepsleden kritiek kunnen leveren op standpunten van anderen (ook op die van de baas).

- **Laat alle groepsleden hun zegje doen**
  Hoor de standpunten van anderen aan. Hierdoor heeft men de meeste kans dat er bruikbare oplossingen worden aangedragen. Bovendien kan niemand zich onttrekken aan de besluitvorming.

- **Laat de groepsleden met de 'laagste' status het eerst spreken**
  Als de baas het eerst spreekt, is er het risico dat iedereen zich in meer of mindere mate aan zijn standpunt conformeert.

- **Eerst schrijven, dan praten**
  Door iedereen eerst in enkele steekwoorden voor zichzelf zijn standpunt te laten opschrijven, wordt te sterke conformering aan voorgaande sprekers voorkomen.

- **Raadpleeg de achterban en deskundigen**
  Win regelmatig informatie in van anderen om een referentie te krijgen voor de besluiten van het team. Dit voorkomt groupthink.

- **Speel voor advocaat van de duivel**
  Laat een lid van het team zo veel mogelijk tegenargumenten bedenken om groepspolarisatie te voorkomen.

11.2 Omgaan met stress in het crisisteam

Het ligt voor de hand: de beste manier om te voorkomen dat door stress de besluitvorming degenereert, is het voorkomen van stress. Dit is misschien minder moeilijk dan het lijkt.

Stress wordt vaak veroorzaakt doordat men een hoge tijdsdruk ervaart en het gevoel heeft de situatie onvoldoende te kunnen beïnvloeden. Dit heeft alles te maken met de manier waarop het proces in het crisisteam verloopt. Door hier voldoende aandacht aan te besteden en dit op een goede manier te sturen, kan een groot deel van de stress voorkomen worden. Vooral het tijdig en regelmatig inlassen van pauzes om de voortgang te evalueren geeft rust in het team. Ook het goed doseren en presenteren van informatie speelt een belangrijke rol.

Het gevoel de situatie niet te kunnen beïnvloeden – een belangrijke veroorzaker van stress – heeft niet alleen met de situatie te maken, maar ook met de vaardigheden van de betrokken personen. In paragraaf 7.2 is al gekeken naar patronen die gebruikt worden bij het autorijden. Weet je de eerste keer dat je een auto bestuurde nog? Het schakelen en sturen vergde het uiterste van je concentratievermogen. Waarschijnlijk was je hartslag op dat moment ver boven normaal en raakte je snel vermoeid. Een ervaren chauffeur denkt echter bij deze handelingen nauwelijks na en kan tegelijkertijd een ontspannen gesprek met zijn medepassagier voeren.

Door kennis en ervaring hoeft minder mentale inspanning geleverd te worden. Hetzelfde geldt voor het werken in crisisteams. Als je hebt geleerd in een crisisteam te werken, neemt de stress af.

Eerder werd al geconstateerd dat er individuele verschillen zijn in het omgaan met spanning. Inzicht hierin helpt bij het werken in een crisisteam. Er kan dan rekening mee worden gehouden bij de taakverdeling.

Helemaal voorkomen kunnen we stress niet bij het werken in een crisisteam. Een crisis brengt immers per definitie spanningen met zich mee. Dit hoeft geen probleem te zijn, zolang het de effectiviteit maar niet aantast, zoals besproken in paragraaf 7.3. Een zekere mate van spanning kan zelfs het prestatieniveau verhogen. Potentieel stressvolle gebeurtenissen kunnen worden omgezet in uitdagingen. Hoe succesvol men hierin is, hangt af van een aantal kenmerken:

- een gevoel van beheersing van externe gebeurtenissen;
- een sterk gevoel van betrokkenheid;
- focus op uitdaging.

Strikt genomen spreken we dan meer van spanning dan van stress.

Stressreductie in de praktijk

Degene met de meeste invloed op spanning in een crisisteam is de voorzitter. De wijze waarop deze het team stuurt, maakt alle verschil. Als een voorzitter rust uitstraalt, is ook de spanning in een team beduidend lager dan wanneer een voorzitter gehaast en gespannen overkomt.

Een aantal stressreducerende factoren op een rij:

- **Spreek niet te snel**

  Als de druk toeneemt, gaat men vaak steeds sneller praten. Hierdoor stijgt de *sense of urgency* dramatisch en raakt steeds meer informatie verloren.

- **Val mensen niet te snel in de rede**

  Ook hierdoor gaat informatie verloren en de tijdwinst is vaak minimaal. Het verhoogt bovendien de druk op degene die aan het woord is.

- **Elimineer stoorzenders**

  Zorg dat er geen lawaai is, laat telefoons uitzetten (op zijn minst het geluidssignaal).

- **Delegeer en houd afstand**

  Laat mensen op de onderliggende niveaus hun werk doen en zet dingen uit bij degenen die daarvoor aangewezen zijn.

- **Stel prioriteiten en stel uit**

  Doe het belangrijkste eerst en bedenk of een beslissing ook later of door een ander genomen kan worden.

- **Voer een strakke regie**

  Laat iedereen op tijd komen en pas vertrekken als de voorzitter het overleg beëindigt. Binnenvallende laatkomers en mensen die alvast weer gaan telefoneren verhogen de hectiek en maken dat alles herhaaldelijk moet worden afgestemd.

Tot slot nog een advies: ga niet te snel ter plaatse kijken. Er is nogal eens discussie over de voor- en nadelen van waarnemingen in het veld. Sommige crisismanagers zijn van mening dat zij zich sneller en beter een beeld kunnen vormen van de situatie door ter plaatse te gaan kijken. Dit heeft echter een aantal belangrijke nadelen.

- De fysieke en operationele aspecten zijn meestal dermate imponerend dat deze alle aandacht opeisen, waardoor de crisismanager hiervan later geen afstand meer kan nemen. De fysieke aspecten, hoe indrukwekkend ook, vormen echter slechts een klein deel van de crisis. Veel andere belangrijke aspecten zijn niet zichtbaar.
- De verleiding van bemoeienis is groot. Dan gaat de crisismanager het proces verstoren en professionals in de weg lopen.
- Op de plaats van de calamiteit komt men vaak niet meer weg. De crisismanager wordt door allerlei mensen aangeklampt of kan zich niet losmaken van de betrokkenen. Intussen is hij niet bezig met tactisch of strategisch crisismanagement.
- In het veld kan moeilijk met de rest van het team worden overlegd en is de bereikbaarheid vaak beperkt.
- De impact van de situatie verhoogt stress.

Dit laatste aspect mag niet worden onderschat. Vanuit een crisisteam kan men emotioneel wat meer afstand houden, waardoor er minder snel stress ontstaat. In het veld gaan kijken als er bijvoorbeeld slachtoffers zijn, verandert de positie ten aanzien van de crisis aanzienlijk en kan ertoe leiden – zeker bij iemand die niet aan dergelijke situaties gewend is – dat zorgvuldige analyses van de situatie als geheel onmogelijk worden.

Have a cup of tea
The British response to a stressful situation is to reach for the kettle and get out the teabags. Recently, researchers have confirmed that our response to drama amounts to more than psychology. Scientists at University College London found that drinking tea lowers post-stress levels of cortisol, the hormone released when we experience physical or emotional trauma and which increases blood pressure and makes our hearts race (The Times, 21 november 2006).

11.3 Interactie tussen teams

Het goed functioneren van een team is geen vanzelfsprekendheid. Het goed functioneren van een crisisteam is zelfs geen waarschijnlijkheid. Samenwerking tussen crisisteams is misschien wel een onmogelijkheid.

Dit laatste is misschien niet helemaal waar, maar het samenwerken van teams is op zijn minst een uitdaging. Dit is binnen een reguliere organisatie al zo, en zeker in een crisisorganisatie. In zo'n organisatie kan immers een groot aantal teams actief zijn die zich met verschillende aspecten van de crisis bezighouden.

Bij de structuur van publieke crisisorganisaties zagen we teams op verschillende hiërarchische niveaus. Daarnaast zijn ook nog verschillende actiecentra actief die zich met specifieke taken bezighouden. In bedrijven kan ook een dergelijke structuur worden ingericht. Als de overheid met een of meerdere bedrijven moet gaan samenwerken, wordt het aantal teams dus aanzienlijk. Het aantal komt al gauw boven de tien.

Deze teams zijn allemaal bezig met het vormen van een beeld van de situatie en het aansturen van activiteiten. Om ervoor te zorgen dat iedereen een min of meer adequaat en gelijkvormig beeld heeft van de crisis, moet er veel communicatie plaatsvinden tussen teams. Hier doet zich echter een aantal problemen voor:

- **Tijdgebrek**
  Het overbrengen van een compleet beeld van een situatie kost zoveel tijd dat de andere taken van het team onder druk komen te staan.

- **Beperkte communicatiekanalen**
  Op de plaats van een calamiteit kan iemand zien, horen en ruiken wat zich afspeelt. Dit moet dan vervolgens vaak via één kanaal (mondeling) worden gecommuniceerd.

- **Perceptiefouten**
  We zagen al eerder dat informatie sterk gekleurd wordt door de ontvanger.

- **Bereikbaarheid**
  Gedurende overlegrondes zijn teams vaak niet bereikbaar.

- **Onduidelijke verwachtingen**
  Informatie kan bedoeld zijn voor de beeldvorming, maar kan ook een appellerende component hebben: de vraag om een beslissing.

In de praktijk past men methoden en componenten toe om de samenwerking tussen de verschillende teams in goede banen te leiden (of dit althans te proberen).

Vertegenwoordiging

Een manier om teams te laten interacteren, is om vanuit verschillende teams een vertegenwoordiging in een overkoepelend team te laten deelnemen. Deze werkwijze wordt bijvoorbeeld meestal toegepast in een CoPI (Commando Plaats Incident) of een ROT (regionaal operationeel team). Deze teams bestaan voor het grootste deel uit vertegenwoordigers van andere teams of actiecentra. Eens in de zoveel tijd overlegt het team, waarbij de vertegenwoordigers de informatie uit hun eigen actiecentrum inbrengen en na het overleg ook weer informatie mee terugnemen. Wordt er met een bedrijf samengewerkt, dan neemt een vertegenwoordiger van het crisisteam van het bedrijf ook deel in zo'n overleg.

Deze manier van interactie is over het algemeen redelijk effectief, mits de deelnemers in het team goed met elkaar kunnen samenwerken en goed getraind zijn. Bij veel operationele diensten is dit wel het geval, maar de interactie met het crisisteam van een bedrijf is vaak gebrekkig. Zo zijn er veel bedrijven die nog nooit van een CoPI gehoord hebben en pas op het moment van een calamiteit zien welke organisatie er ontstaat bij de overheid. In een overleg wordt het dan lastig om in te schatten welke informatie relevant is en wat er moet worden afgestemd.

Gestructureerde rapportage

In een crisisteam wordt de informatie over het algemeen bijgehouden door een plotter. Een plotter is geen notulist. Een notulist houdt een gespreksverslag bij, terwijl een plotter – meestal volgens een bepaalde opzet – een overzicht bijhoudt van de situatie, acties en besluiten.

Voor het plotten is het raadzaam een structuur te gebruiken die aansluit bij de wijze van crisisbeheersing. Zo koppelen wij bij bedrijven altijd een (elektronische) plotstructuur aan de opzet van het crisisbeheersingsplan. Bij de overheid gebruikt men vaak standaard lay-outs om informatie te kunnen overdragen. Men spreekt meestal van *sitraps* (situatierapportages).

Zomaar wat aantekeningen maken op een whiteboard is absoluut onvoldoende. Het levert binnen een halfuur meestal een onoverzichtelijke en onleesbare chaos van actiepunten en gegevens op.

Figuur 11.1 Voorbeeld van een elektronisch rapportagesysteem: het Landelijk Crisis Management Systeem (LCMS) (IFV, 2016)

Het voordeel van het werken met een vooraf bepaalde lay-out voor berichten is dat men, als er voldoende (oefen)ervaring is, door de herkenbaarheid berichten gemakkelijk kan lezen en interpreteren. Bovendien worden onderwerpen minder snel vergeten.

Een goede plot en een goede sitrap fungeren daarnaast als een soort checklist voor degenen die de informatie moeten invullen, maar ook voor anderen binnen het team. Wel zal er voldoende ruimte moeten zijn om af te wijken. Het kan immers wel zo zijn dat de crisis zodanig afwijkend is, dat de informatie hierover niet past in de standaardformulieren of -systemen.

Het overdragen van de rapportages kan op verschillende manieren:

- **Persoonlijk**
  Als crisisteams fysiek in elkaars nabijheid werken, kan het formulier persoonlijk overhandigd worden.

- **Per e-mail**
  Als de afstand tussen de teams groot is, moet het formulier verstuurd worden. E-mail of de ouderwetse maar betrouwbare fax zijn hiervoor de meest voor de hand liggende media.

- **Internet of specifiek netwerk**
  Het formulier kan worden opgemaakt in een netwerkomgeving, waarbij iedereen die toegang tot dit netwerk heeft de gegevens kan bekijken.

Het spreekt voor zich dat de eerste manier het meest betrouwbaar is. Niet alleen kan er technisch weinig misgaan, maar ook kan er nog een toelichting plaatsvinden.

Een andere mogelijkheid is natuurlijk mondeling rapporteren per telefoon of een ander medium, zoals portofoon, marifoon of iets dergelijks. Ook dan is het echter vaak goed om aan beide zijden met eenzelfde standaard lay-out te werken, om snel een volledig beeld over te kunnen brengen. Een belangrijke bijdrage aan goede rapportage is deskundige personen inzetten. Plotten van informatie is een vak apart en moet geleerd worden. Veel crisisteams hebben een informatiemanager die ervoor zorgt dat informatie wordt verzameld en overgedragen en die ondersteunt bij de interpretatie daarvan.

Het gebruik van e-mail (of fax) is uiteraard ook gevoelig voor storingen, maar soms minder gevoelig dan een specifiek netwerk. Bovendien zijn het communicatiemiddelen waar de meeste mensen dagelijks mee werken. Dit maakt dat minder training nodig is en dat minder snel fouten worden gemaakt.

In paragraaf 10.4 werd al ingegaan op het gebruik van netwerksystemen en de voor- en nadelen ervan. Over het algemeen zijn ze vooral geschikt voor min of meer professionele crisisorganisaties vanwege de kosten en de vereiste deskundigheid. Kwetsbaar blijft het wel.

Vergaderklok

Omdat in teams nu eenmaal overleg nodig is, zou een situatie kunnen ontstaan waarbij het ene team zijn overleg net afrondt op het moment dat het andere team net begint. Communicatie wordt dan erg moeilijk, omdat teams dan niet meer voor elkaar bereikbaar zijn. Om dit probleem te ondervangen wordt vaak met een vergaderklok gewerkt.

Er wordt een schema gemaakt van tijden waarop de verschillende teams overleggen, waarbij deze tijden zo worden ingedeeld dat informatie van het ene naar het andere team kan worden doorgegeven in de tussenliggende intervallen. In het schema zit dan bijvoorbeeld een kwartier tussen het overleg van het ene en het andere team.

Teams waartussen geen of weinig onderlinge afstemming nodig is, kunnen tegelijkertijd overleggen. Belangrijk is wel dat er niet een standaard vergaderklok wordt gebruikt. De dynamiek van de ene crisis is heel anders dan van de andere. Een explosie door een aanslag zoals in april 2016 op de luchthaven in Brussel verloopt heel anders dan een overstroming van de Maas en kent ook een heel ander tempo.

Figuur 11.2 is een eenvoudig voorbeeld van een vergaderklok na opschaling tot GRIP 3 met een Commando Plaats Incident (CoPI), regionaal operationeel team (ROT), gemeentelijk beleidsteam (GBT) en een team bevolkingszorg (TB).

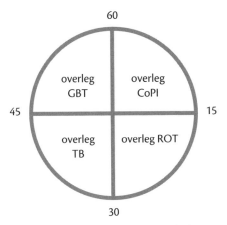

Figuur 11.2   Vergaderklok na opschaling tot GRIP 3

Bij een crisis in een bedrijf is vaak de crisis- of rampenorganisatie van de overheid helemaal niet betrokken. Hiervan zijn al diverse voorbeelden aan de orde gekomen. In dat geval hoeft er uiteraard ook geen vergaderklok te worden afgestemd met organisaties of teams buiten het bedrijf. Toch is het wel aan te bevelen ook in een bedrijf iets dergelijks te gebruiken.

In paragraaf 8.1 werd het gevaar van divergerende beeldvorming al besproken. In de eerste fase van een crisis die zich snel ontwikkelt, is een formeel vergaderrooster te rigide. Aan te bevelen is dan vergaderrondes of time-outs in te lassen als het nodig is. In de praktijk betekent dit in het eerste uur dat het crisisteam actief is, soms wel elke tien tot vijftien minuten. Deze time-outs kunnen met wat training zeer effectief en efficiënt zijn. Een goed gestructureerde time-out, in een team waar ieder zijn rol kent, kan binnen vijf minuten zijn afgerond.

11.4 Publiek-private samenwerking

In hoofdstuk 6 werd de samenwerking tussen bedrijven en de overheid al behandeld. Deze samenwerking blijkt niet altijd even eenvoudig, niet in het minst omdat er tegenstrijdige belangen kunnen bestaan.

Crisismanagers bij de overheid dienen zich te realiseren dat zij vertegenwoordigers van bedrijven anders moeten aanspreken dan de rest van hun teams. Direct bij een eerste overleg zullen duidelijke afspraken moeten worden gemaakt. Bij bedrijven waarmee vaker is samengewerkt of geoefend, zal dit van tevoren al duidelijk zijn, maar ook dan is het goed om duidelijke afspraken te maken in de eerste fase van de crisis.

Voor bestuurders en managers bij de overheid is het belangrijk te beseffen dat de meeste bedrijven veel complexer zijn dan zij vaak denken. Daarom is het vaak noodzakelijk het bedrijf voldoende ruimte te geven voor inbreng, maar ook om zelf acties aan te sturen. Veel acties zijn door een bedrijf vaak ook al in gang gezet, ruim voordat de overheid aan de slag gaat.

Zo komt het voor dat een adviseur gevaarlijke stoffen, met een cursus van enkele weken achter de rug, de chemici in een bedrijf passeert en de zaak wel even zal oplossen. In de researchafdeling van een bedrijf kunnen echter vele duizenden chemische stoffen voorkomen, waarvan de meeste niet in de boekjes van de hulpverleningsdiensten staan. De in het bedrijf aanwezige kennis kan dan maar beter gebruikt worden.

De vertegenwoordigers van bedrijven dienen zich te realiseren dat zij ondersteunend zijn voor wat betreft de beheersing van de calamiteit, maar dat het bedrijf ook een aantal eigen crisisprocessen heeft te managen. Soms nemen directeuren van bedrijven (op uitnodiging) plaats in het beleidsteam van de burgemeester. Vaak geeft dit geen gelukkige configuratie. Ze zijn doorgaans uitgenodigd vanwege hun deskundige inbreng vanuit het bedrijf.

Veel directeuren (uitzonderingen daargelaten) zijn echter helemaal niet deskundig op dit gebied. Vaak komen zij uit een heel andere bedrijfstak of hebben zij een financiële, juridische of marketingachtergrond. Ongetwijfeld zijn zij capabele bestuurders in hun bedrijf, maar vaak niet geschikt om te adviseren over wat zich inhoudelijk binnen hun bedrijf afspeelt. Het gevaar bestaat dan dat zij mee willen gaan sturen in een overheidscrisisteam, wat aan beide zijden tot frustraties kan leiden.

Bedrijven kunnen zich op strategisch niveau vaak beter vanuit hun eigen crisisteam op hun eigen crisisprocessen richten, waarbij een verbinding met een beleidsteam van de overheid, bijvoorbeeld via een liaison, zeer geschikt is om zaken af te stemmen. Voor de informatie die voor bestrijding van calamiteiten van belang is, kan dan op de operationele niveaus door deskundigen worden samengewerkt.

Een aantal algemene adviezen voor overheidscrisismanagers:
- Laat degene die de eerste crisisbeheersingsactiviteiten in gang zet de later opstartende onderdelen uitvoerig briefen.
- Onderschat niet de complexiteit van bedrijfsprocessen en gebruik de deskundigheid van professionals uit het bedrijf.
- Maak direct afspraken over de wijze van samenwerken.
- Bedenk dat het bedrijf ook een aantal processen zelf stuurt.
- Respecteer zo veel mogelijk ook de belangen van het bedrijf (je hebt het vaak over andermans eigendommen).

Een aantal algemene adviezen voor bedrijfscrisismanagers:
- Draag de bestrijding van een calamiteit over aan de overheidsdiensten.
- Respecteer hun professionaliteit.
- Bied zo veel mogelijk deskundige ondersteuning.
- Voeg je voor wat betreft de calamiteitenbestrijding naar de overheid: zij zijn hierover de baas.
- Laat niet alles aan de overheid over, denk aan je eigen crisisprocessen.

Een belangrijk onderdeel waarop publiek-private samenwerking nodig is in crisissituaties, is communicatie. In het volgende hoofdstuk komt dit aan de orde.

Bedrijventerrein RiVu

Bij een ramp of crisis op een bedrijventerrein ontstaat het probleem dat verschillende bedrijven een crisisorganisatie kunnen gaan inrichten. Vaak wordt er in de afzonderlijke plannen van bedrijven van uitgegaan dat zij met de teams van de overheid rechtstreeks kunnen communiceren. Er is dan bijvoorbeeld een liaison van het bedrijf beschikbaar voor het gemeentelijk beleidsteam. Als er meerdere bedrijven bij betrokken zijn, wordt individuele samenwerking met elk bedrijf echter een lastige zaak.

Voor de bedrijventerreinen Rietvelden en De Vutter (RiVu) in 's-Hertogenbosch werd daarom een model opgezet waarin bedrijven de coördinatie bundelen in een coördinatieteam bedrijventerrein. Dit team vormt de schakel tussen bedrijven onderling, maar ook tussen de bedrijven en de overheid. Zo kunnen bijvoorbeeld communicatie, bijstand en logistieke aspecten beter geregeld worden.

11.5 Een werkmodel voor crisisteams

Een algemeen werkmodel voor crisisteams is moeilijk te geven. Er spelen veel factoren een rol, zoals al eerder bleek. Bovendien zijn crisissituaties nogal verschillend.

Toch is het belangrijk om van een basis uit te gaan als we ons op crises willen voorbereiden. Het werkmodel in deze paragraaf dient dan ook vooral als een basis te worden gezien, van waaruit voor verschillende organisaties en voor verschillende situaties meer specifieke modellen kunnen worden ontwikkeld.

Figuur 11.3 geeft een basaal werkmodel voor crisisteams. De opkomst is individueel en bij aankomst dienen deze individuen tot een team te worden samengevoegd. Dit betekent: het inrichten van de ruimte, het maken van afspraken en de buitenwereld laten weten dat er een crisisteam bestaat. Dit kan enige tijd duren, omdat opkomsttijden nogal verschillend kunnen zijn. Het betekent ook dat een team in een kleine kernbezetting vaak alvast kan opstarten, en wordt aangevuld met mensen die later komen.

De volgende stap is dat verschillende leden van het team informatie verzamelen. Voor een deel loopt dit al, omdat vaak ook in de alarmering al informatie wordt meegegeven en tijdens de opkomst soms informatie kan worden ingewonnen. Het crisisteam kan de verzamelde informatie verwerken tot besluiten in een vergaderronde (ook wel time-out genoemd).

Met de besluiten van het team kunnen de individuele leden van het team hun acties gaan uitzetten. Soms zijn dit rechtstreeks uitvoerende acties, maar meestal zullen acties worden uitgezet bij taakgroepen of andere teams. Onder het uitzetten van acties verstaan we ook het informeren van andere partijen.

Na en tijdens het uitzetten van acties zal ook informatie worden opgenomen. Om ervoor te zorgen dat deze individueel verzamelde informatie weer wordt samengesmeed tot een gezamenlijk beeld, vormt dit weer de inbreng bij de volgende vergaderronde of time-out.

Deze cyclus, die in de figuur in grijs is weergegeven, herhaalt zich voortdurend. Aanvankelijk vaak met korte intervallen, maar naarmate crisisbeheersingsactiviteiten effect gaan krijgen, met steeds langere tussenpozen.

Ten slotte kan de lus verlaten worden. De resterende herstelactiviteiten kunnen dan als projecten worden uitgezet.

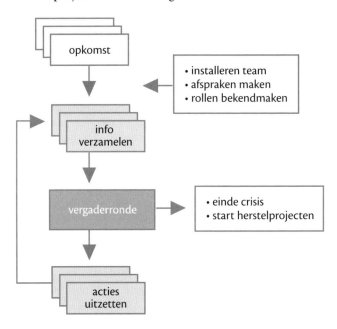

Figuur 11.3   Werkproces crisisteam

Overleg en besluitvorming

In figuur 11.3 is globaal het werkproces voor een crisisteam weergegeven. Hierin is echter de vergaderronde als een soort *black box* opgenomen.

Dit behoeft verdere uitwerking. In deze vergaderronde vindt immers de crisisbesluitvorming plaats. Dat betekent ook dat dit het meest kwetsbare onderdeel in het proces is. In de praktijk blijkt dit ook het moeilijkste onderdeel. De organisatie en de structuur van het globale werkproces is veelal niet het probleem; het op de juiste manier sturen van overleg in crisisteams des te meer.

In figuur 11.4 is de vergaderronde – het overleg of de time-out – verder uitgewerkt met de voorwaarden voor een goede besluitvorming erin verwerkt. Hier kan het al eerder toegelichte eenvoudige hulpmiddel BOB (beeldvorming – oordeelsvorming – besluitvorming) goed worden gebruikt. Het vormt als het ware de agenda voor het overleg.

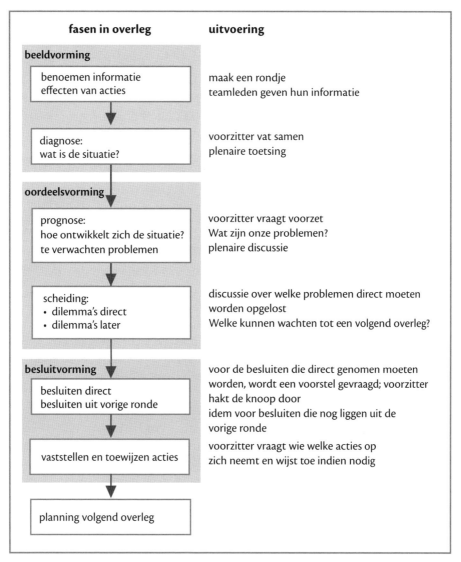

Figuur 11.4   Crisisteamoverleg

Uiteraard zijn er meer, en misschien zelfs betere varianten mogelijk. Zo kan bijvoorbeeld ook InDiProBeT worden gebruikt. Dit staat voor informatie – diagnose – prognose – besluitvorming – toewijzing. Omdat het onderdeel prognose, feitelijk het belangrijkst in een crisis, hier nadrukkelijker in voorkomt zou dit een beter model kunnen zijn. Echter, het BOB-model is dusdanig wijdverbreid en bekend dat het alleen al daarom voor velen de voorkeur heeft.

Het nemen van besluiten

Als we zonder structuur spontaan een overleg voeren in een crisisteam, zien we dat informatie, dilemma's en besluiten door elkaar gaan lopen. Er wordt dan soms te lang stilgestaan bij onnodige zaken, of er worden besluiten genomen op basis van verkeerde informatie. In de hoofdstukken over gedrag en besluitvorming is al het belang van tijd voor besluitvorming benadrukt. Door een beslissing uit te stellen kan het onbewuste ermee aan de slag, met als gevolg meestal betere beslissingen. Uiteraard kan dat niet altijd, maar de mogelijkheid een beslissing tot een volgende vergaderronde uit te stellen zou wel overwogen moeten worden. Een belangrijke vuistregel is:

Beslis snel als het moet, neem de tijd als het kan!

In vergaderrondes is het belangrijk dat een voorzitter zich laat adviseren. Meestal hoeft er geen consensus te ontstaan, maar door iedereen aan het woord te laten verzekert een voorzitter zich van het beste advies, waarna hij zelf de knoop kan doorhakken.

Voor een zuivere besluitvorming is het van belang eerst de situatie en de mogelijke ontwikkelingen vast te stellen, en pas daarna over de dilemma's te praten. Dit is in de praktijk extreem moeilijk. Vaak presenteren teamleden hun dilemma's en oplossingen meteen al bij hun informatie over de situatie.

Het vooruitdenken, de prognose, wordt in veiligheidsregio's ook wel scenariodenken genoemd: het schetsen van het nabije toekomstbeeld. De term 'prognose' is echter iets breder en is meer gericht op ontwikkeling dan op een specifieke situatie.

Een ander belangrijk aspect in crisisteamoverleg is de relatie tussen de detaillering van informatie en de detaillering van besluitvorming. Hierin zal een scheiding moeten worden gemaakt. Zo zal een burgemeester bij crises vaak op hoofdlijnen besluiten nemen, maar wel van details op de hoogte moeten zijn. Dit laatste is belangrijk voor zijn beeldvorming, maar bijvoorbeeld ook om antwoord te kunnen geven op vragen van de pers.

Waarom crisisteams niet werken

Met stip op nummer één in de lijst van fouten bij crisismanagement staat te veel bemoeienis met de operatie. Directeuren en bestuurders gaan zich bemoeien met het blussen van de brand of het dichtdraaien van afsluiters.

Dit verschijnsel wordt 'operationele zuigkracht' genoemd. Doordat de operatie alle aandacht naar zich toe zuigt, ontstaat aan de bovenkant een vacuüm. Op strategisch niveau blijven dan dingen liggen, omdat het crisisteam met de verkeerde dingen bezig is.

Andere veelvoorkomende fouten zijn te directief sturen van de voorzitter op inhoud en te zwak sturen op proces. Doordat een voorzitter zelf te snel inhoudelijk beslist, ontzegt hij zichzelf de input van het team. Een effect van een zwak proces is vaak dat er van alles besproken wordt, maar dat aan het eind niemand weet wat er nu precies besloten is.

Verder komt onvoldoende aandacht voor beeldvorming veel voor. In de haast om besluiten te nemen wordt er nauwelijks stilgestaan bij wat nu eigenlijk het probleem is. Het resultaat is vaak dat er een oplossing wordt bedacht voor het verkeerde probleem.

Ten slotte zien we dat veel crisisteams handelen naar de volgorde waarin de informatie aangeboden wordt. Er worden geen prioriteiten gesteld en crisismanagement wordt dan reageren op signalen in plaats van actief beheersen.

11.6 Samenvatting

Bij crisismanagement als activiteit is het belangrijk dit zo te organiseren dat er zo min mogelijk fouten ontstaan. Dat betekent fouten in perceptie voorkomen, maar ook het goed gebruiken van heuristieken, dat wil zeggen: het vermijden van het gebruik van verkeerde heuristieken in besluitvorming.

Een aantal spelregels in het crisisteam kan helpen bij het terugdringen van groepsfouten en het samen beslissen verbeteren. Belangrijk is het scheppen van een samenwerkingsproces waarin voldoende ruimte is voor het inbrengen van verschillende standpunten en kritiek en waar goed naar elkaar geluisterd wordt.

Een belangrijke voorwaarde voor goede besluitvorming is het beheersen van spanning en stress. De voorzitter kan hierin een belangrijke regulerende rol spelen. Rustig blijven, duidelijke prioriteiten stellen en delegeren zijn daarbij elementen die van belang zijn.

Bij interactie tussen teams speelt communicatie een essentiële rol. Tegelijkertijd is veel communicatie vaak ook een probleem, vanwege de beperkt beschikbare tijd. Het werken met vertegenwoordigingen in teams en het gebruik van gestructureerde rapportages kan dit voor een deel voorkomen. Een goede plotter die informatie op een gestandaardiseerde wijze bijhoudt, is sterk aan te bevelen om het overzicht te bewaren.

Belangrijk voor het afstemmen van beeld- en besluitvorming is overleg. Om communicatie tussen teams en overleg op elkaar af te stemmen kan een vergaderklok worden gebruikt. Dit zorgt ervoor dat de teams elkaar ook kunnen bereiken.

Bij crises zullen bedrijven en overheid vaak moeten samenwerken. Het is belangrijk meteen goede afspraken te maken en elkaars expertise te respecteren en te benutten. Hierbij worden aan de samenwerking op operationeel niveau andere eisen gesteld dan op strategisch niveau.

Bij het organiseren van de activiteiten van een crisisteam kan een model helpen om inzicht te krijgen in de werkstructuur. Een eenvoudig en bruikbaar hulpmiddel hierbij is het BOB-model. Het gebruik van een duidelijk overlegmodel kan de kwaliteit van de besluitvorming sterk ten goede komen.

Het is belangrijk niet overhaast ondoordachte beslissingen te nemen. Beslis snel als het moet, neem de tijd als het kan.

Acute crisisbeheersing

In crisismanagement is het adagium dat sturen op hoofdlijnen belangrijk is en dat te veel bemoeienis met de uitvoering averechts werkt. In het algemeen is dat waar, maar dat betekent niet dat het niet belangrijk is om globale kennis van die uitvoering te hebben. De directie hoeft de producten in een bedrijf niet te kunnen maken, maar zal op zijn minst moeten weten wat de producten zijn en een globaal idee moeten hebben waar en hoe deze worden gemaakt.

Dit geldt ook in crisisorganisaties. Zonder beeld van de activiteiten op de werkvloer kan een crisisteam vervallen in abstracte discussies over een fantasiewereld, en komen tot besluiten die niet uitvoerbaar zijn.

De beste manier om een indruk te krijgen van de werkzaamheden op uitvoerend niveau, is te gaan kijken, maar dan wel vóór de crisis. Voor crisismanagers zijn operationele oefeningen dus goede gelegenheden om een indruk te krijgen van de werkvloer van de crisisbeheersing.

In dit hoofdstuk komt in grote lijnen een aantal activiteiten en aspecten aan de orde die zich op die werkvloer afspelen. Dit hoofdstuk richt zich op de onderdelen die in de eerste fase van een fysieke calamiteit een rol spelen: niet alleen de fysiek operationele aspecten, maar ook andere urgente processen.

Voor meer volledige en specifieke beschrijvingen is het raadplegen van daadwerkelijke crisisplannen, rampenplannen en procesbeschrijvingen aan te bevelen.

12.1 Beheersing van fysieke effecten

Een calamiteit is vaak het begin van een crisis, maar lang niet altijd. In die crisis-situaties waar operationele beheersing noodzakelijk is, zijn calamiteiten of fysieke noodsituaties echter vaak het begin. Over welke gebeurtenissen hebben we het dan? De volgende opsomming geeft een aantal voorbeelden van situaties die acute of later te verwachten effecten hebben:
- brand;
- vrijkomen van gevaarlijke stoffen;
- ongeval;
- ongeregeldheden;
- acute dreigingen;
- overval;
- gijzeling;
- ernstige technische storing;
- uitval nutsvoorzieningen.

Beheersingsactiviteiten zijn gericht op het beperken van de effecten van de crisis. Dat betekent dat deze activiteiten ook van belang zijn als de bron van de crisis bij een ander ligt. Bedrijven denken vaak aan hun eigen terrein als brongebied, maar het kan dus ook een brand bij de buurman zijn die een bedrijf dwingt om ook zelf effecten te gaan beheersen.

Kijken we naar de eerste drie categorieën, dan spelen de brandweer en (in bedrijven) de bedrijfshulpverlening een belangrijke rol. Hun eerste prioriteit zal altijd het in veiligheid brengen van mensen zijn. Een manier om dat te doen is bijvoorbeeld het bedreigde gebied te ontruimen.

Ontruiming en evacuatie

Een ontruiming wordt meestal beschouwd als een verplaatsing van een beperkte groep mensen uit een bedreigd gebied over een beperkte afstand. Bijvoorbeeld het verplaatsen van mensen uit een gebouw naar een nabijgelegen verzamel-plaats. Bij grotere verplaatsingen spreken we meestal van een evacuatie. Ontruimingen zijn snel en relatief eenvoudig uitvoerbaar, evacuaties niet. Een evacuatie is vaak een omvangrijke, logistieke operatie die de nodige voorbereiding vergt.

In de praktijk betekent dit dat evacuatie voor kortstondige gevaren of dreigingen nauwelijks zinvol is. Bij een vrijgekomen gifwolk bijvoorbeeld zal het gevaar vaak al geweken zijn voordat de evacuatie halverwege is. In dat geval is het beter om binnen te schuilen. Vandaar dat dit dan ook precies de instructie is bij de activering van het sirenenetwerk: ga naar binnen en sluit ramen en deuren. Tegen de tijd dat de concentratie gevaarlijke stoffen in huis begint op te lopen, is het gevaar buiten voorbij (dat is althans de veronderstelling). Overigens zullen bedrijven met open gebouwen en gebouwen met ventilatiesystemen specifieke maatregelen moeten treffen.

Een ander probleem bij evacuatie is de logistiek. Bij grote groepen mensen is in elk geval een snelle evacuatie vrijwel onmogelijk. Een grote stad evacueren bij een overstroming kost waarschijnlijk dagen. Op 9 juni 2014 werd het Pinkpopfestival, met meer dan 65.000 bezoekers, getroffen door zwaar onweer. Men heeft de bezoekers toen niet geëvacueerd. Sommigen bekritiseerden achteraf dit besluit, maar het in korte tijd verplaatsen van een dergelijk aantal personen zou waarschijnlijk tot chaos en grote problemen hebben geleid – nog los van de vraag op welke locatie die 65.000 mensen dan zouden moeten worden opgevangen.

Het besluit tot ontruiming wordt vrijwel altijd op operationeel niveau genomen. Of er een evacuatie moet plaatsvinden, is meestal een beslissing van een crisisteam. Een evacuatie kan betrekking hebben op bijvoorbeeld burgers in woonwijken bij overstromingen, maar ook op mensen uit een risicogebied in het buitenland, zoals de evacuatie van Nederlanders uit Kenia begin 2008, of uit Libië in 2011. Deze laatste evacuatie toonde duidelijk aan dat evacuatie uit een conflictgebied niet altijd eenvoudig is.

Gevangen in Libië

Op 28 februari 2011 vertrok een Lynx-helikopter met drie bemanningsleden naar Sirte in Libië. Toen de helikopter op het strand bij Sirte landde en de bemanningsleden begonnen met het evacueren van een Nederlander en een Zweed, werden ze overmeesterd en gevangengenomen door Libische soldaten die vermoedelijk op de hoogte waren van de operatie. De helikopter werd daarop uitgebreid gefilmd en getoond op de Libische staats-tv. De twee burgers werden dezelfde dag nog vrijgelaten. De bemanning heeft twee weken vastgezeten, maar bleef uiteindelijk wel ongedeerd.

Het redden van slachtoffers

Hulpverleningsdiensten zullen, voordat zij andere effecten gaan beheersen, meestal eerst slachtoffers proberen te redden. Meestal zijn dit personen die vastzitten in een door brand of andere gevaren bedreigd gebied en die zichzelf niet meer in veiligheid kunnen brengen. Dit kan diverse oorzaken hebben: verwondingen, beknelling of obstructie van vluchtroutes, maar ook omdat zij niet zelfredzaam zijn. Bij deze laatste categorie kunnen we denken aan mensen die niet kunnen lopen (bijvoorbeeld in een ziekenhuis) of opgesloten zitten (bijvoorbeeld in gevangenissen). Bij een evacuatie van het VU medisch centrum vanwege een overstroming door een gesprongen waterleiding in september 2015 moesten de patiënten door mariniers via de trappen naar buiten worden gedragen.

Het redden van slachtoffers in acuut gevaar moet snel worden uitgevoerd (bij de ontruiming van het VUmc was er gelukkig geen brand en had men tijd genoeg). Hierbij worden afwegingen gemaakt die sterk afhangen van de situatie ter plaatse. Dit betekent dat een crisisteam hier dus meestal niet aan te pas komt en dat over het algemeen de reddingsactie al zal zijn uitgevoerd als het crisisteam actief wordt.

Bij langer durende reddingsoperaties kan het crisisteam wel betrokken raken. Er moeten dan allerlei logistieke zaken rondom de redding geregeld gaan worden. Voorbeelden van dit soort operaties zien we bij natuurrampen zoals aardbevingen, maar ook een ongeval bij de Amercentrale in Geertruidenberg is hiervan een (zeldzaam) voorbeeld.

Het steigerongeval in de Amercentrale in Geertruidenberg

Rond 1 uur in de nacht van zondag 28 september 2003 stortte een steiger in het inwendige van een stoomketel van de Amercentrale bij Geertruidenberg in elkaar. De steiger werd gebruikt voor schoonmaakwerkzaamheden in de ketel, die buiten gebruik was.

De stalen ketel was 85 meter hoog en 17 meter breed. De steiger reikte tot een hoogte van 65 meter. Na het instorten bleef er een wankele berg steigerdelen van 25 meter hoog in de ketel achter, waartussen acht werknemers van een schoonmaakbedrijf terecht waren gekomen. De mannen waren op twee verschillende hoogtes aan het gritstralen geweest.

Twee van hen konden vrijwel direct gered worden. In de loop van zondag werd een derde slachtoffer levend onder het puin vandaan gehaald. Reddingswerkers, waaronder abseilspecialisten, konden op maandag een overleden slachtoffer bergen. Van de andere vier kon, ondanks de inzet van geavanceerde apparatuur, reddingshonden en het boren van gaten in de ketelwand, niet worden getraceerd waar ze zich bevonden en hoe hun conditie was. De berging werd bemoeilijkt doordat de steigerdelen 'als mikado' over elkaar heen lagen in de donkere ketel.

Maandagavond moest de burgemeester van Geertruidenberg besluiten de reddingspogingen te staken. Daarmee werd de hoop opgegeven dat de vier mannen nog levend uit het puin gehaald konden worden.

De lichamen van de slachtoffers zijn in de stoomketel gelokaliseerd op een hoogte van 18 meter tussen het puin van de ingestorte steiger. Eerder werd gevreesd dat de slachtoffers op de bodem van de ketel zouden liggen en pas na een week zouden kunnen worden geborgen. In totaal kwamen vijf van de acht werknemers om het leven.

(www.zero-meridean.nl)

Brandbestrijding

Activiteiten op het gebied van brandbestrijding variëren van het gebruik van een poederblusser tot de inzet van complete pelotons of compagnieën brandweer.

Er zijn maar weinig branden die echt lang duren. Kleine brandjes worden direct ter plaatse geblust, en grotere branden zijn over het algemeen binnen een of enkele uren wel onder controle. Er zijn natuurlijk uitzonderingen, waarbij een brand vele uren of zelfs dagen kan branden. Vaak weet men dan wel de uitbreiding te voorkomen, maar laat men het brandende object gecontroleerd uitbranden.

Om eventuele gevaren voor de omgeving vast te stellen, verrichten meetploegen metingen volgens een meetplan. Bedenk wel dat er maar een beperkt aantal stoffen gemeten kan worden en dat de informatie bovendien relatief laat beschikbaar is. De praktische toepassingsmogelijkheid van meetplannen is dus vaak beperkt.

> **De brand in Hemel Hempstead**
> Op 11 december 2005 vond een aantal explosies plaats bij de Buncefield Oil Storage Depot in Hemel Hempstead (Groot-Brittannië). Er ontstond een enorme brand. Veertig mensen raakten gewond en er was aanzienlijke schade aan bedrijven en woningen in de omgeving. Het vuur brandde verschillende dagen, waardoor het grootste deel van de locatie werd verwoest en dagenlang grote rookwolken zichtbaar waren.

Het bestrijden van een behoorlijke brand vindt meestal plaats in imponerende omstandigheden. De hectiek, het lawaai en de indrukken kunnen zeer overweldigend zijn. Ook de activiteiten van de hulpverleners zelf dragen hieraan bij. Overal staan voertuigen en draaien motoren en pompen, er is druk portofoonverkeer en mensen dragen beschermende kleding met ademluchtmaskers voor het gezicht.

Crisismanagers dienen dit te beseffen. Vanuit een relatief rustige crisisruimte denkt men soms dat men alleen maar even de leidinggevende van de brandweer ter plaatse hoeft te bellen om eens rustig te overleggen. In oefeningen wordt weleens gesuggereerd, als het berichtenverkeer wat moeizaam verloopt, dat het in de praktijk veel gemakkelijker zal zijn om informatie te krijgen dan in de oefening, dat iedereen dan direct zijn telefoon opneemt en informatie gemakkelijker beschikbaar is. Het tegendeel is echter waar: de praktijk is vele malen lastiger dan een oefening.

Medische hulpverlening

Medische hulpverlening is de logische vervolgstap na redding. Oneerbiedig gezegd kan in redding en medische hulpverlening vaak de meeste 'winst' gehaald worden. Het bepaalt voor de directe slachtoffers in grote mate wat voor hen de uiteindelijke consequenties zijn. Redding wordt vaak gevolgd door medische hulpverlening, maar het is bij een crisis niet automatisch zo dat medische hulpverlening altijd door redding voorafgegaan wordt. Gezondheidsproblemen kunnen soms zelfs de eerste signalen van een crisis zijn. Een voorbeeld hiervan is de legionellabesmetting op de bloemenflora in Bovenkarspel in 1999: in de weken na het evenement bleken honderden mensen besmet te zijn.

Bij een grote ramp of crisis is medische hulpverlening een moeilijk proces. Bij de cafébrand in Volendam in 2001 werden slachtoffers opgevangen in ziekenhuizen in België en Duitsland, omdat er in Nederland maar een beperkte capaciteit was. Voor echt grote crisissituaties met veel slachtoffers zal het moeilijk zijn om voor iedereen tijdig medische hulp te bieden.

De brand in Volendam heeft wel een impuls gegeven aan de organisatie van medische hulpverlening bij crisis. Ziekenhuizen hebben een specifiek plan (Ziekenhuis Rampen Opvang Plan: ZiROP) voor het opvangen van grote aantallen slachtoffers bij rampen. Op het moment dat er een situatie ontstaat met veel acute slachtoffers wordt aan een of meerdere ziekenhuizen gevraagd dit plan op te starten. Zij zullen dan extra personeel oproepen en capaciteit (bijvoorbeeld operatiekamers) gaan vrijmaken. Via een gewondenspreidingsplan kunnen slachtoffers worden verdeeld over verschillende ziekenhuizen. Dit gebeurde bijvoorbeeld in september 2014 toen er drieëntwintig gewonden en twee doden vielen bij een enorme kettingbotsing op de A58 in Zeeland.

Een bijzondere faciliteit voor de opvang van slachtoffers is het calamiteitenhospitaal. Dit bijzondere ziekenhuis is een zelfstandige organisatie waarin Defensie en het UMC Utrecht samenwerken. Het calamiteitenhospitaal kan al na een half uur honderd patiënten opvangen en kan dit zelfs uitbreiden naar driehonderd. Ook is hier, mede door samenwerking met het Nationaal Vergiftigingen Informatie Centrum (NVIC), bijzondere expertise op het gebied van biologische, nucleaire en chemische ongevallen aanwezig en zijn er uitgebreide mogelijkheden om patiënten met infectieziekten op te vangen.

Regionaal zijn er noodhulpteams met vrijwilligers van het Rode Kruis inzetbaar, vooral voor lichtgewonden. Dit ontlast de professionele keten die zich zo meer kan richten op ernstiger gewonden. Deze teams vervangen de zogenoemde SIGMA-teams die tot 2016 bestonden.

Het reguleren van mensen en verkeer

Bij onlusten, dreigingen, gijzelingen of branden is het reguleren van bewegingen van mensen in de omgeving een belangrijke taak, die grotendeels door de politie wordt uitgevoerd. Een organisatie als Rijkswaterstaat geeft ondersteuning met verkeersregulering op snelwegen, verkeersbegeleiding en verkeersinformatie.

Het optreden bij aanslagen, kapingen en gijzelingen is een zeer specifiek terrein waarvan de specifieke regelingen buiten de scope van dit boek vallen. Wel belangrijk is te beseffen dat in dergelijke omstandigheden justitie een belangrijke rol in het crisismanagement gaat spelen en ook regulering van mensen en verkeer een iets ander karakter krijgt. Verkeersregulering is dan niet meer alleen een logistieke kwestie, maar gaat zich dan ook richten op het opsporen van verdachten of het verhinderen dat andere aanslagplegers toegang tot kwetsbare objecten krijgen.

Bij een calamiteit zal de politie vaak een verkeerscirculatieplan in werking stellen. Dit betekent dat mensen weggehouden worden van de plaats van de calamiteit. Dit betekent echter ook dat mensen die bij de crisisbeheersing nodig zijn, misschien ook niet meer ter plaatse kunnen komen. De communicatiemanager van het hoofdkantoor, die zich wil voegen bij het crisisteam van de bedrijfslocatie waar de brand is, komt vast te zitten in het verkeer of wordt door de politie omgeleid. Speciale pasjes lijken mooi, maar hebben weinig nut achter in een file van 10 kilometer. Daarnaast kan een gevarengebied zijn afgezet, bijvoorbeeld omdat er gevaarlijke stoffen aanwezig kunnen zijn. Hiertegen biedt een pasje geen bescherming.

In de preparatie op crises is het belangrijk om goed over dit soort mogelijke gevolgen na te denken, bijvoorbeeld door te overwegen of niet beter op afstand ondersteuning geboden kan worden.

De crisismanager op de plaats van de calamiteit

Beeldvorming vanuit een crisiscentrum is vaak lastig. We voelen, horen, ruiken en zien niets van de fysieke calamiteit en moeten afgaan op informatie op papier of door de telefoon. De verleiding is dan groot om toch even op de plaats van de calamiteit te gaan kijken. In hoofdstuk 10 werden verschillende redenen besproken waarom dit geen goed idee is.

Er zijn natuurlijk wel uitzonderingen op deze regel. Het kan voor een burgemeester of directeur belangrijk zijn persoonlijk poolshoogte te nemen en betrokkenheid te tonen met betrokkenen en hulpverleners. In de VS wordt dit vaak zorgvuldig geregisseerd. De president of burgemeester die met een stoer jack (als *one of the guys*) handen komt schudden en zorgelijk luistert naar de verhalen van betrokkenen.

In het algemeen is het ter plaatse gaan gepast op het moment dat de operatie onder controle is en als vanuit het crisisteam de processen op de rails staan, of als deze verantwoordelijkheid naar een ander is gedelegeerd. Tot die tijd is het verstandiger om hulpverleners niet voor de voeten te lopen en afstand te bewaren.

12.2 Voorlichting en opvang

Processen die bij crisissituaties met direct getroffenen – degenen die direct met de effecten van de crisis in aanraking kunnen komen – veel aandacht verdienen, zijn voorlichting en opvang. Voorlichting moet dan vaak ook snel gebeuren om escalatie te voorkomen. Een voorbeeld werd in de vorige paragraaf al genoemd: het waarschuwen van de bevolking bij het vrijkomen van gevaarlijke stoffen. Door het sirenenetwerk te activeren verspreiden we de boodschap: ga naar binnen, sluit ramen en deuren en luister naar de regionale rampenzender. Er moet dan wel direct informatie beschikbaar zijn op de rampenzender.

Overigens is de respons op het sirenealarm dramatisch slecht. Nog dramatischer is het dat dit gegeven voor beleidsmakers verbazingwekkend is, aangezien deze respons al heel lang op basis van onderzoeken voorspelbaar is.

Helmonders negeren massaal alarmsirene

Een verbouwereerde burgemeester Jacobs laat onderzoeken waarom zijn Helmonders nauwelijks gereageerd hebben op de sirenes. De brandweer liet de sirenes loeien omdat er mogelijk gevaarlijke stoffen vrijkwamen bij een brand. Veel inwoners gingen niet naar binnen, maar bleven in het zonnetje zitten of liggen. Ook de sportwedstrijden gingen gewoon door. Vorige maand reageerden in politieregio Noordoost-Brabant mensen ook al niet op de voorgeschreven manier toen er – loos – alarm werd geslagen.

(Waar Maar Raar, 20 april 2007)

Op het moment van verschijnen van dit boek was het voornemen om het huidige waarschuwings- en alarmeringssysteem (WAS) per 2018 niet meer te gaan gebruiken.

Sommigen beschouwen het huidige, uit 1998 daterende systeem als achterhaald, nu er mogelijkheden zijn als *cell broadcasting* (NL-Alert is daar een voorbeeld van) en socialmediakanalen.

Deskundigen hebben hier echter sterke twijfels bij. NL-Alert is opgezet als aanvulling op het sirenealarm en niet als vervanging. Zo is het functioneren van het netwerk bij extreme omstandigheden niet gegarandeerd en is het bereik niet duidelijk. Heeft bijvoorbeeld iedereen altijd een smartphone bij zich, staat deze ook aan, ligt hij 's nachts naast het bed? Over social media hebben we al helemaal geen zeggenschap. Bovendien blijkt het gebruik veel minder algemeen dan vaak wordt aangenomen. In 2015 was bijvoorbeeld het aantal Twittergebruikers in Nederland dalende en werd het aantal dagelijkse gebruikers geschat op ongeveer 1 miljoen, minder dan 6 procent van de bevolking. Vooral onder jongeren is Twitter alweer passé.

Hoewel sirenes en omroepinstallaties misschien ouderwets lijken en zeker hun beperkingen kennen, is het niet zonder risico ze af te schaffen zonder betrouwbare alternatieven. Ook binnen organisaties zien we dergelijke ontwikkelingen. Intranet en pop-upschermen bieden een prima informatiebron, maar als bij een grote calamiteit iedereen naar buiten vlucht, worden weinig mensen bereikt.

Voorlichting is een belangrijk instrument om gedrag van burgers of werknemers te sturen. Belangrijk hierbij is dat er goede, volledige en betrouwbare informatie wordt gegeven. Pas dan kan er ook een goede respons worden verwacht.

Te veel wordt er nog vanuit de probleemoplossers gedacht. Bij het opstellen van berichten wordt te paternalistisch bedacht wat de ontvanger nodig heeft en mag weten. Veel berichten roepen daardoor meer vragen op dan ze beantwoorden. Vaak is het beter om vanuit de 'probleemhebber' te denken: 'Wat zou ik zelf willen weten in deze situatie?'

Een voorbeeld van een bericht bij een gesimuleerde drinkwaterbesmetting. Via geluidswagens wilde men laten omroepen: 'Er is een probleem met het drinkwater. U wordt dringend verzocht dit niet te gebruiken.' Zo'n bericht veroorzaakt problemen: wat immers als ik net daarvoor nog een glas water gedronken heb? Ben ik nu in gevaar? Mag ik het alleen niet drinken, of mag ik ook de wc niet doorspoelen? Zelfs als ook nog veel onduidelijk is voor het crisismanagement, zal er toch meer informatie gegeven moeten worden. Ook hier is het principe van commander's intent tot op zekere hoogte toepasbaar (zie hoofdstuk 10). Niet alleen instructies geven, maar ook de bedoeling ervan benoemen.

Opvangen en informeren

Opvang gaat vaak over het bieden van onderdak aan mensen die uit een gevaarlijk gebied zijn ontruimd. Zeker bij slechte weersomstandigheden moet dit snel geregeld worden. Vaak zijn objecten als sporthallen en dergelijke aangewezen voor opvang. Voor directe korte opvang kunnen bijvoorbeeld ook parkeergarages worden gebruikt of, bij bedrijven, een ruimte bij een buurbedrijf.

Andere aspecten van voorlichting en opvang zijn het informeren van familieleden van getroffenen. Dit kunnen familieleden van slachtoffers zijn, maar bijvoorbeeld ook van andere betrokkenen die dit zelf niet kunnen doen, zoals patiënten in een verzorgingshuis.

Bij de overheid zijn processen die te maken hebben met voorlichting en opvang vaak vrij goed geregeld. De politie is voorbereid op het informeren van familie van slachtoffers, en voor registratie van mensen die opgevangen worden kan een CRIB (Centraal Registratie en Inlichtingen Bureau) worden ingericht.

Voor het informeren van relaties van mogelijke slachtoffers bestaat een landelijke systematiek: de slachtofferinformatiesystematiek (SIS). Gemeenten, GHOR en politie werken samen binnen SIS. Bij een incident kan een relatie van een mogelijk slachtoffer bellen naar een centraal telefoonnummer.

SIS zorgt ervoor dat mensen die bij een incident op zoek zijn naar hun naaste, familielid of partner snel en zorgvuldig geïnformeerd worden, wanneer deze persoon is opgenomen in een ziekenhuis of overleden is. Wanneer hun naaste niet is opgenomen in een ziekenhuis of niet overleden is, houdt SIS contact met de verwante totdat duidelijk is waar hun naaste zich bevindt.

Binnen de veiligheidsregio kan men ervoor kiezen deze landelijke systematiek in werking te laten treden. Bij luchthavens en sommige luchtvaartmaatschappijen zien we dat dit ook vaak goed geregeld is.

Bij de meeste bedrijven zijn voorbereidingen op dit terrein echter zeldzaam, of kwalitatief onder de maat. Maar weinig bedrijven zijn bijvoorbeeld in staat om buiten werktijd snel een aantal mensen te mobiliseren om familieleden van meerdere slachtoffers bij een ongeval te informeren. Bij P&O-afdelingen leeft dit onderwerp over het algemeen niet of nauwelijks. Er zijn bedrijven die wel een callcenter kunnen bemannen voor voorlichting, maar vaak pas na uren en soms ook nog zonder goede informatievoorziening. Vaak is het beter om snel in overleg te gaan met de overheid om te kijken of zij hierbij ondersteuning wil bieden.

Een groep die specifieke aandacht nodig heeft als er slachtoffers zijn gevallen bij een crisis, zijn natuurlijk de directe familieleden. Over hun opvang bestaan veel misverstanden. Er zijn allerlei cursussen waarin men tot een soort amateurpsychotherapeut wordt opgeleid, maar zonder dat het effect daarvan duidelijk is.

Opvang van familie in de eerste fase van de crisis is iets anders dan psychosociale nazorg en stelt dan ook heel andere eisen aan de werkwijze. In de eerste fase hebben mensen meer behoefte aan praktische ondersteuning dan diepgaande gesprekken. Op het moment dat iemand te horen krijgt dat een familielid zwaar gewond of gedood is, duurt het wel even voordat het volle besef is doorgedrongen en men in de rouwfase komt. In die eerste fase is het belangrijker dat iemand de kinderen van school haalt, de buurvrouw en familie inschakelt en praktische ondersteuning geeft bij bijvoorbeeld de begrafenis. In bijlage 8 is een lijstje met aandachtspunten voor de directe opvang opgenomen.

Indien van toepassing moet een crisisteam direct aan de slag met voorlichting en opvang. Als processen in dit domein goed zijn voorbereid, kunnen ze vaak al snel vanuit een laag niveau worden opgestart. Zelfs dan zullen crisismanagers op het hoogste niveau deze processen vaak moeten monitoren.

12.3 Externe communicatie

In hoofdstuk 10 over communicatie werd het al kort genoemd: voorlichting en mediacommunicatie zijn aanverwante en deels overlappende domeinen. Burgemeester Mans van Enschede zei na de vuurwerkramp in een vraaggesprek dat hij in oefeningen vaak na een uur geconfronteerd werd met de pers, waarop hij dan zei op dat moment wel wat anders te doen te hebben. Bij de ramp bleek het precies andersom te zijn: 'Het was pers en ramp.'

Toen er nog maar twee televisiezenders en alleen het achtuurjournaal waren (en dat is heel lang geleden), kon mediacommunicatie misschien nog als een proces aan de zijlijn worden beschouwd. Dat is nu wel anders. Er is een grote hoeveelheid media met bovendien vaak een andere insteek dan de traditionele media. Kwam vroeger alleen het belangrijkste nieuws op radio of televisie, nu zijn er zenders die reportages maken over een auto in de sloot of brand in een boerderij.

Actief of passief

Bij een activiteit of gebeurtenis kan de organisatie wachten tot ze door de pers benaderd wordt, of ze kan zelf de pers benaderen. Wat de voorkeur heeft, hangt nogal af van het onderwerp en de omstandigheden.

Wanneer te kiezen voor een actieve benadering?

- Als publiciteit in jouw voordeel is.
  Een nieuw product, meevallende winstcijfers of een nieuwe bedrijfslocatie zijn onderwerpen waarmee graag naar buiten getreden wordt. Bij crises komen dit soort positieve berichten meestal niet voor.
- Als negatieve publiciteit niet vermeden kan worden.
  Als de directeur wegens fraude wordt aangeklaagd, mensen ziek zijn geworden van het eten van een product of een bedrijfspand is ingestort, kan men er zeker van zijn dat men media-aandacht krijgt. Met een actieve benadering kan dan de regie enigszins in eigen hand worden gehouden.

Wanneer te kiezen voor een passieve rol?
- Als negatieve publiciteit vermeden kan worden.
  Als een medewerker een klein ongeval krijgt, is de kans niet zo groot dat dit media-aandacht krijgt. Die aandacht hoeft dan misschien niet zelf opgezocht worden.
- Als de feiten neutraal zijn of geen waarde hebben voor het grote publiek.
  Als een machinefabriek, in plaats van van stalen bouten, gebruik gaat maken van aluminium onderdelen in nieuwe machines, heeft dit geen of neutrale nieuwswaarde (behalve natuurlijk als een maand later een vliegtuig, dat met deze nieuwe onderdelen is gebouwd, neerstort).

Of een passieve of actieve benadering wenselijk is, heeft ook te maken met attributie. Als een organisatie zelf verantwoordelijk is voor een crisis of incident past een actieve rol. Als de organisatie er zelf niets aan kon doen of zelf slachtoffer is, bijvoorbeeld van een natuurramp, is er meer keuzevrijheid. Deze beoordeling is onderdeel van wat wordt genoemd *situational crisis communication theory* (Coombs, 2007).

Vaak wordt gezegd dat het voordeel van een actieve benadering is dat er meer grip is op de informatiestroom en ook meer invloed uitgeoefend kan worden op de selectie van media. Het niet communiceren en slecht nieuws laten uitrazen lijkt echter een onderschatte strategie.

Voordat de media benaderd gaan worden, is het wel van belang een en ander goed voor te bereiden.

Als de pers komt

De grootste fout die gemaakt wordt bij crisissituaties, is het onderschatten van de hoeveelheid media-aandacht en de snelheid waarmee dit op gang komt. De media-aandacht hangt af van de omvang van de calamiteit, maar ook van de gevoeligheid ervan. Niet alleen het aantal slachtoffers speelt een rol, maar ook een vermoeden van een aanslag of de betrokkenheid van proefdieren, radioactieve stoffen, vuurwerk en dergelijke kan de crisis voor de media interessant maken.

Voorbijgangers, omwonenden, personeelsleden bellen al naar de media of communiceren zelf via social media. De pers is daardoor meestal eerder ter plaatse dan het crisisteam. Dat betekent dat het crisisteam dus ook direct aan de slag moet met mediacommunicatie. Dit moet van tevoren zijn voorbereid en moet onderdeel zijn van het crisisplan. Als tijdens een crisissituatie nog moet worden nagedacht over het inrichten van een perscentrum, is het wel wat laat.

Bij grote crisissituaties zijn persconferenties het meest geschikt om de pers te informeren. Het is dan belangrijk dat er een tijdschema wordt gemaakt. Dit moet ook bekendgemaakt worden, bijvoorbeeld een persconferentie op elk heel uur. De keuze voor een neutrale en veilige locatie is extra belangrijk, liefst op enige afstand van de plaats des onheils. Het is in de eerste plaats natuurlijk ongelukkig als de locatie waar de persconferentie gehouden wordt op enig moment zelf bedreigd wordt door de effecten van de crisis. Ook is het niet altijd gewenst dat men tijdens een persconferentie beelden ziet van de plek des onheils.

Voor het geven van interviews geldt hetzelfde. De pers zal het liefst tegen een achtergrond van vlammen, ambulances of gevaarlijk uitziende bedrijfsinstallaties een interview houden, omdat dit spectaculaire beelden oplevert. Bij crisissituaties zijn de houding en attitude van de informatieverstrekkers van cruciaal belang.

Het is belangrijk medeleven te tonen en de zorg voor mensen op de eerste plaats te zetten. De directeur die in een interview direct ingaat op de financiële consequenties, maakt geen goede indruk en bezorgt zijn bedrijf een slecht imago.

Voor de geloofwaardigheid is het belangrijk dat de woordvoerder zelf geloofwaardig is en een zekere autoriteit heeft. Dat betekent dat hij verstand van zaken heeft en een verantwoordelijke functie binnen de organisatie waarvoor hij spreekt. Tijdens een crisissituatie zullen veel dingen nog onduidelijk of onbekend zijn. Daarom is het belangrijk dat de woordvoerder zich strikt aan de feiten houdt en niet gaat speculeren over aantallen slachtoffers of oorzaken.

Nieuwe tijden, nieuwe vormen

Externe communicatie is niet meer de klassieke mediacommunicatie. Niet alleen zijn er veel meer partijen, maar er zijn ook heel nieuwe mediavormen. De 'klassieke' media werken met verslaggevers of journalisten. Met deze mensen kunnen afspraken worden gemaakt en er kan worden uitgegaan van professioneel gedrag.

Tegenwoordig kan echter iedereen verslaggever spelen. Een met een mobiele telefoon gemaakt filmpje staat binnen tien minuten op internet, waar het vervolgens door andere media ook weer kan worden opgepikt. Het gemak waarmee beeld en geluid kan worden opgenomen en wereldwijd kan worden verspreid, heeft definitief een einde gemaakt aan de beheersbaarheid van crisisinformatie.

Voor crisismanagers maakt dit de noodzaak om snel en open te communiceren met de buitenwereld alleen maar groter. Vaak is het dan bijvoorbeeld raadzaam om slecht nieuws allemaal in één keer naar buiten te brengen. Dit wordt ook wel *stealing thunder* genoemd. Dit blijkt een efficiënte communicatiestijl die reputatieschade bij een crisis aanzienlijk kan beperken. Uit onderzoek (Fennis, 2007) blijkt dat de negatieve gevolgen van een crisis, zoals verminderd vertrouwen, beperkt kunnen worden als in de communicatie wordt gekozen voor een proactieve benadering. Dat houdt in dat de organisatie die onder druk staat zelf belastende informatie publiek moet maken. Op die manier zal een organisatie minder reputatieschade oplopen dan wanneer anderen het slechte nieuws openbaar maken.

In veel organisaties ziet men vooral de nadelen van de moderne media, slecht nieuws ligt snel op straat. Echter, moderne media bieden ook kansen. Zo zijn er banken die via monitoring van social media snel geïnformeerd worden over storingen in bijvoorbeeld internetbankieren. Daarnaast zijn er ook mogelijkheden om zelf met media aan de slag te gaan. In april 2012 viel door brand in een van hun gebouwen een deel van het telefoonverkeer van Vodafone uit. Vodafone zette zelf een filmpje op YouTube waarin de CEO de situatie uitlegde. Zou dit via de reguliere media zijn gedaan, dan zouden ze afhankelijk zijn geweest van de bereidheid en de montage van een andere partij. Nu bepaalden zij volledig zelf wat ze wilden communiceren.

Tot slot nog een ander aspect van externe communicatie bij crises. Bij een crisis zullen zowel overheid als bedrijven activiteiten gaan ondernemen op dit gebied. Bij de overheid is dit standaard ingebed in de rampen- of crisisorganisatie en worden ook de communicatiedisciplines standaard opgeschaald.

Ook hier is privaat-publieke samenwerking noodzakelijk. Voor crisis- of communicatiemanagers in bedrijven is het van belang te weten hoe de organisatie bij de overheid werkt om daarbij aan te kunnen sluiten. Bedenk dat de overheid bij een ramp of crisis niet kan wachten op een bedrijf. Een bedrijf dat uren nodig heeft om zijn communicatieproces op te starten loopt achter de feiten aan, aangezien de overheid soms al na een kwartier start.

Voor bedrijven is het aansluiten bij het communicatieproces erg belangrijk. De overheid zal vooral communiceren over de calamiteit of de crisis, maar dit kan ook sterk de reputatie van een betrokken bedrijf raken. Reden dus om hier de nodige aandacht aan te besteden. Eén ongelukkig aangepakte crisis kan voor een bedrijf jaren van communicatie-inspanningen tenietdoen.

12.4 Andere dringende processen

Een aantal activiteiten, die direct moeten worden opgestart bij een crisis, lijkt voor de hand te liggen. In de vorige paragrafen zijn deze activiteiten al globaal aan de orde gekomen. Maar er zijn meer onderwerpen die direct kunnen gaan spelen.

Bij crisissituaties is voorkomen van verdere escalatie vaak de eerste prioriteit. We denken dan snel aan het beperken van branduitbreiding of het dichten van een lek bij verspreiding van gevaarlijke stoffen. Maar in veel crises komen heel andere activiteiten aan de orde.

Er is helaas nogal wat ervaring opgedaan de laatste jaren met verschillende dierziekten. Hier treft men direct logistieke maatregelen: geen vervoer meer van vee. Daarnaast worden preventief enorme aantallen dieren afgemaakt om te voorkomen dat de ziekte zich verder kan verspreiden.

Ook bij de preparatie op pandemieën krijgen logistieke maatregelen veel aandacht. Bij een vogelgrieppandemie die van mens op mens overdraagbaar zou zijn, kan besmetting zich snel verspreiden via grote bijeenkomsten of via het openbaar vervoer.

Bij een crisis op kleinere schaal, bijvoorbeeld in een bedrijf, zullen vaak meer bedrijfsspecifieke activiteiten snel een rol spelen. Zo kan het in een raffinaderij of in een chemische fabriek nodig zijn om snel bedrijfsprocessen aan te passen. In veel van die bedrijven kan niet zomaar het productieproces worden gestopt; dit zou extra gevaar kunnen opleveren of grote schade kunnen toebrengen aan de installatie. In een vroegtijdig stadium moet dus soms de keuze worden gemaakt om het proces af te bouwen.

Een ander voorbeeld van bedrijven waarin processen soms snel moeten worden aangepast, zijn luchtvaartbedrijven. Bij een probleem op een vliegveld wordt het vliegverkeer naar en van dat veld 'bevroren' (stilgelegd). Dit heeft enorme consequenties: vliegtuigen moeten uitwijken naar andere luchthavens, er moet opvang en vervoer geregeld worden voor gestrande passagiers, luchtvaartmaatschappijen worden geconfronteerd met grote hoeveelheden passagiers die niet kunnen vertrekken, transit van passagiers en bagage raakt ontregeld en ga zo maar door.

Het is onmogelijk om alle relevante crisisprocessen voor acute crisisbeheersing te beschrijven. In een organisatie doet men er echter wel verstandig aan te bekijken of er specifieke processen voorbereid zouden moeten worden.

12.5 Zelfredzaamheid of burgerparticipatie

Deze paragraaf is eigenlijk een vreemde eend in de bijt. Met crisismanagement worden meestal activiteiten in een organisatie bedoeld, die worden aangestuurd en waarover ook zeggenschap is. Bij zelfredzaamheid praten we over mensen buiten die organisatie, die we dus niet goed gericht kunnen managen. Misschien is daarom dit onderwerp een beetje in de vergetelheid geraakt.

Dat was niet altijd zo. In oorlogstijd en in de periode na de Tweede Wereldoorlog – vooral gedurende de Koude Oorlog – speelden de activiteiten van de gewone burger juist een belangrijke rol. Burgers kregen allerlei taken toebedeeld en er waren ook manieren om deze burgers te mobiliseren. De laatste decennia zijn we echter steeds meer op de professionals gaan leunen.

Toch klinken er de laatste jaren weer tegengeluiden. In toenemende mate realiseren we ons dat er bij een echt grote ramp of crisis domweg niet voldoende capaciteit is om iedereen te helpen. Het is eigenlijk ook een wat al te simplistisch idee dat de burger passief zou moeten of willen afwachten tot hij geholpen wordt. In Nederland zijn bovendien vele mensen die opleidingen hebben gevolgd voor bedrijfshulpverlening, zoals EHBO en dergelijke. Deze mensen zijn dus prima in staat anderen te helpen. Maar ook anderen zijn geen passieve schapen. Mensen zijn heel goed in staat om te improviseren in moeilijke omstandigheden.

Over de vraag of en hoe zelfredzaamheid moet worden georganiseerd, is nog de nodige discussie. Er werd en wordt volop onderzoek naar gedaan, onder meer door het IFV (Instituut Fysieke Veiligheid) (Starmans & Oberijé, 2006) en door prof. Helsloot van de Universiteit van Amsterdam (Helsloot & Van 't Padje, 2010). Het Infopunt Veiligheid heeft in 2012 een kennispublicatie uitgebracht met de titel *Zelfredzaamheid en crisissituaties* (Kolasinac et al., 2012).

Zelfredzaamheid zou georganiseerd kunnen worden door te beginnen met voorlichting en communicatie. Door goede en complete informatie te geven, vergezeld van adviezen, kan zelfredzaamheid goed worden ondersteund. Tot dusver lijkt veel informatie niet goed doordacht, vanuit een gedragskundig perspectief. Mensen in een folder adviseren waterdicht verpakte lucifers in de kast te leggen zal weinig opleveren. Reclamecampagnes met spotjes op televisie vormen misschien een goed begin.

Tijdens een crisis kunnen crisismanagers goed gebruikmaken van zelfredzaamheid. Onderschat burgers of werknemers niet. Met goede gerichte informatie kunnen zij veel zelf. Maar ook als crisismanagers hier geen rekening mee (willen) houden, zullen er toch activiteiten ontstaan. Of we het nu willen of niet, mensen zullen toch zelf in actie komen. Het is dus maar beter om hierop te anticiperen.

12.6 Samenvatting

Bij de bestrijding van fysieke calamiteiten speelt een aantal operationele processen waarvan op hoofdlijnen een beeld moet bestaan, maar waar crisismanagers vaak beperkt bij betrokken zijn. Activiteiten als ontruiming, redding, brandbestrijding, medische hulpverlening en het reguleren van mensen en verkeer hebben meestal hun eigen deskundige leiding. Hoewel de bemoeienis met deze activiteiten meestal beperkt is, zullen crisismanagers wel enig inzicht in deze activiteiten moeten hebben om zich tijdens een crisis een beeld te kunnen vormen van wat er gebeurt. Voor crisismanagers kan betrokkenheid en sturing nodig zijn, maar dit is zelden nodig vanaf de plaats van de calamiteit.

Voorbeelden van processen waar meestal meer bemoeienis gewenst is, zijn voorlichting, opvang, het informeren van betrokkenen, en zeker ook mediacommunicatie. Dit zijn onderwerpen waarmee crisisteams snel aan de slag moeten. Mensen die door de effecten van een crisis worden geraakt, zullen vaak snel geïnformeerd moeten worden en mogelijk ook opgevangen.

Mediacommunicatie kan actief of passief worden aangepakt, maar speelt vaak een actievere en sterkere rol dan soms van tevoren verwacht wordt. Mediacommunicatie beperkt zich niet tot kranten, radio en tv, en nieuwe media zijn makkelijk toegankelijk en snel beschikbaar. Deze media bieden behalve bedreigingen ook kansen om zelf meer initiatief te nemen.

Niet alle crisisprocessen zijn hier te benoemen, omdat elke organisatie haar eigen kenmerken heeft. Het is dus van belang deze specifieke kenmerken van de organisatie te identificeren.

Tot slot nog een opmerking over de rol van leken bij crisis. Hoewel deze rol lang genegeerd is, staat deze nu – terecht – weer in de aandacht. Mensen zijn niet alleen passieve slachtoffers, maar gaan zelf ook een rol spelen in de crisisbeheersing. Er wordt onderzoek gedaan naar de zelfredzaamheid en naar welke rol dit kan spelen bij crisisbeheersing.

Crisisbeheersing in de tweede fase van de crisis

13

In het vorige hoofdstuk kwam een aantal activiteiten en processen aan de orde die – vooral bij een fysieke calamiteit – snel moeten worden opgepakt. Daarmee is de crisis echter nog lang niet bezworen. Zelfs als de fysieke calamiteit onder controle is of zelfs geheel is afgehandeld, kan de crisis nog geruime tijd voortduren. Ook dan zijn er dus beheersingsprocessen nodig.

Veel organisaties concentreren zich sterk op de eerste fase van crisisbeheersing. Dit is veelal niet terecht, omdat in veel gevallen de meeste 'winst' – of eigenlijk de grootste beperking van verlies – in de tweede fase te behalen is.

Gezien de uitgestrektheid van het domein en de specifieke kenmerken van organisaties is een volledig overzicht van alle benodigde processen onmogelijk. Er kan echter wel een goede indruk gegeven worden van het soort activiteiten in de tweede fase van de crisis, door een aantal belangrijke onderdelen te bekijken. In dit hoofdstuk komt daarom een aantal belangrijke processen, zowel in het publieke domein als bij bedrijven, aan de orde.

13.1 Externe formaliteiten, onderzoek en inspectie

Een aspect dat vaak onderschat wordt is de mate waarin een bedrijf, maar ook de overheid, bij een calamiteit of crisis te maken krijgt met diverse formele partijen en verschillende overheidsinstanties. Deze aspecten spelen vaak al heel snel en zouden ook wel gerekend kunnen worden tot de eerste fase van de crisis.

Activiteiten van onderzoeksinstanties, inspectiediensten of handhavende instanties kunnen grote consequenties hebben voor de bedrijfsvoering of het personeel. In de hectiek van de situatie is vaak onvoldoende duidelijk wat zij komen doen, wat hun bevoegdheden zijn en hoe er met hen zou moeten worden omgegaan.

Sommige van deze instanties zullen zichzelf melden op de locatie van de calamiteit. Andere instanties moeten actief in kennis worden gesteld in bepaalde situaties.

Een bedrijf dat de milieuvergunning overtreedt, dient dit 'onverwijld' te melden. Dit betekent in de praktijk dat een brand of een lekkage van gevaarlijke stoffen direct moeten worden gemeld. Hoewel een getroffen bedrijf dan soms andere prioriteiten stelt, kan te laat melden een behoorlijke boete opleveren. Is er sprake van een ernstig ongeval, dan zal de Inspectie SZW (Sociale Zaken en Werkgelegenheid) geïnformeerd moeten worden.

Andere betrokken partijen bij een incident of calamiteit kunnen bijvoorbeeld zijn: het Waterschap, de Inspectie Leefomgeving en Transport (ILT), het drinkwaterbedrijf, de weg- of vaarwegbeheerder, de Nederlandse Voedsel- en Warenautoriteit (NVWA), de Inspectie voor de Gezondheidszorg (IGZ) of de Onderzoeksraad voor Veiligheid (OVV).

Het hangt af van het type crisis welke partijen een rol spelen maar meestal zijn het er meerdere tegelijk. Het aantal partijen lijkt soms wel oneindig groot. De overheid lijkt vanuit het perspectief van bedrijven soms wel een veelkoppig monster waarvan de koppen vaak niet met elkaar samenwerken en soms niet eens van elkaars bestaan op de hoogte zijn.

Een partij die in heel veel verschillende situaties een rol speelt en die grote impact heeft op de betrokkenen, is het Openbaar Ministerie. Bij veel crisissituaties, en in elk geval als er dodelijke slachtoffers zijn, wordt strafrechtelijk onderzoek gedaan. Een 'plaats incident' wordt dan 'plaats delict'. Het OM zet dan een bepaald gebied af dat zonder toestemming niet meer betreden mag worden. Dit kan dus betekenen dat een bedrijf geen schade mag herstellen of geen bedrijfsactiviteiten mag opstarten, voordat het afgezette gebied is vrijgegeven. Betrokkenen kunnen worden gehoord als getuige of verdachte en allerlei informatie kan in beslag worden genomen.

In veel organisaties haalt men opgelucht adem als de brand geblust is, het lek gedicht is of de slachtoffers gered zijn. Tot het crisismanagement behoort echter ook het managen van de samenwerking met alle verschillende partijen. Het is raadzaam zo snel mogelijk een specifieke taakgroep in te richten die zich hiermee bezighoudt. Vooral controle, begeleiding en registratie zijn belangrijk. Controleer of mensen zeggen wie ze zijn en welke bevoegdheid ze hebben: is die inspecteur wel echt van die instantie en heeft hij wel het recht om allerlei informatie op te eisen? Als er documentatie wordt meegegeven, maak dan kopieën en leg vast wat aan wie wordt meegegeven, maar bewaak ook met wie er wordt gesproken en in welke hoedanigheid. Als inspecteurs of onderzoekers op een terrein of in een gebouw moeten zijn, is het raadzaam hen te begeleiden, al is het vaak maar voor hun eigen veiligheid.

Voor het omgaan met verschillende partijen in dergelijke situaties zijn verschillende werkwijzen uitgewerkt (Zanders & Van Rossum, 2015) die kunnen helpen het overzicht te bewaren en nadelige gevolgen voor de organisatie te beperken.

13.2 Continuïteit van bedrijfsvoering

Ook al is er een crisis: 'The show must go on'. Dit betekent dat de bedrijfsvoering, of in elk geval onderdelen daarvan, altijd moet doorgaan. Het stoppen van de bedrijfsvoering kan in bepaalde gevallen leiden tot uitbreiding van de crisis of zelfs tot een geheel nieuwe crisis.

Bedrijfsvoering is een breed begrip. Het kan betrekking hebben op een lokaal bedrijfsproces, maar ook op een hele onderneming. Het kan voorkomen dat het normale bedrijfsproces niet meer voortgezet kan worden als gevolg van de crisis, maar er moet dan wel een alternatief komen.

Een voorbeeld hiervan zien we bij de drinkwatervoorziening in Nederland. Als het drinkwaterleidingnet buiten gebruik raakt, bijvoorbeeld door een besmetting, moet er een alternatieve wijze van levering worden opgezet. De klant kan immers niet dagen zonder water. Drinkwaterbedrijven hebben hiervoor plannen. Er worden dan reservoirs neergezet op verschillende punten waaruit water geleverd kan worden.

Een soortgelijke situatie zien we bij stroomuitval. Hoewel veel afnemers van stroom best een tijdje zonder kunnen, zijn er ook nogal wat gebruikers die per se stroom nodig hebben. Voorbeelden zijn ziekenhuizen, verzorgingshuizen, chemische installaties of gevangenissen. Hier moeten dus noodstroomvoorzieningen zijn getroffen om de bedrijfsvoering, of onderdelen daarvan, doorgang te kunnen laten vinden.

Voor een bedrijf kan een crisis het einde van het bestaan betekenen. De schade kan zo groot zijn dat het bedrijf uiteindelijk failliet gaat. Dit wordt zelden veroorzaakt door directe schade, maar meestal door bedrijfsonderbreking (*business interruption*). Het is dus belangrijk bedrijfsonderbreking zo veel mogelijk te beperken.

Dat betekent dat er op basis van risicoanalyse plannen gemaakt moeten worden. De risicoanalyse zelf zal hier niet verder worden uitgewerkt. Dit is een terrein dat eigenlijk voorafgaat aan de crisisbeheersing.

De plannen ter beperking van bedrijfsonderbreking worden in het bedrijfsleven meestal *business continuity plans* genoemd. Termen als *business recovery plan* en *contingency plan* komen ook voor en overlappen elkaar soms in betekenis. In figuur 13.1 is de plaats van deze processen in de crisisbeheersing weergegeven.

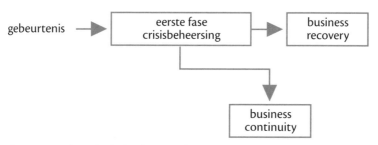

Figuur 13.1   'Continuity' en 'recovery'

Wij hanteren de volgende definitie voor *business continuity management*:

> Business continuity management (BCM) is het organiseren van het continueren of vervangen van processen die kritisch zijn voor de organisatie.

Veel van die processen zullen van tevoren vaststaan en gebaseerd zijn op analyse, maar er kunnen zich ook onverwacht kritische processen manifesteren. Business continuity (BC) richt zich dus niet op herstel, maar op het in de lucht houden van processen tijdens een crisis.

BC-plannen zijn vaak vooral technische en logistieke plannen. Er is in geregeld welke back-upvoorzieningen er zijn en hoe deze kunnen worden gebruikt, maar ook hoe logistieke routes lopen en kunnen worden verplaatst. Daarnaast gaan veel BC-plannen over het voortzetten van processen bij uitval van vitale infrastructuur, zoals nutsvoorzieningen of computernetwerken. Er zijn echter ook plannen voor uitval van personeel, als gevolg van bijvoorbeeld een pandemie. Sommige grote bedrijven hebben plannen voor bijvoorbeeld het installeren van een tijdelijk hoofdkantoor met beperkte bezetting, als het normale hoofdkantoor door een calamiteit voor langere tijd onbruikbaar raakt.

Bijvoorbeeld: een bedrijf heeft een productielocatie in Nederland en een in Engeland. Op beide locaties wordt gewerkt in dagdienst. In een plan is voorbereid dat, als een van beide locaties uitvalt (bijvoorbeeld door brand), de andere locatie tweeploegendiensten gaat draaien met behulp van tijdelijk overgeplaatst personeel van de uitgevallen productie-eenheid. Op deze manier kan de productie op peil gehouden worden totdat de schade is hersteld.

Het zal duidelijk zijn dat een dergelijk plan complex zal zijn. Er moet rekening worden gehouden met tijdelijke relocatie van personeel, kennis van personeel over werkwijzen in de andere fabriek, veiligheids- en kwaliteitsvoorschriften, aangepaste bevoorrading, aangepast transport van producten, aangepaste levertijden, enzovoort.

Business continuity planning kan veel verder gaan dan het reageren op relatief beperkte lokale calamiteiten. Voor multinationals is crisisbeheersing internationaal – datzelfde geldt voor dit aspect. Als de grondstoffen voor een bedrijf bijvoorbeeld uit een politiek onstabiel Afrikaans land komen, kan het verstandig zijn een BC-plan te hebben voor het geval de levering ineens in gevaar komt.

13.3 Herstel of business recovery

Zoals in de vorige paragraaf is aangegeven, bestaan er verschillende definities en kunnen begrippen nogal door elkaar lopen. Als hier gesproken wordt van het begrip *business recovery* (BR), dan wordt daarmee het herstel van de bedrijfsvoering bedoeld. Dat is dus iets anders dan het draaiend houden van kritische processen of alternatieven daarvoor organiseren.

Bij recovery gaat het erom verstoorde bedrijfsprocessen weer functionerend te krijgen. In het voorbeeld van het besmette drinkwater werd een systeem voor alternatieve levering genoemd als voorbeeld van business continuity management. Hierdoor kan de bedrijfsvoering, zij het in beperkte vorm, toch blijven functioneren. Tegelijkertijd zal begonnen worden met het schoonmaken en spoelen van de leidingen, of wat ook maar nodig is om ze weer in gebruik te kunnen nemen. Dit is business recovery.

Voor de directe fysieke aspecten van business recovery is het vooral belangrijk dat voldoende deskundigheid en capaciteit snel kan worden gemobiliseerd. Grote bedrijven hebben vaak het nodige in huis, maar zelfs dan vraagt de schade door een crisis vaak een dermate grote capaciteit dat externe ondersteuning nodig is. Er bestaan verschillende bedrijven die daarin zijn gespecialiseerd. Zo zijn er bedrijven die na een brand door roet vervuilde apparatuur weer kunnen schoonmaken of die milieuvervuilingen kunnen opruimen, maar ook het snel realiseren van tijdelijke huisvesting kan extern ingekocht worden.

Veel tijd kan worden gewonnen en problemen kunnen worden voorkomen als hier van tevoren over nagedacht is. Soms is het handig om van tevoren contracten voor ondersteuning na een calamiteit af te sluiten. Het maakt de taak van de crisismanagers gemakkelijker als recovery-activiteiten snel en gemakkelijk kunnen worden opgestart. En vaak geldt: hoe eerder en effectiever de recovery, hoe minder schade.

Herstel van niet-materiële schade

Business recovery hoeft zich niet te beperken tot schoonmaken, herstellen en op-ruimen. Bij een crisis wordt meer dan alleen materiële schade toegebracht. Het bedrijf kan door de crisis klanten kwijtraken door reputatieschade of leverings-problemen. Ook hier – of misschien wel juist hier – zullen recovery-activiteiten moeten plaatsvinden. Onderdeel van business recovery kan dus ook zijn het in-tensiveren van klantbezoeken of het overtuigen van klanten of aandeelhouders dat zij geen nadelige gevolgen zullen ondervinden van de crisis.

Afhandeling van schade

Een ander aan herstel gekoppeld proces is de schadeafhandeling. Na een crisis zullen vaak verschillende partijen financiële schade hebben geleden. De afhande-ling daarvan is vooral het terrein van juristen, schade-experts en verzekeraars.

Eerdere beslissingen van crisismanagers kunnen in deze fase de nodige gevol-gen hebben. Als het crisisteam van een bedrijf aan een nabijgelegen zalencen-trum het dringende advies heeft gegeven om te ontruimen vanwege de dreiging vanuit het bedrijf, dan kan mogelijk een schadeclaim tegemoet gezien worden.

De financiële schade bij een crisis is vaak aanzienlijk. Huizen kunnen bescha-digd zijn door een explosie, de veestapel kan 'geruimd' zijn bij een dierziekte of bedrijven kunnen onder water gestaan hebben bij een overstroming.

Hoelang een afhandelingstraject kan zijn, blijkt wel uit figuur 13.2, waarin een aantal aspecten uit het traject na de watersnoodramp in 1953 worden weergege-ven.

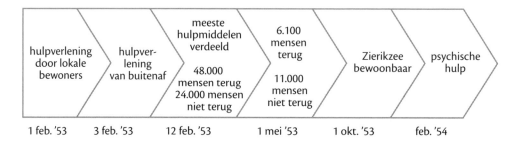

Figuur 13.2   Afhandeling watersnoodramp 1953

De overheid richt in een dergelijke situatie vaak een zelfstandige eenheid in, een zogenoemd centraal registratie- en aanmeldpunt voor schade (CRAS). Deze een-heid speelt een belangrijke rol in het verzamelen van gegevens die later gebruikt kunnen worden voor schadevergoedingen.

Registratie van schade is nauw verweven met de activiteiten van schade-ex-perts, taxateurs en verzekeraars. Voor een optimale uitwisseling van schademeldingen is samenwerking met overkoepelende organisaties van experts en verzekeraars noodzakelijk. Voor coördinatie van de activiteiten van deze organisaties is CRAS het eerste aanspreekpunt.

Bedrijven hebben iets dergelijks meestal niet specifiek voorbereid, maar het snel inrichten van een projectgroep kan goede diensten bewijzen.

13.4 Noodzaak van communicatie

Communicatie is een belangrijk aspect van business recovery. Het kan zelfs nodig zijn een media- en reclamestrategie te ontwikkelen om de zaak weer op orde te krijgen. Afhankelijk van het soort crisis kan het nodig zijn opnieuw het vertrouwen van de consument te winnen.

Goed crisismanagement is ook reputatiemanagement. Een inmiddels klassiek geworden voorbeeld op dit gebied is de Tylenolcrisis (Mitroff & Anagnos, 2001). De crisis begon in september 1982, toen de eerste van zeven mensen stierf na het innemen van de pijnstiller Tylenol. De capsules bleken vergiftigd te zijn. Johnson & Johnson, het farmaceutisch bedrijf dat Tylenol produceerde, haalde uiteindelijk 31 miljoen flesjes terug. De kosten bedroegen vele honderden miljoenen dollars. Hoewel het bedrijf zelf niet schuldig was aan het probleem, nam het toch de verantwoordelijkheid op zich. Hierdoor en door de open manier waarop het management over de zaak communiceerde, wordt dit vaak als een voorbeeld van goed crisismanagement genoemd. Het bedrijf leed veel schade, maar heeft de crisis wel doorstaan en het consumentenvertrouwen behouden.

Deze recall en de manier waarop deze is gemanaged, is nu nog steeds een voorbeeld voor bedrijven die met een dergelijke situatie te maken krijgen. Waar vroeger nog vaak geprobeerd werd problemen weg te moffelen of te verzwijgen, is de strategie tegenwoordig, mede door deze zaak, proactief verantwoordelijkheid te nemen.

Overigens had Johnson & Johnson hier wel het voordeel dat zijzelf ook 'slachtoffer' waren, wat meer sympathie oproept dan een situatie waarin zijzelf het probleem zouden hebben veroorzaakt. Toen jaren later kinderen overleden als gevolg van te hoge doses medicijnen van Johnson & Johnson, werd dit heel wat minder open en elegant afgehandeld.

Communicatie in de tweede fase van een crisis gaat niet altijd over business recovery of het beperken van reputatieschade. Voor de overheid liggen de doelen vaak anders. Hoewel ook hier reputatie een onderdeel kan zijn, kan een belangrijk doel van de communicatie in deze fase ook zijn het geruststellen van de burger. Na een explosie kunnen omwonenden een onveilig gevoel overhouden en durven ze misschien hun huis niet meer in. Na de eerder aangehaalde besmetting van het drinkwater zal er duidelijk gecommuniceerd moeten worden over de veiligheid van het water.

Communicatie speelt dus een belangrijke rol in de eerste fase van een crisis, maar zeker ook gedurende langere tijd in de tweede fase.

13.5 Nazorg

Bij de effecten van crisissituaties werd al duidelijk dat de impact van een crisissituatie op mensen enorm kan zijn. Bij het ministerie van Defensie heeft men nu nog te maken met problemen van militairen die in het begin van de jaren tachtig in Libanon zijn ingezet. Pas na de Bijlmerramp in 1992 begon nazorg na rampen een serieus onderwerp te worden. Voor die tijd werd er vaak weinig aandacht aan besteed. Toch zien we ook nu nog dat er veel misverstanden bestaan over nazorg. In hoofdstuk 2 werd al beschreven dat nazorg zelfs averechts kan werken (Sijbrandij, 2007).

De overheid heeft over het algemeen de nazorg na rampen wel goed voorbereid. Er wordt indien nodig een Informatie- en Adviescentrum (IAC) ingericht om de nazorg uit te voeren. In feite heeft zo'n IAC drie functies:

1   Informatie- en adviesfunctie: het informeren, adviseren of verwijzen van gedupeerden van de ramp, hulpverleners en autoriteiten.
2   Faciliterende functie: het faciliteren van ondersteunende processen die bijdragen aan de verwerking van de ramp. Maar ook het verzamelen, opslaan, ontsluiten en beheren van rampgerelateerde gegevens.
3   Coördinerende functie: het materiële en immateriële hulpverleningsaanbod en het doorgeleiden van de hulpvragers.

Het IAC kan tot jaren na de ramp blijven bestaan.

Nazorg bij bedrijven

Bij bedrijven is dit vaak anders. In veel plannen van bedrijven is er wel iets geregeld, en men is vaak niet te beroerd om geld uit te geven aan deskundigen ter ondersteuning. Soms zijn er ook speciale bedrijfsopvangteams (BOTs) georganiseerd. Wat echter nogal eens vergeten wordt, is de opzet en de logistiek van dit proces.

Een medewerker meldt zich in de praktijk niet enkele dagen na een schokkende gebeurtenis ziek met de mededeling: 'Ik kom vandaag niet werken, want ik heb posttraumatische stressverschijnselen', waarna een gespecialiseerde psycholoog wordt ingeschakeld en de medewerker weer snel aan de slag kan. De werkelijkheid is weerbarstiger. De medewerker meldt zich lang na de gebeurtenis ziek met hoofdpijn of griep en komt in een heel ander circuit terecht, waarbij het lang kan duren voordat er een verband met de schokkende gebeurtenis wordt gelegd.

Nazorg kan jaren duren, maar de aanzet ertoe moet direct gestart worden tijdens een crisis. Door al in een vroeg stadium een registratie op te zetten van personen die bij een schokkende gebeurtenis betrokken zijn, kan later een volgtraject worden gestart. Als er bijvoorbeeld een ongeval heeft plaatsgevonden, is het aan te raden om direct vast te leggen wie op welke manier erbij betrokken zijn. Dat kunnen, behalve het slachtoffer en zijn of haar directe familie, ook vrienden, collega's en hulpverleners zijn. Maar ook mensen die zich op een of andere manier betrokken voelen bij de oorzaak.

Afhankelijk van de situatie en de behoefte kan met deze mensen een gesprek plaatsvinden. Nog belangrijker is het om deze mensen in de gaten te houden gedurende langere tijd. Klachten, afwijkend gedrag, ziekte en dergelijke kunnen signalen zijn om de nazorg te intensiveren.

Gezondheidskundige nazorg

Een ander aspect van nazorg dat vaak vergeten wordt, is de gezondheidskundige nazorg. In veel crisisplannen is wel aandacht voor psychische schade, maar niet voor fysieke problemen. Als mensen door rook hebben gelopen of anderszins zijn blootgesteld aan gevaarlijke stoffen, kunnen in een later stadium gezondheidsproblemen ontstaan.

Ook hier is het dus van belang om al in een vroeg stadium van de crisis een registratie op te zetten en deze mensen te volgen. Eventueel kan dan in een later stadium een keuring of controle door een arts plaatsvinden. Ook hier geldt dat monitoring belangrijk is. Ziekteverzuim kan ook hier een signaal zijn.

Nazorg is lang als het staartje van de crisis gezien. De crisis is eigenlijk over en dit proces komt er nog zo'n beetje achteraan. Het is echter misschien wel een van de belangrijkste crisismanagementprocessen – en het komt niet ná de crisis, maar is er een onderdeel van.

Nazorg is bovendien niet alleen belangrijk vanuit menselijk oogpunt, maar zeker ook vanuit financieel oogpunt. Zowel psychische als fysieke schade kunnen leiden tot aanzienlijke kosten. Werknemers kunnen langdurig uitgeschakeld raken of zelfs volledig arbeidsongeschikt worden. Daarnaast worden in toenemende mate aanzienlijke bedragen toegekend aan slachtoffers als de verantwoordelijke organisatie in gebreke is gebleven. Het is dus niet alleen moreel noodzakelijk om nazorg goed te regelen, maar ook zakelijk gezien verstandig.

Nazorg is een vakgebied dat de nodige deskundigheid vraagt. Het is daarom niet zinvol dit als onderdeel van crisismanagement te behandelen. Het initiëren en volgen ervan behoort echter wel tot het terrein van crisismanagement.

Na 28 jaar tegemoetkoming slachtoffers DSM-ramp

Chemieconcern DSM komt 28 jaar na de ramp met een naftakraker in Echt met een financiële tegemoetkoming voor de slachtoffers. Bij de ontploffing in 1975 vielen 14 doden en 104 gewonden.

• **Hoogte geheim**

Hoeveel DSM aan de nabestaanden betaalt en hoeveel mensen voor de regeling in aanmerking komen, houdt DSM geheim. Ook de Stichting Nabestaanden DSM-ramp 1975 wil niets kwijt over de tegemoetkoming. Ze zijn wel van mening dat recht is gedaan aan de gevoelens en rechten van de nabestaanden.

• **Procedure**

De nabestaanden hebben tot aan de Raad van State geprocedeerd om hun gelijk te krijgen. DSM zei vorig jaar desondanks nog dat het bedrijf strafrechtelijk niets te verwijten valt. Of DSM dat nog steeds vindt, kon een woordvoerder niet zeggen.

• **Excuses**

DSM biedt in een verklaring nogmaals zijn excuses aan. 'Het spijt DSM dat in de loop der tijd onvoldoende is onderkend dat nazorg jegens de nabestaanden van de slachtoffers van deze ramp een blijvend en continu proces behoort te zijn.' DSM herhaalt hiermee een excuus dat het bedrijf in 1999 aanbood.

(RTL Nieuws, 17 september 2003)

13.6 Afschalen

Opschalen en afschalen kwamen in hoofdstuk 6 al beknopt aan de orde. Het is niet zozeer een proces, maar wel een belangrijke schakel tussen de eerste directe beheersingsprocessen en de overgang naar langer lopende processen die de tweede fase en de nasleep van de crisis moeten beheersen.

Om te voorkomen dat activiteiten tussen wal en schip terechtkomen, is het belangrijk de afschaling goed te regelen. Het beëindigen van het werken in de crisismodus is een precair moment. Om problemen bij beëindiging te voorkomen, is er wel een aantal algemene adviezen te geven.

• **Schaal gefaseerd af**

Beëindig niet in een keer de crisisorganisatie, maar vergroot eerst de intervallen tussen overleggen en faseer de organisatie zo langzaam uit. Dit kan gerust meerdere dagen duren, waarbij een crisisteam met intervallen van een dag vergadert.

• **Benoem een projectorganisatie**
Een crisis heeft per definitie altijd langdurige effecten. Benoem een verantwoordelijke projectmanager om de effecten van deze processen te beheersen. Bijvoorbeeld voor herstelwerkzaamheden, schadeafhandeling, nazorg, enzovoort.

Van crisismanagement naar programmamanagement

In feite kan de crisisorganisatie dus pas worden opgeheven als alle openstaande onderwerpen in projecten zijn ondergebracht. Het gevaar dat daarbij op de loer ligt, is dat na verloop van tijd allerlei projecten lopen die misschien op zichzelf goed worden uitgevoerd, maar die het overzicht op de nasleep van de crisis als geheel bemoeilijken.

Dit kan ondervangen worden door de nasleep van de crisis als één programma te beschouwen. Een *crisis recovery-programma* bestaat dan uit alle projecten waarin een onderdeel van de nasleep zijn ondergebracht. Afhankelijk van de omvang van de crisis ontstaan projectgroepen, stuurgroepen en een programmamanagement.

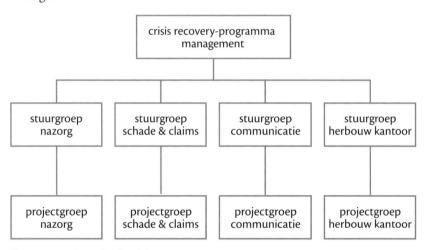

Figuur 13.3   Organisatie crisis recovery

In een organisatie, zoals in figuur 13.3 schematisch weergegeven, blijven alle aspecten van de crisis overzichtelijk. Ook blijft het overzicht van de activiteiten en de kosten die met de crisis te maken hebben bewaard. Het programma zal steeds verder afslanken naarmate meer projecten zijn afgerond. Uiteindelijk kan het programma zelf worden afgesloten en kunnen eventuele restactiviteiten worden ondergebracht in de normale bedrijfsstructuren.

Uiteraard moeten er doelstellingen, bevoegdheden, verantwoordelijkheden en budgetten vastgelegd worden. Verder kan voor de uitvoering worden verwezen naar methoden en structuren voor projectmanagement.

Wel moet hierbij nog één kanttekening worden geplaatst over de doelstelling. Een veelgebruikte vuistregel voor doelstellingen is het SMART-principe. SMART staat voor: specifiek, meetbaar, acceptabel, realistisch en tijdgebonden. Voor deze projecten zijn deze eisen echter vaak niet bruikbaar en te normatief. Voor nazorg bijvoorbeeld is het lastig een einddoel te formuleren, zeker als dat ook nog binnen een bepaalde tijd gerealiseerd zou moeten worden.

13.7 Samenvatting

Ook tijdens een crisis is continuïteit van andere processen belangrijk. De crisis zou zichzelf anders uitbreiden. Twee begrippen spelen hierbij een rol: business continuity en business recovery. Business continuity gaat over het voortzetten van de bedrijfsvoering tijdens de crisis. Dit is vaak nodig om problemen voor mensen te voorkomen, maar ook om bedrijfsonderbreking die veel schade oplevert, zo veel mogelijk af te wenden.

Business recovery gaat over het herstellen van bedrijfsprocessen en bedrijfsmiddelen. Hierdoor wordt de crisis zo veel mogelijk bekort en kan zo snel mogelijk weer normaal worden gefunctioneerd.

Herstel gaat niet alleen over materiële zaken, maar kan bijvoorbeeld ook gaan over het herstellen van relaties met klanten of aandeelhouders. Een belangrijk aspect is de afhandeling van schade voor verschillende partijen, waarvoor de overheid vaak een speciaal bureau opzet.

Communicatie speelt een essentiële rol bij het herstel van een crisis. Dit krijgt vaak veel aandacht in de eerste fase van de crisis, maar wordt daarna nogal eens vergeten.

Verder is de nazorg een belangrijk proces na de crisis. In de rampenbestrijding is dit procedureel geregeld. Belangrijk is vooral de registratie, zodat later gericht actie kan worden ondernomen. Nazorg is niet alleen uit menselijk oogpunt belangrijk, maar ook zakelijk gezien, omdat er aanzienlijke kosten kunnen ontstaan bij gebrekkige of ontbrekende nazorg. Nazorg heeft niet alleen betrekking op psychische aspecten, maar ook op de fysieke gezondheid.

Na een crisis kan gefaseerd worden afgeschaald, waardoor minder snel onderwerpen tussen wal en schip vallen. Een crisis heeft altijd langdurige effecten. Voor de nasleep van een crisis kan een crisis recovery-programma worden opgezet waarbinnen projecten lopen om herstel en nazorg uit te voeren. Na verloop van tijd kunnen activiteiten in specifieke projecten of in de normale organisatie worden ondergebracht.

Crisismanagement leren 14

Crisismanagement moet geleerd worden. De manier waarop dit leren moet plaatsvinden is niet altijd even duidelijk.

Crisismanagement is echter een activiteit die niet of nauwelijks in de praktijk geleerd kan worden. Het aantal crises is laag en de variatie tussen situaties is groot, waardoor iemand in de regel niet voldoende kan meemaken om er (in algemene zin) lering uit te trekken. Bovendien is het effect van verkeerd crisismanagement te groot om de methode van *trial-and-error* toe te passen. Ervaring wordt door crisismanagers wel vaak als een belangrijke basis voor hun competenties genoemd, maar we zullen zien dat dit zelfs averechts kan werken.

Er wordt binnen dit domein, in tegenstelling tot andere vakgebieden, altijd over oefenen gesproken. Of dat zo'n goede leermethode is valt echter te bezien.

Het huidige dogma is 'competentiegericht opleiden'. Dit wekt wellicht de suggestie dat opleiden vroeger niet tot competenties leidde. Wat echter meestal bedoeld wordt is dat men meer naar generieke competenties dan naar specifieke vaardigheden kijkt.

In dit hoofdstuk wordt gekeken naar het leren van crisismanagement. Hierbij komen zowel de achtergronden als de uitvoering aan de orde.

14.1 Competenties

Om effectief te kunnen werken hebben we vaardigheden of competenties nodig. Dit geldt natuurlijk voor alle situaties, maar wordt nogal eens vergeten bij noodsituaties. Men denkt soms dat elke manager, door zijn ervaring en kennis in de normale bedrijfsvoering, vanzelfsprekend weet hoe hij in een crisisteam moet werken.

Natuurlijk beschikken veel managers over vaardigheden die ook bij het werken in een crisisteam goed van pas komen. Echter, zonder voorbereiding een aantal managers bij elkaar zetten en dit een crisisteam noemen, is vragen om problemen.

De voor het werk in een crisisteam benodigde vaardigheden zullen van tevoren ontwikkeld moeten worden, zodat je deze in een noodsituatie kunt toepassen. De benodigde vaardigheden kunnen als volgt verdeeld worden:
• motorische vaardigheden
• procesvaardigheden
• conceptherkenning

Motorische vaardigheden spelen vooral een rol bij de operationele werkzaamheden. Dit zijn handelingen die verricht moeten worden en niet alleen een psychologische, maar ook een sterke fysieke component hebben. Hoewel deze vaardigheden de grootste rol spelen bij de daadwerkelijke bestrijders van de calamiteit, zijn ze ook van belang voor managers in een crisisteam. Het is mooi om over een fax te beschikken in het crisiscentrum, maar dan moet hij wel bediend kunnen worden (ook als de secretaresse er niet is). Hetzelfde geldt voor audiovisuele apparatuur, telefoons, computers, enzovoort.

Procesvaardigheden hebben betrekking op de manier waarop we het werk gaan organiseren; het is een managementtaak bij uitstek. Een noodsituatie kent een heel eigen dynamiek en vraagt om specifieke kennis. Het werkproces verloopt, zoals eerder al werd behandeld, anders dan wat in de normale bedrijfsvoering gebruikelijk is.

Conceptherkenning is van belang om een idee te hebben van wat we kunnen verwachten en om vast te stellen welk concept in een bepaalde situatie het juiste is. Iemand die nooit over noodsituaties heeft nagedacht, wordt volledig overweldigd door de aangeboden informatie en zal niet of moeilijk in staat zijn hierin patronen of concepten te herkennen.

Cognitieve schema's zijn aangeleerde patronen om problemen te herkennen en op te lossen. Als we geleerd hebben een bepaalde categorie problemen op te lossen, verloopt de verwerking gemakkelijker. Dit maakt dat we meer dingen tegelijkertijd kunnen doen, minder stress ervaren en sneller kunnen werken.

Competenties op niveau

Om uitvoering te kunnen geven aan de taken en verantwoordelijkheden die van de verschillende functionarissen worden verwacht, dienen deze over de benodigde (aanvullende) competenties te beschikken. Als uitgangspunt worden de deskundigheid en vaardigheden genomen die voor de normale uitoefening van de dagelijkse werkzaamheden nodig zijn. Rasmussen (1986, zie ook hoofdstuk 7) onderscheidt drie competentieniveaus:

- **Kennisniveau**
  Het voorhanden hebben van voldoende kennis over de materie om oplossingen te bedenken.

- **Regelniveau**
  Het kunnen toepassen van een aantal handelingsvariaties op basis van kennis en omgevingsvariabelen.

- **Routineniveau**
  Op bepaalde situaties toegespitst gedrag dat snel en zonder beredenering kan worden toegepast.

Gedrag op kennisniveau is flexibel en laat creatieve oplossingen toe, maar kost meer tijd, kent meer variatie (en kan daardoor meer fouten geven) en is moeilijk uitvoerbaar onder druk.

Gedrag op routineniveau verloopt volgens een vast patroon en is daardoor weinig flexibel en variabel, maar snel en betrouwbaar uitvoerbaar, ook onder druk.

Gedrag op regelniveau zit hier tussenin. Er zijn verschillende patronen voorhanden die geactiveerd en aangepast worden, op basis van een beperkt aantal omgevingsvariabelen.

Bij het verwerven en onderhouden van competenties is het belangrijk dat dit op de juiste gedragsniveaus plaatsvindt. Voor verschillende functies, en daarbinnen voor verschillende taken, zijn ook verschillende niveaus gewenst.

In het algemeen kan gesteld worden dat taken die onder zware omstandigheden en onder grote druk snel moeten worden uitgevoerd, een sterke routinecomponent moeten hebben. Dit zijn meestal operationele taken.

Bij taken die onder minder tijdsdruk en minder zware omstandigheden worden uitgevoerd, en die vragen om flexibel probleemoplossend gedrag zullen routines juist vermeden moeten worden. Veel van deze taken vinden we op managementniveau, dus in het crisisteam.

Het verwerven van competenties op routineniveau vraagt de meeste trainingsinspanning en de meeste tijd. Daartegenover staat dat dit ook het minst voor uitdoving gevoelig is. Leren fietsen kost bijvoorbeeld veel tijd, maar zelfs na jaren niet gereden te hebben kan iemand dit nog. Voor de andere niveaus geldt dat competenties sneller en met minder inspanning verworven kunnen worden, maar ook sneller uitdoven. In figuur 14.1 is schematisch het verband tussen verwerving en uitdoving weergegeven.

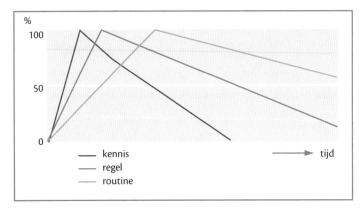

Figuur 14.1   Verwerving en uitdoving van competenties

Variaties in training

Bepalend voor het niveau waarop de competenties verworven worden, is de trainingsopzet en de trainingsfrequentie. Naarmate competenties meer op kennisniveau moeten liggen, zal er meer nadruk op werkproces, abstracte schema's en variatie moeten komen. Het herhaaldelijk trainen van crisismanagement met dezelfde scenario's is dan funest voor de competenties op kennisniveau, en kan zelfs de deelnemers diskwalificeren als geschikte crisisteamleden.

Competenties die meer naar routinegedrag neigen, vragen om vaste concrete trainingsonderdelen die met een relatief hoge frequentie en weinig variatie worden doorlopen.

In figuur 14.2 is de relatie tussen de performancetolerantie en trainingsfrequentie weergegeven. Een hoge trainingsfrequentie wordt toegepast waar de tolerantie voor afwijkingen (performancetolerantie) klein is.

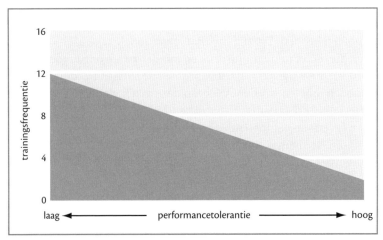

Figuur 14.2   Relatie tussen performancetolerantie en trainingsfrequentie

Naast deze beschreven competentieniveaus spelen ook aspecten als attitude, motivatie en persoonlijkheid een rol. Deze aspecten dienen mee te wegen in de selectie, maar kunnen deels ook in training worden geleerd of gecompenseerd. Niet zozeer het leerprogramma of de frequentie is bepalend, maar vooral de inhoud van wat geleerd wordt.

14.2 Competenties en functies

Verschillende functies stellen verschillende eisen aan mensen en vragen dus om specifieke competenties. Nu worden competenties vaak zeer algemeen omschreven. Iemand met een breed competentieprofiel is breed inzetbaar.

Tabel 14.1 Algemene competenties

Taakgericht	Organisatie	Plannen
		Structureren
		Visie
	Taakinhoud	Besluitvorming
		Onderhandelen
		Vakkennis
		Flexibiliteit
		Schriftelijke uitdrukkingsvaardigheid
Mensgericht	Individueel	Gespreksvaardigheid
		Luistervaardigheid
		Flexibiliteit
		Klantgerichtheid
	Groep	Groepsdynamica
		Vergaderen/onderhandelen
		Beïnvloeden
		Delegeren

Op die algemene competenties (zie tabel 14.1) valt echter wel het een en ander af te dingen. We hebben immers ook specifieke vaardigheden nodig. Competenties zijn vaak zo algemeen beschreven dat ze nauwelijks aanknopingspunten bieden voor het ontwerpen van trainingen.

Voor een bepaalde functie kunnen we een profiel opstellen waarin de belangrijkste competenties kunnen worden aangegeven, met daarbij het cognitieve niveau waarop deze verworven moeten zijn. De niveaus kunnen worden aangeduid als in tabel 14.2:

Tabel 14.2   Niveaus waarop competenties kunnen worden verworven

Kennisniveau:	A
Regelniveau:	B
Routineniveau:	C

Het crisisteam vormt het management van de noodorganisatie en functioneert op het strategisch niveau. De leden van het team moeten in staat zijn om de omvang en de gevolgen van een crisis te bepalen, en om de crisisprocessen die een rol spelen bij de bestrijding en de beheersing daarvan vast te stellen. Het crisisteam moet leidinggeven aan de eigen organisatie en samenwerken met de interne en externe partijen en organisaties.

Verschillende leden kunnen vanuit hun achtergrond verschillende aandachtsgebieden hebben binnen het team. Omdat de samenstelling van het team kan variëren en op dit niveau uitwisselbaarheid van taken mogelijk moet zijn, worden de (aanvullende) competenties voor het team als geheel genomen en niet gedifferentieerd per functie. Dit leidt voor een lid van het crisisteam binnen een bedrijf bijvoorbeeld tot de volgende competenties.

Tabel 14.3   Competenties crisismanager

Competenties	Niveau
Kennis van het crisisplan en de crisisprocessen	A
Kennis van de interne noodorganisatie	B
Kennis van de organisatie en het werkproces binnen het crisisteam	B
Kennis van de organisatie van de externe hulpdiensten en partijen	B
Kennis van informatievoorziening naar externe instanties	B
Kennis van de bedrijfsvoeringsprocessen	A
Inschatten van gevolgen noodsituatie	A
Bepalen welke crisisprocessen een rol spelen	B
Bedenken van oplossingen voor onvoorbereide gebeurtenissen	A
Evalueren en bijsturen van activiteiten	A
Delegeren van activiteiten	A
Gebruiken van hulp- en communicatiemiddelen	C
Kunnen functioneren onder druk	

We zien dat het overzicht vrij beknopt is, maar tegelijkertijd ook specifiek. Natuurlijk kan dit nog verder worden uitgewerkt, maar er dient rekening te worden gehouden met het feit dat de meeste crisisteamleden geen professionals zijn. Zij hebben dus in het dagelijks leven een andere functie, waarvoor ook bepaalde competenties nodig zijn. In het algemeen is het dus voor crisisteams alleen van belang naar de aanvullende competenties te kijken, boven op die competenties waarover bestuurders en managers toch al zouden moeten beschikken.

Zo kunnen we eenvoudig en beknopt de competentieprofielen voor verschillende functies bepalen, zoals in tabel 14.4 voor de functie van plotter in het crisisteam. De plotter heeft als taak om de informatievoorziening voor de leden van het team te ondersteunen door deze overzichtelijk te presenteren.

Tabel 14.4   Competenties plotter

Specifieke competenties	Niveau
Algemene kennis van het crisisplan	A
Kennis van de eigen noodorganisatie	B
Kennis van de organisatie van de externe hulpdiensten	B
Algemene kennis van het bedrijf, de locatie en de algemeen gebruikte terminologie	A
Kennis van de communicatie onder crisisomstandigheden	A
Kennis van het presenteren en beheersen van informatie	B
Gebruiken en bedienen van de hulpmiddelen	C
Kunnen functioneren onder druk	

14.3 Leren, opleiden, trainen en oefenen

Een leertraject kan worden opgedeeld in twee fases: het verwerven van competenties en het onderhouden van competenties. Het ingangscompetentieniveau is het basisniveau dat nodig is om de functie te kunnen uitoefenen. Er moet dus al een opleidingstraject zijn doorlopen voordat iemand een functie in de crisisorganisatie kan uitvoeren. Onderhoud is noodzakelijk om competenties te behouden.

Zeker bij het verwerven van competenties is opleiden de eerste stap. Opleiden is het aanbieden van kennis en het faciliteren van kennisverwerving. Om die kennis toe te kunnen passen is training nodig. Training zou gedefinieerd kunnen worden als de activiteit waarbij mensen met ondersteuning kennis leren toepassen. Bij oefenen gaat het uitsluitend nog om toepassen. Hierbij is de ondersteuning minimaal en vindt de bijsturing vooral achteraf plaats in evaluaties.

We zien deze stappen terug in het model van Pearson en Gallagher (1983) (zie figuur 14.3). In het eerste onderdeel worden de juiste informatie en gedragspatronen aangeboden. Vervolgens komt de toepassing hiervan aan bod, waarbij de juiste gedragspatronen worden geleerd. In stap 3 ten slotte worden de leeronderdelen verder gevormd en zo nodig (en alleen dan) tot routines 'ingeslepen'.

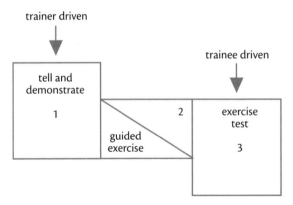

Figuur 14.3   Competentieverwervingsmodel van Pearson en Gallagher (1983)

Voor alle gedragsniveaus kunnen deze stappen worden toegepast. Verschil is er in de mate van abstractie van de leerstof, de mate waarin gedragspatronen generiek zijn en de herhalingsfrequentie van stap 3: de oefeningen.

Wel of niet oefenen?

In crisismanagement wordt veel geoefend, maar soms met weinig rendement. Veel oefeningen werken zelfs averechts. Bedenk dat een andere volgorde in deze stappen, of het overslaan van stappen, kan leiden tot verkeerde gedragspatronen en competenties. Een oefening (bijvoorbeeld een ontruiming) waarop mensen niet zijn voorbereid en die verkeerd wordt uitgevoerd, leert mensen een verkeerd gedragspatroon aan. Het in de oefening toegepaste patroon is dan vaak sterker dan de mondelinge correctie in de evaluatie en zal dus in een reële situatie eerder worden toegepast.

Zonder opleiding en training gaan oefenen met crisisteams leidt altijd tot slechte resultaten. Het team functioneert slecht, in de evaluatie volgt commentaar, maar de volgende keer gaat het weer slecht. En iedereen kent het verschijnsel dat slecht aangeleerde werkwijzen moeilijker zijn af te leren dan nieuwe werkwijzen zijn aan te leren.

Oefenen met crisisteams

Veel oefeningen voor crisisteams bestaan uit het nabootsen van een crisissituatie die het team moet oplossen, waarna besproken wordt wat er allemaal is fout gegaan. De nadelen zijn al besproken.

Zijn er dan geen voordelen? Zeker wel. In een realistische oefening ervaren we zo veel mogelijk natuurgetrouw het werken in een crisis. Dit kan onderwerpen genereren die voor verbetering vatbaar zijn, en die vervolgens dus getraind moeten worden. Daarnaast zijn oefeningen vaak ook testen van een systeem. Het gaat dan niet zozeer om leren, maar ook om de fouten uit de organisatie boven water te krijgen.

Kijken we naar het leren van crisisteams, dan zijn er naast oefeningen andere leervormen nodig. Het domein van crisisbesluitvorming is complex en divers, en is een typisch *ill-structured domain* (Spiro et al., 1991). In de leertheorie van Spiro worden slecht gestructureerde domeinen benoemd als domeinen waarin vele oplossingen en visies mogelijk zijn. Leren in die domeinen verloopt typisch niet goed. Er vindt te veel simplificatie plaats en mensen zijn slecht in staat opgedane kennis in andere situaties toe te passen.

Voor adequaat geavanceerd leren is het nodig om situaties vanuit verschillende kanten en perspectieven te bekijken. Dit wordt wel cognitieve flexibiliteit genoemd. Centraal in dit principe staat het begrip 'representatie'. Om in slecht gestructureerde domeinen tot goede resultaten te komen, is flexibele representatie nodig. Een valkuil is daarbij de verwerving van te rigide patronen die gedrag gaan bepalen, zeker als ten gevolge van stress de patronen op het hoogste (kennis)niveau te lijden hebben.

In bijvoorbeeld workshops kan de gelegenheid worden gegeven om na te denken over verschillende aspecten van een voorbeeldcrisis, soorten respons hierop en dilemma's die daarbij aan de orde komen, om zodoende meer inzichten te verwerven die in echte crisissituaties flexibel toegepast kunnen worden. Dit sluit ook aan bij de aanbevelingen voor burgemeesters in de *Handreiking Bestuurlijk handelen bij crises* van het Nederlands Genootschap van Burgemeesters (z.d.).

Het toepassen van een combinatie van training gericht op flexibele representatie en simulatieoefeningen gericht op het werkproces biedt een goede voorbereiding, mits een te routinematige respons op concrete scenario's vermeden wordt. In het algemeen geldt: er moet meer getraind en minder geoefend worden.

14.4 Leerprogramma

Om voor een crisisorganisatie een leerprogramma (vaak ook opleidings- of trainingsprogramma of OTO-programma genoemd) samen te stellen, moeten de verschillende functies gekoppeld worden aan leeronderdelen. In tabel 14.5 is schematisch aangegeven welke eisen we kunnen stellen aan de onderdelen van het programma, in relatie tot het gewenste gedrag.

Crisisteams vallen in de categorie 'flexibel gedrag met een hoge tolerantie'. Dit betekent dus niet te frequent trainen, maar wel met veel variatie. Zoals in de vorige paragraaf is beschreven: het doel moet flexibele representatie zijn.

Tabel 14.5   Variabelen oefenprogramma

Gewenst gedrag	Trainings- en oefenfrequentie	Variatie in oefeningen	Stress- bestendigheid
Flexibel Hoge tolerantie	Laag	Groot	Laag
Routine Lage tolerantie	Hoog	Klein	Hoog

De crisisorganisatie kan het meest effectief getraind worden in losse onderdelen, in plaats van met grote oefeningen. In training per onderdeel is er meer controle op de leereffecten en kan gericht op het juiste competentieniveau worden getraind. Hierbinnen is nog variatie mogelijk in trainingen in kleine groepen, en in individuele instructie en training. Grotere oefeningen zijn wel belangrijk om de samenhang tussen de onderdelen te trainen en te testen.

Bij het ontwerpen van de verschillende specifieke opleidings-, trainings- en oefenonderdelen zullen de competenties nog moeten worden vertaald naar leerdoelen. Als de leerdoelen duidelijk zijn, kan vervolgens worden gekeken met welke leervorm deze doelen het best gehaald kunnen worden. In de praktijk is de volgorde wel eens anders, maar dat is meestal niet effectief. Eerst de doelen en dan kan worden bepaald of er een presentatie, e-learning, masterclass, workshop of webinar moet worden gebruikt. Hierbij kunnen de principes van het zogenoemde BreinCentraal Leren (Dirksen & Orbons, 2008) worden toegepast. Deze benadering beoogt het leren zo veel mogelijk te laten aansluiten bij de natuurlijke werking van het brein waarbij zes algemene leerprincipes worden gebruikt: emotie, herhalen, creatie, focus, zintuigelijk rijk en voortbouwen op bestaande kennis.

In figuur 14.4 is een voorbeeld gegeven van een stukje uit een leerprogramma voor de crisis(management)organisatie van een bedrijf. Hierin is het algemene programma voor één functie weergegeven. In het totale programma voor dit bedrijf zijn dus alle functies die in de crisis(management)organisatie een rol spelen op deze wijze opgenomen. Het tijdpad voor het verwerven van de competenties is indicatief en geeft aan hoe het competentieniveau binnen een bepaald tijdsbestek kan worden gerealiseerd.

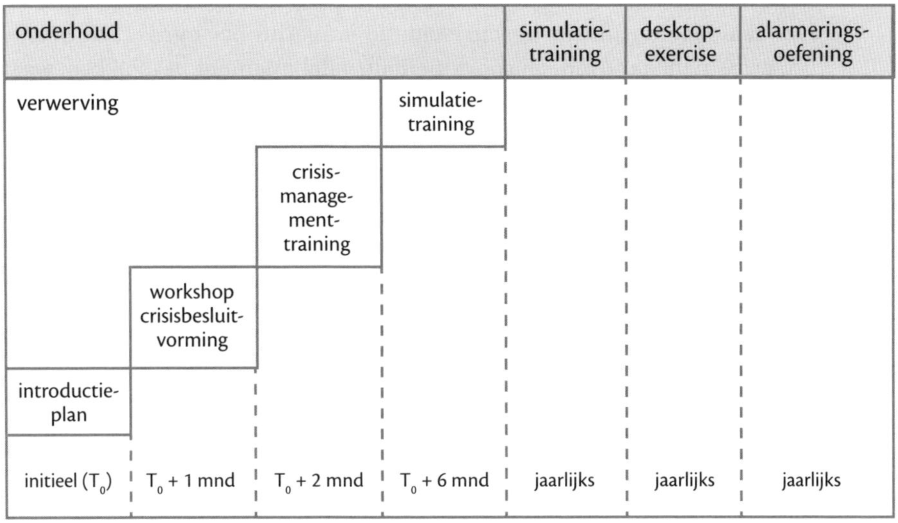

onderhoud					simulatie-training	desktop-exercise	alarmerings-oefening
verwerving				simulatie-training			
			crisis-manage-ment-training				
		workshop crisisbesluit-vorming					
introductie-plan							
initieel (T_0)	T_0 + 1 mnd	T_0 + 2 mnd	T_0 + 6 mnd	jaarlijks	jaarlijks	jaarlijks	

Figuur 14.4   Onderdeel opleidingsplan

14.5 Samenvatting

Voor crisismanagement zijn specifieke competenties nodig die we gericht moeten leren. De praktijk biedt hiertoe te weinig mogelijkheden en deze competenties zijn niet vanzelfsprekend voorhanden. Hierbij kan uiteraard wel worden voortgebouwd op de competenties waarover managers geacht worden te beschikken. Het gaat bij het leren in crisismanagement dus over complementaire competenties.

Algemene competenties zijn nodig, maar ook specifieke vaardigheden.
Competenties en vaardigheden kunnen in verschillende cognitieve niveaus worden ingedeeld: kennis-, regel- en routineniveau. Deze vragen een verschillende aanpak bij de verwerving ervan.
Variaties in leren hangen af van het niveau, maar ook van de tolerantie van de uitkomst. Gedrag dat met weinig variatie onder verschillende omstandigheden toegepast moet kunnen worden, kan op routineniveau worden getraind. Maar waar creatieve en flexibele overwegingen nodig zijn, is dit juist funest.

Voor verschillende functies in een crisis(management)organisatie kunnen verschillende competentieprofielen worden opgesteld. Op basis hiervan kan worden bepaald wat er moet worden geleerd.
Bij het leren van vaardigheden kan onderscheid worden gemaakt tussen opleiden, trainen en oefenen. De verzamelnaam 'oefenen' wordt veel gebruikt, maar houdt feitelijk alleen de praktische toepassing van het eerder geleerde in. Het trainen van crisisteams moet zorgvuldig worden uitgevoerd, omdat dit anders gemakkelijk averechts kan werken.

Het aanleren van flexibele representatie is hierbij belangrijk. Dit betekent dat een crisismanager over een soort mentale database moet beschikken, waarin een grote hoeveelheid informatie over besluitvorming en crisissituaties met hun effecten en mogelijke beheersingsmaatregelen is opgeslagen. Tijdens een actuele crisis kunnen op basis hiervan besluiten worden genomen.

Om een crisisorganisatie functioneel te krijgen en te houden is een leerprogramma nodig. Hierin kan de verwerving tot het gewenste competentieniveau en het onderhouden daarvan worden vastgelegd.

Begrippen

afschalen	de organisatie naar een kleinere schaal terugbrengen, richting de normale organisatie
aov	ambtenaar openbare (orde en) veiligheid
AT	Adviesteam
Bevi	Besluit externe veiligheid inrichtingen
bevolkingszorg	gemeentelijke processen bij ramp of crisis gericht op de bevolking
bhv	bedrijfshulpverlening
BOT	bedrijfsopvangteams
Bp	Besluit personeel
Brzo	Besluit risico's zware ongevallen
business continuity	voortzetting van bedrijfsvoering bij bedreigende omstandigheden of uitval van voorzieningen
business interruption	onderbreking van de bedrijfsvoering
business recovery	herstellen van bedrijfsschade
Bvr	Besluit veiligheidsregio's
calamiteit	gebeurtenis met negatieve consequenties die afwijkt van het normale proces, met mogelijk ernstig letsel of schade op grotere schaal, die mogelijk escaleert en mogelijk bedreigend is voor het proces of systeem
CETmd	Crisis Expert Team milieu en drinkwater
CETs	Crisis Expert Team straling
cognitie	brede term voor mentaal gedrag
COL	coördinerend operationeel leider
commander's intent	bij een opdracht het doel meegeven
competentie	vaardigheid of kennis om in concrete taaksituaties doelen te bereiken
CONCRIS	model voor crisisbeheersing (CONtrolling CRIsis Situations)
CoPI	Commando Plaats Incident

CRAS	centraal registratie- en aanmeldpunt voor schade
CRIB	Centraal Registratie en Inlichtingen Bureau
crisis (1)	een situatie waarin een vitaal belang van de samenleving is aangetast of dreigt te worden aangetast
crisis (2)	situatie waarin de normale voorzorgsmaatregelen gefaald hebben en een acuut probleem het functioneren van een organisatie grondig verstoort of in gevaar brengt
crisismanagement-organisatie	tijdelijke organisatie specifiek gericht op het beheersen van een actuele crisis
crisismanager	functionaris in een crisismanagementorganisatie die zich bezighoudt met het sturen van meerdere aspecten van een crisis
crisisteam	team van waaruit activiteiten ter beheersing van een actuele crisis worden gecoördineerd
DCC	Departementaal Coördinatiecentrum Crisisbeheersing
EML	estimated maximum loss
EPAn	Eenheid Planning en Advies nucleair
GBT	gemeentelijk beleidsteam
GGB	grootschalige geneeskundige bijstand
GHOR	Geneeskundige Hulpverleningsorganisatie in de regio. Voorheen: Geneeskundige Hulpverlening bij ongevallen en rampen
GRIP	Gecoördineerde Regionale Incidentenbestrijdings Procedure
groepsrisico	cumulatieve kans (per jaar) dat ten minste 10, 100 of 1.000 personen overlijden als rechtstreeks gevolg van een calamiteit
heuristiek	impliciet patroon of vuistregel in besluitvorming
IAC	Informatie- en Adviescentrum
ICCb	Interdepartementale Commissie Crisisbeheersing
IFV	Instituut Fysieke Veiligheid
incident	gebeurtenis met negatieve consequenties die afwijkt van het normale proces, met mogelijk ernstig letsel of die schade veroorzaakt, maar op beperkte schaal en niet escalerend
IRBT	interregionaal beleidsteam
IROT	interregionaal operationeel team

KNRM	Koninklijke Reddingsmaatschappij
LCMS	Landelijk Crisis Management Systeem
LOCC	Landelijk Operationeel Coördinatiecentrum
LOS	Landelijke Operationele Staf
maatramp	relevante voorbeeldramp om een indicatie van de hulpvraag te bepalen
MCCb	Ministeriële Commissie Crisisbeheersing
MKA	Meldkamer Ambulancezorg
NCC	Nationaal CrisisCentrum
NCTV	Nationaal Coördinator Terrorismebestrijding en Veiligheid (afdeling van het ministerie van Veiligheid & Justitie)
NKC	Nationaal Kernteam Crisiscommunicatie
noodorganisatie	tijdelijke organisatie specifiek gericht op het beheersen van een actuele noodsituatie of crisis
NVIC	Nationaal Vergiftigingen Informatie Centrum
OL	operationeel leider
opschalen	in een hogere schaal indelen van de organisatie; met name ernstiger inschatten waarbij de verantwoordelijkheid aan een hogere bestuurslaag wordt overgedragen
PCC	Provinciaal Coördinatiecentrum
perceptie	waarneming van signalen uit onze omgeving
plaatsgebonden risico	kans die een denkbeeldig persoon loopt om op een bepaalde plek dodelijk getroffen te worden door een ongeval
plot	informatie- en actieoverzicht in een crisisteam
plotter	persoon in crisisteam die de plot bijhoudt
PML	possible maximum loss
QRA	quantitative risk assessment
ramp	gebeurtenis waardoor een ernstige verstoring van de openbare veiligheid is ontstaan, waarbij het leven en de gezondheid van vele personen, het milieu of grote materiële belangen in ernstige mate worden bedreigd of zijn geschaad
rampbestrijdingsplan	plan op detailniveau dat zich richt op een specifieke ramp

rampenplan	door overheid beschreven algemeen plan dat gehanteerd moet gaan worden na het optreden van een ramp: vervangen door regionaal crisisplan
RAV	Regionale Ambulance Voorzieningen
RBT	regionaal beleidsteam
Recall	terugroepactie van producten
Regionaal Crisisplan	door de overheid beschreven algemeen plan dat gehanteerd moet gaan worden na het optreden van een ramp
risico	• conditie waarin de mogelijkheid bestaat van een nadelige afwijking van de gewenste uitkomst • kans op een negatieve gebeurtenis maal het effect daarvan
RIVM	Rijksinstituut voor Volksgezondheid en Milieu
ROT	regionaal operationeel team
SIS	slachtofferinformatiesystematiek
situation(al) awareness	perceptie van de elementen in de omgeving binnen een hoeveelheid ruimte en tijd, het begrip van de situatie en een projectie hiervan op de nabije toekomst
stealing thunder	slecht nieuws direct in één keer naar buiten brengen
stress	overbelasting door spanning
TB	team bevolkingszorg
veiligheidsketen	model voor het indelen van het beleidsmatige en operationele veiligheidsbeleid van hulpverleningsdiensten
vergaderklok	schema voor overlegrondes voor (samenwerkende) crisis-teams
vlinderdasmodel	model voor het ontstaan en de effecten van een calamiteit of ongeval
ZiROP	Ziekenhuis Rampen Opvang Plan
zwaar ongeval	ramp

Praktische tools voor de crisismanager

Hier staan enkele praktische tools voor de crisismanager op een rijtje. Een aantal van deze tools is al eerder in het boek aan de orde gekomen, maar is hier voor de overzichtelijkheid herhaald. De nieuwe tools zijn een samenvatting van de theorie in het boek, zoals een voorbeeld uit de praktijk, bijvoorbeeld het elektronisch plotoverzicht (3), of de checklist aandachtspunten communicatie (6).

1 Opschaling overheid

Niveau	Hiërarchische organisatie-onderdelen	Voorbeeld scenario
GRIP 0 Dagelijks optreden van hulpdiensten	Motorkapoverleg	Schoorsteenbrand, reinigen wegdek
GRIP 1 Incidenten met effecten tot maximaal de directe omgeving	**CoPI** (Commando Plaats Incident)	Middelbrand, middelhulp-verlening
GRIP 2 Grootschalig incident met uitstraling naar omgeving	CoPI, **ROT** (regionaal operationeel team)	Lekkende tankwagen met gevaarlijke stoffen
GRIP 3 Ramp of zwaar ongeval in één gemeente	CoPI, ROT, **GBT** (gemeentelijk beleidsteam)	Een grote brand waarbij burgers worden geëvacueerd of openbare voorzieningen worden gesloten
GRIP 4 Ramp of zwaar ongeval met meer dan plaatselijke betekenis in één of meer gemeente(n)	CoPI, ROT, **RBT** (regionaal beleidsteam)	Een overstroming of een grote stroomstoring
GRIP 5	Regionale teams plus IROT, **IRBT (interregionale teams)**	Een grote overstroming waarbij meerdere regio's zijn betrokken of een grote brand waarbij schadelijke rook of andere effecten ook andere regio's treffen
GRIP Rijk	Hoogste orgaan: MCCb (Ministeriële Commissie Crisisbeheersing)	Een nationale watersnood-ramp of een aanslag

NB: Het is niet altijd zo dat alle onderdelen actief zijn. Zo kan er bijvoorbeeld zijn opgeschaald naar GRIP 3 zonder dat er een CoPI actief is.

2 Voorbeeld rapportageformulier

ROT Sitrap nr ...	Tijd: ...	Volgend overleg: ...
Situatie:		
Verwachte ontwikkeling situatie:		
Opgestarte processen:		
Knelpunten:		
Gevraagde besluiten:		

3   Voorbeeld elektronisch plotoverzicht

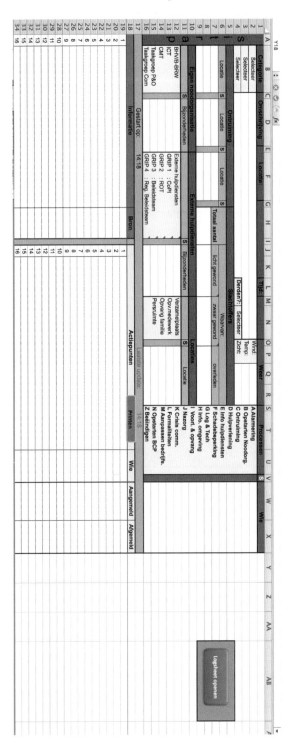

4   Werkprocessen crisisteam

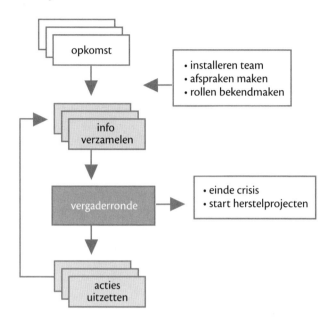

5   Crisisteamoverleg

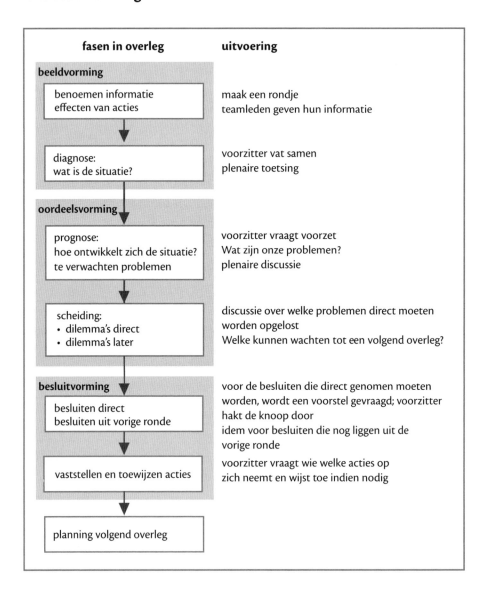

fasen in overleg	uitvoering
beeldvorming	
benoemen informatie effecten van acties	maak een rondje teamleden geven hun informatie
diagnose: wat is de situatie?	voorzitter vat samen plenaire toetsing
oordeelsvorming	
prognose: hoe ontwikkelt zich de situatie? te verwachten problemen	voorzitter vraagt voorzet Wat zijn onze problemen? plenaire discussie
scheiding: • dilemma's direct • dilemma's later	discussie over welke problemen direct moeten worden opgelost Welke kunnen wachten tot een volgend overleg?
besluitvorming	
besluiten direct besluiten uit vorige ronde	voor de besluiten die direct genomen moeten worden, wordt een voorstel gevraagd; voorzitter hakt de knoop door idem voor besluiten die nog liggen uit de vorige ronde
vaststellen en toewijzen acties	voorzitter vraagt wie welke acties op zich neemt en wijst toe indien nodig
planning volgend overleg	

6   Aandachtspunten communicatie

Plan van aanpak externe communicatie

- Analyseer het onderwerp.
- Selecteer de gewenste presentatievormen.
- Selecteer de meest geschikte media.
- Stel de communicatie-infrastructuur vast.
- Maak een taakverdeling.
- Maak een tijdsplanning.

Crisispersconferenties

- Maak een schema: wanneer en waar.
- Kies een goede neutrale locatie.
- Geef feiten op papier.
- Zorg voor informatie over het bedrijf/de organisatie.
- Lees verklaringen op.
- Besteed vijf tot tien minuten aan vragen.
- Gebruik duidelijke taal.
- Wees altijd eerlijk!

Informatie bij een crisisinterview

- Wat is er gebeurd, wanneer en waar?
- Waarom en hoe?
- Doden of gewonden?
- Zijn er stoffen vrijgekomen?
- Waarvoor worden de stoffen gebruikt?
- Is er gevaar?
- Welke maatregelen zijn genomen?

7 Voorbereiding op communicatie: *message mapping*

- Stap 1 – Identificatie van belanghebbende partijen (stakeholders)
  Afhankelijk van het soort crisis kunnen dit allerlei partijen zijn: van slachtoffers, familieleden, vakbonden, media, tot aan de bevolking in het algemeen.

- Stap 2 – Opstellen van een volledige lijst van specifieke zorgen per belanghebbende partij
  Amerikaans onderzoek heeft uitgewezen dat – wanneer grondig uitgevoerd – zo'n 95 procent van de specifieke zorgen boven tafel kan komen.

- Stap 3 – Samenvoegen van alle specifieke zorgen in gemeenschappelijke zorgen
  De ervaring leert dat deze stap leidt tot vijftien tot vijfentwintig gemeenschappelijke zorgen, zoals gezondheid, veiligheid, economie. Deze stap is echter ook puur informatief: wie, wat, waar, wanneer, waarom en hoe.

- Stap 4 – Bedenken van tekst voor de kernboodschap voor elke zorg (*key messages*)
  Dit kan in volledige zinnen gedaan worden of via een aantal sleutelwoorden. Uitgangspunt hierbij is duidelijkheid en beknoptheid.

- Stap 5 – Vergaren van informatie ter ondersteuning van elke kernboodschap
  Dit soort informatie hoeft niet altijd gepresenteerd te worden, maar kan in reserve gehouden worden voor het geval er kritische vragen komen.

- Stap 6 – Testen van de effectiviteit/geloofwaardigheid van de antwoorden
  Tijdens nagebootste presentaties is dit de gelegenheid om zowel de inhoud als de verpakking van de antwoorden te testen op effectiviteit en geloofwaardigheid.

- Stap 7 – Verspreiden van de boodschap
  Dit kan via persconferenties, openbare bijeenkomsten, telefonische hotlines, websites, maar ook als brochure (factsheet). In de VS wordt ten sterkste aangeraden om niet meer dan drie kernboodschappen in je message map te hebben. (Dykstra, 2005)

8 Voorlichten van familie bij slachtoffers

- **Laat zo mogelijk het slachtoffer zelf bellen**
  Als iemand in het ziekenhuis ligt, laat hem of haar dan zo mogelijk zelf de familie bellen. Dit stelt meer gerust dan dat een ander belt.

- **Geef snel informatie**
  Zorg dat de informatie er is voordat het via de media bekend is.

- **Geef eerlijke informatie**
  Stel de zaken niet mooier voor dan ze zijn, maar geef meteen zo eerlijk mogelijk de toestand weer.

- **Regel direct ondersteuning**
  Laat iemand nooit alleen achter. Zorg ervoor dat er een bekende komt ter ondersteuning. Dit kan familie zijn, maar ook de buurvrouw.

- **Regel praktische zaken**
  Zorg bijvoorbeeld dat iemand de kinderen opvangt of dat de werkgever van de partner wordt geïnformeerd. Geef later ook ondersteuning bij zaken, zoals het regelen van de uitvaart.

- **Smeer beslissingen uit**
  Mensen kunnen niet snel beslissingen nemen in een dergelijke situatie. Leg beslissingen voor, maar kom er later op terug. Oefen geen druk uit.

- **Maak een schema**
  Plan tijd in voor verschillende bezoeken. Geef bij vertrek duidelijk aan wanneer je weer contact opneemt. Laat je naam en telefoonnummer achter en blijf beschikbaar voor vragen.

Lijst met figuren en tabellen

Figuren

Tabellen

Literatuur

Adviescommissie Coördinatie ICT Rampenbestrijding (ACIR) (2005). *De Vrijblijvendheid Voorbij: Op naar een effectieve multidisciplinaire informatievoorziening bij grootschalig gezamenlijk optreden in onze gedecentraliseerde eenheidsstaat.* Den Haag: Ministerie van BZK.

Ale, B. (2003). Slecht beleid oorzaak rampen. *Delfts Nieuwsblad,* 09-2003.

Ale, B. (2009). *Risk: An Introduction. The concepts of risk, danger and chance.* London and New York: Routledge.

ANP (2007, 1 september). Belgische brandweer rukt zes keer uit voor zelfde brand. Opgevraagd van www.nu.nl, geraadpleegd op 27 juni 2016.

Bales, R.F. & Strodtbeck, F.L. (1951). Phases in group problem-solving. *Journal of Abnormal and social Psychology, 46*(4), 485-495.

Boin, A., Hart, P. 't, Stern, E. & Sundelius, B. (2005). *The Politics of Crisis Management: Public Leadership Under Pressure.* Cambridge: Cambridge University Press.

Botterell, A. (2003). *The whys and wherefore of your 'average EOC'.* Canadian Centre for Emergency Preparedness, augustus 2003.

Boulogne, G. (2003). *Crisiscommunicatie.* Alphen aan den Rijn: Kluwer.

Brainich von Brainich Felth, E.T. (2004). *Het systeem van crisisbeheersing: Bevoegdheden en verplichtingen bij de voorbereiding op en het optreden tijdens crisis.* Den Haag: Boom Juridisch.

Canter, D. (1990). *Fires and Human Behavior.* London: David Fulton.

Cohen, M.S. & Thompson, B.B. (1999). *Training teams to take initiative: critical thinking in novel situations.* Opgevraagd op 27 juni 2016 van www.cog-tech.com/papers/NavyTraining/TrainingTeamInitiative.pdf.

Coombs, W.T. (2007). Protecting Organization Reputations During a Crisis: The Development and Application of Situational Crisis Communication Theory. *Corporate Reputation Review, 10*(3), 163-176.

Deming, W.E. (1982). *Quality, productivity, and competitive position.* Cambridge: Massachusetts Institute of Technology, Center for Advanced Engineering Study.

Dijksterhuis, A. (2007). *Het slimme onbewuste: denken met gevoel.* Amsterdam: Bert Bakker.

Dirksen, G. & Orbons, S. (2008). In bedrijf. Beter leren door breinkennis. BreinCentraal Leren bij NS Opleidingen. *Leren in Organisaties, 8*(12), 30-34.

Dykstra, E.H. (2005). Crisis, communicatie en crisiscommunicatie in Amerika: "No Fear, Action!". *Nieuwsbrief crisisbeheersing, 3*(7/8), 6-8.

Endsley, M.R. & Garland, D.J. (2000). Theoretical underpinnings of situation awareness: A critical review. In M.R. Endsley & D.J. Garland (red.), *Situation Awareness Analysis and Measurement.* Mahwah, NJ: Lawrence Erlbaum Associates.

Enquêtecommissie vliegramp Bijlmermeer (1999). *Een beladen vlucht.* 's-Gravenhage: Sdu.

Fennis, B.M. (2007). *Organisatiecrisis en reputatiemanagement: de kracht van Stealing Thunder.* Enschede: TU Twente.

Hale, A. (2006). *Method in your madness: system in your safety.* Afscheidsrede. Delft: TU Delft.

Hart, P. 't, Rosenthal, U. & Kouzmin, A. (1993). Crisis Decision Making: The Centralisation Thesis Revisited. *Administration and Society, 25*(1), 12-41.

Have a cup of tea. *The Times,* 21-11-2006.

Hell, M. (2007, 14 augustus). Opnieuw terugroepactie Mattel-speelgoed. *Communicatie Online.* Opgevraagd van www.communicatieonline.nl, geraadpleegd op 27 juni 2016.

Heller, R. (2006). *Team Management: True leadership and teamwork.* www.thinkingmanagers.com, geraadpleegd op 2 december 2007.

Helsloot, I. & Padje, B. van 't (red.) (2010). *Zelfredzaamheid. Concepten, thema's en voorbeelden nader beschouwd.* Den Haag: Boom Juridisch.

Hersey, P., Blanchard, K.H. & Johnson, D.E. (1996). *Management of organizational behavior: utilizing human resources.* New York: Englewood Cliffs, Prentice Hall.

Horst, U. van der (2007). *Verbeteren van de commandovoering in de OOV* (masterscriptie TU Delft). Delft: DelftToptech.

ICI (1979). *Hazard Analysis Department.* [z.pl.]

Ingenieurs/Adviesbureau SAVE & adviesbureau Van Dijke (2000). *Leidraad Maatramp 1.3.* [z.pl.]

Inspectie Openbare Orde en Veiligheid (2009). *Rapport Poldercrash 25 februari 2009. Een onderzoek door de Inspectie Openbare Orde en Veiligheid in samenwerking met de Inspectie voor de Gezondheidszorg.* Den Haag: Inspectie Openbare Orde en Veiligheid.

Inspectie Openbare Orde en Veiligheid (2011). *Brand Chemie-Pack Moerdijk: Een onderzoek naar de bestrijding van (de effecten van) het grootschalig incident.* Den Haag: Ministerie van Veiligheid en Justitie.

Instituut Fysieke Veiligheid (IFV) (2016). *Release notes: LCMS 2016v1.* Arnhem: Instituut Fysieke Veiligheid.

Janis, I. (1982). *Groupthink: Psychological Studies of Policy Decisions and Fiascoes.* Boston: Houghton Mifflin.

Kahneman, D. (2012). *Thinking, Fast and Slow.* New York: Penguin Books.

Kahneman, D., Slovic, P. & Tversky, A. (1982). *Judgement under uncertainty: heuristics and biases.* Cambridge: Cambridge University Press.

Keinan, G. (1987). Decision making under stress: scanning of alternatives under controllable and uncontrollable threats. *Journal of personality and social psychology, 52*(3), 639-644.

Klein, G. (1998). *Sources of power: How People Make Decisions.* Cambridge: The MIT Press.

Kolasinac, E., Holsappel, J., Brake, H. te (2012). *Zelfredzaamheid en crisissituaties.* Arnhem: Infopunt Veiligheid (NIFV).

Laeven, J. & Poel, A. van der (2007, 27 augustus). Speelgoedmerk moet zelf beter controleren. *NRC-Handelsblad.*

Langendijk, H.S. (2011). *Rijksheren* (intern document). Den Haag: Ministerie van Infrastructuur en Milieu.

Lievegoed, B. (1993). *Organisaties in ontwikkeling. Zicht op de toekomst.* Rotterdam: Lemniscaat.

Loftus, E.F. & Palmer, J.C. (1974). Reconstruction of automobile destruction: An example of the interaction between language and memory. *Journal of Verbal Learning and Verbal Behavior, 13,* 585-589.

Mehr, R.I. & Hedges, B.A. (1974). *Risk Management: concepts and applications.* New York: McGraw-Hill.

Ministerie van Economische Zaken (2014). *Departementaal Handboek Crisisbesluitvorming.* Den Haag: Ministerie van Economische Zaken.

Ministerie van Veiligheid & Justitie (2013). *Nationaal Handboek Crisisbesluitvorming.* Den Haag: Ministerie van Veiligheid & Justitie.

Mintzberg, H. (1979). *The structuring of organizations.* Englewood Cliffs: Prentice-Hall.

Mitroff, I. & Anagnos, G. (2001). *Managing crises before they happen. What every executive and manager needs to know about crisis management.* New York: Amacom Books.

Morgan, B.B., Salas, E. & Glickman, A.S. (1994). An analysis of team evolution and maturation. *The Journal of General Psychology, 120*(3), 277-291.

Na 28 jaar tegemoetkoming slachtoffers DSM-ramp. RTL Nieuws, 17-09-2003.

Nederlands Genootschap van Burgemeesters (NGB) (z.d.). Handreiking bestuurlijk handelen bij crises. Opgevraagd op 27 juni 2016 van www.burgemeesters.nl/files/File/Crisisbeheersing/docs/Crisishandreiking%20NGB.pdf.

Nu.nl (2016, 17 december). *Groot deel Roermond afgezet vanwege asbest na grote brand.* Geraadpleegd op 27 juni 2016.

Ogilvie, R. & Brouwer, J.J. (2004). *Krijgskunde en ondernemingsstrategie. Krijgen is een kunst.* Amsterdam: Uitgeverij Business Contact.

Onderzoeken naar toedracht ongeval bedrijf Beek. *Dagblad De Limburger,* 31-08-2007.

Oomkes, F.R. (2015). *Communicatieleer. Een inleiding.* Amsterdam: Boom Lemma.

Pearson, P.D. & Gallagher, M.C. (1983). The instruction of reading comprehension. *Contemporary Educational Psychology, 8*(3), 317-344.

Perrow, C. (1999). *Normal Accidents. Living with high risk technologies.* New York: Basic Books.

Purser, D.A. & Bensilum, M. (2001). Quantification of behaviour for engineering design standards and escape time calculations. *Safety Science, 38*(2), 157-182.

Raaijmakers, J. (1990). *Besluitvorming onder mentale en fysieke belasting.* Soesterberg: IZF/TNO.

Rasmussen, J. (1986). *Information Processing and Human-Machine Interaction. An Approach to Cognitive Engineering.* New York: Elsevier Science Inc.

Reason, J.T. (1990). *Human Error.* Cambridge: Cambridge University Press.

Ripley, A. (2005, 25 april). How to get out alive: From hurricanes to 9/11: What the science of evacuation reveals about how humans behave in the worst of times. *Time Magazine.*

Rosenthal, U. (1984) *Rampen, rellen, gijzelingen. Crisisbesluitvorming in Nederland.* Amsterdam: De Bataafse Leeuw.

Rosenthal, U. & Pijnenburg, B. (1991). *Crisis Management and Decision Making*. Berlijn: Springer Science & Business Media.

Rouse, W.B. (1981). Models of human problem solving: Detection, diagnosis and compensation for system failures. In A.P. Sage (1987), *System Design for Human Interaction*. Piscataway, NJ: IEEE Press.

Ryle, G. (2009). *The Concept of Mind*. Chicago: University of Chicago Press.

Salas, E., Dickinson, T.L., Converse, S.A. & Tannenbaum, S.I. (1992). Toward an understanding of team performance and training. In R.W. Swezey & E. Salas (red.), *Teams: Their training and performance* (pp. 3-29). Norwood, NJ: Ablex.

Schols, E., Bruggen, M. van, Dusseldorp, A.D.A., Houweling, D.A. (2004). *Handhaving door de VROM Inspectie gericht op gezondheid in het kader van VROM beleid; Informatie over aangrijpingspunten voor handhaving*. Bilthoven: Rijksinstituut voor Volksgezondheid en Milieu (RIVM).

Schulz von Thun, F. (2010). *'Hoe bedoelt U?' Een psychologische analyse van menselijke communicatie*. Groningen: Noordhoff.

Schwartz, B. (2005). *The paradox of choice. Why more is less. How the culture of abundance robs us of satisfaction*. New York: HarperCollins.

Sijbrandij, M. (2007). *Early interventions following psychological trauma*. Amsterdam: Universiteit van Amsterdam.

Spiro, R.J., Feltovitch, P.J, Jacobson, M.J. & Coulson, R.L. (1991). Cognitive flexibility, constructivism and hypertext: Random access instruction for advanced knowledge acquisition in ill-structured domains. *Educational technology*, 31, 24-33.

Starmans, I. & Oberijé, N. (2006). *Burgerparticipatie bij rampen en zware ongevallen*. Arnhem: NIFV/NIBRA.

Steinmetz, L.L. & Todd, H.R. (1992). *Supervision: First-line management*. Homewood: Irwin.

Stoner, J.A.F. (1978). *Management*. Upper Saddle River, NJ: Prentice-Hall.

Swaab, D. (2010). *Wij zijn ons brein: van baarmoeder tot alzheimer*. Amsterdam: Atlas-Contact.

Vaughan, E.J. (1997). *Risk Management*. New York: John Wiley & Sons.

Veiligheidsregio Amsterdam-Amstelland (2011). *Regionaal Crisisplan 2012-2016. Veiligheidsregio Amsterdam-Amstelland*. [z.pl.]

Veiligheidsregio Drenthe (2014). *Regionaal Crisisplan VRD*. [z.pl.]

Vink, J. (2011). *Het Gifschip. Verslag van een journalistiek schandaal*. Amsterdam: Prometheus.

Vollenhoven, P. van (gast). (21 augustus 2007). Veiligheid. In: Spraakmakende Zaken [televisieuitzending]. Hilversum: IKON.

Waar Maar Raar (2007, 20 april). *Helmonders negeren massaal alarmsirene*. Opgevraagd van www.waarmaarraar.nl/pages/re/12737/Helmonders_negeren_massaal_alarmsirene_via.html, geraadpleegd op 27 juni 2016.

Wagenaar, W.A. & Crombag, H. (2005). *The popular policeman and other cases. Psychological perspectives on legal evidence*. Amsterdam: Amsterdam University Press.

Wildavsky, A. (1988). *Searching for safety*. New Brunswick: Transaction.

Witloks, L., Hagen, R., Schokker, J. & Helsloot, I. (2000). 2. Brandveiligheid in woningen. In I. Helsloot & A. Scholtens (2000), *Jaarboek Onderzoek 2000: Onderzoek naar brandweer en rampenbestrijding*. Arnhem: Nederlands Instituut voor Brandweer en Rampenbestrijding (NIBRA).

Zanders, A. (2016a). *Perceptie en besluitvorming*. Rotterdam: Lezing Congres Safety&health@work.

Zanders, A. (2016b). *Gids bedrijfshulpverlening 2007*. Hoofdstuk 9 en 10. Alphen aan den Rijn: Vakmedianet.

Zanders, A., & Rossum, W. van (2015). *Externe partijen en formaliteiten tijdens en na calamiteiten en crises*. Oss: Goudvis.

Websites

www.concris.nl [geraadpleegd op 27 juni 2016]

www.nu.nl [geraadpleegd op 16 augustus 2016]

www.risicokaart.nl [geraadpleegd op 27 juni 2016]

www.zero-meridean.nl [geraadpleegd op 27 juni 2016]

Register